中國學術思想 研究輯刊

五 編
林慶彰 主編

第 19 冊

拙齋經義論叢

宋鼎宗 著

花木蘭文化出版社

國家圖書館出版品預行編目資料

拙齋經義論叢／宋鼎宗 著 — 初版 — 台北縣永和市：花木蘭
文化出版社，2009〔民 98〕
序 2+ 目 2+224 面；19×26 公分
（中國學術思想研究輯刊 五編：第 19 冊）
ISBN：978-986-254-048-0（精裝）
1. 經學　2. 文集
090.7　　　　　　　　　　　　　　　　　　　98014957

ISBN - 978-986-2540-48-0

9 789862 540480

中國學術思想研究輯刊
五　編　第十九冊　　　　　　　　ISBN：978-986-254-048-0

拙齋經義論叢

作　　者　宋鼎宗
主　　編　林慶彰
總 編 輯　杜潔祥
出　　版　花木蘭文化出版社
發 行 所　花木蘭文化出版社
發 行 人　高小娟
聯絡地址　台北縣永和市中正路五九五號七樓之三
　　　　　電話：02-2923-1455／傳眞：02-2923-1452
網　　址　http://www.huamulan.tw 信箱 sut81518@ms59.hinet.net
印　　刷　普羅文化出版廣告事業
封面設計　劉開工作室
初　　版　2009 年 9 月
定　　價　五編 20 冊（精裝）新台幣 33,000 元

拙齋經義論叢

宋鼎宗　著

作者簡介

宋鼎宗，1942年2月生於臺灣南投，1968年6月畢業於省立成功大學中國文學系，1969年8月進入國立臺灣師範大學國文研究所進修，師從大冶程發軔教授研習《春秋》學，1971年6月畢業，獲文學碩士學位。

1971年8月受聘於國立成功大學中國文學系，歷任講師、副教授、教授，並擔任系主任、研究所所長等職。現在任職於：高苑科技大學通識教育中心專任教授。曾出版《春秋左氏傳寓禮嘉禮考》、《春秋胡氏學》、《春秋宋學發微》、《人文學論叢》等書，及文史哲論文若干篇。

提　要

本書之作，在透過對經義之詮釋進而落實經術之實用。作者長期致力於鑽研儒家經典不輟，此一論叢彙集自1976年迄2007年卅餘年間賡續有關儒家經學之論述，共計十五篇，大抵皆嘗發表於期刊、學報及研討會等。

蓋各篇雖非一時之作，然無不貫串於學術思想史之脈絡中。凡所論說，往往不落俗套，而皆以孔子學說為基準，有本有源。義理、考據兼備，尤以通經致用為目標，務求能落實於國家社會。

本書主要內容，大致可以歸納為四項：

（一）儒家經典之形成：儒家為中國學術思想之主流，六經又為儒學之根據；歷代儒者或有推崇過度，反而令後學滋生困惑，不得正解。作者釐清穿鑿附會，探尋來龍去脈；提出「六經確立於漢，經學本漢家之學」之新見，以求正確認識經典。

（二）儒家經學之實用：證明經學有體有用，不徒為古代帝王緣飾政治之工具，乃一套修己治人之寶典指南；即使在當今之世，不論對個人或國家社會，仍可見其為有用之學。

（三）漢宋經學之成就：作者以為漢、宋經學為古今兩大流派，各有獨到之貢獻，未可輕易軒輊；須先分辨其得失利弊，進而加以截長補短，始能全面掌握經學之綱領。

（四）經學人物之衡論：給予孟子、荀子、張純甫等傳經之儒，較為公允之評價；摒棄成見，破除門戶，以求正確之認識云。

目

次

自　序

　　錢賓四先生嘗謂：「孔子者，中國學術史上人格最高之標準，而『六經』則中國學術史上著述最高之標準也。」故凡欲研究中國之學、明孔子之術者，莫不自研究「六經」始。

　　若夫「經」之定義，前儒或言「經者，常也，言不變之常經也」；或謂「經也者，恆久之至道，不刊之鴻教也」。故四庫館臣遂以「蓋經者非他，即天下之公理而已」一語，爲兩千多年「經」部學術發展之總結。

　　故知「經」者本華族學術之母，是以諸子百家雖窮知究慮，各推所長，甚或借奇鳴高，標新立異，亦不過「六經」之枝葉與流裔；史家之貶天子，黜諸侯，討大夫，一字之褒貶，萬世榮枯所繫之「屬辭比事」，要亦師法於「六經」；至於文家之論說章奏，賦頌歌讚，詞章雖美，若非根於「經」而宗乎「聖」，則必行之不遠，而傳之不永也。

　　唯「六藝經傳以千萬數」本就「勞而少功」，況去聖久遠，文多殘闕，幸歷代皓首窮經之士，孜孜矻矻，彌縫補綴，或爲傳箋詁訓，或爲集解義疏；或以考據見稱，或以義理名世。於是，經術燦然明於世，而文化大國於焉而立矣。且歷代釋經之家，精銳盡出，著述之多，汗牛充棟，亦云富矣。

　　若考其衡論，雖各擅勝場，然亦不免受時空之局限，如：董仲舒者，以三綱、五紀等封建價值，以爲出之於天，而謂「道之大原出於天，天不變，道亦不變。」或爲時君服務，以求富貴，如賈逵者，附會文致，曲引左氏，以明劉漢爲帝堯之後。或爲自己之行止辯護，如杜預者，於「正色立於朝」之孔父，謂「內不能治其閨門，外取怨於民，身死而禍及其君。」於「不畏彊禦」，事君死難之仇牧，則曰「不警而遇賊，無善事可褒。」於「臨大節而

－1－

不可奪」之荀息，則謂「本無遠謀，從君於昏。」吾人讀此，不能無憾焉。若有宋之王安石著「三經新義」，假經義以排除異己，為新法新政辯護，則又等而下之矣。

有唐韓文公愈，生當佛教昌明，釋氏之言盈天下之時，有感於社會、經濟之凋敝，傳統價值之崩解；雖於釋典之精微，未有極深研幾之功，乃出而力倡聖聖相傳之「道統」，以抗「佛統」，其志之堅，其氣之勇、其心之苦。後死者又盍興乎來！

有宋諸大師，非鄭註，去孔疏，視漢、唐之學若土埂，後儒以疑古、疑經短之。然文王三分天下有其二，猶服事殷，孔子以「至德」稱之，而《傳》以為「內秉王心」；武王「觀兵孟津」，以待天命，而謂「退以示弱」；果如是，則文王、武王與曹操、司馬懿無以異矣。由此觀之，非宋儒之涵養義理，則聖賢將幾為機械巧詐之徒矣。

若夫稱揚孟軻之內聖，貶抑荀卿之外王，或以孔、孟師儒之學，取代周、孔股肱之政事，則不僅學術之由實轉虛，且為世局升降之一大轉關也。由此知訓詁、箋釋之難，讀經、解經之不易，而學者於微而顯，志而晦之際，不可不虛心明辨也。

鼎宗不敏，有幸執教於上庠，講授《經學史》、《經學專題》、《春秋左氏傳》、《論語》、《孟子》、《荀子》諸經典有年，為求教學相長，於授課之餘，翻檢諸經籍而伏讀之，於先賢真知卓見外，凡有不契於心者，則為摘錄，然後遍翻眾籍，或先儒成說，與時賢高明，博取約裁，以釋所疑，時日既久，堆積成篋。今不揣鄙陋，整理舊稿，編次成冊，付諸剞劂。既以就教於大雅君子，且期於「經義明」則「公理出」之經世大業，盡一得之愚云。

2008／9／28　教師節　宋鼎宗謹識於高苑科技大學通識教育中心

壹、六經形成說

一、前　言

　　清儒討論六經形成者極多，乾隆進士章學誠首開風氣，一則說：「六經皆史也，古人不著書，古人未嘗離事而言理。六經皆先王之政典也。」〔註1〕再則說：「周公成文、武之德，適當帝全王備，殷因夏監，至於無可復加之際，故得藉爲制作典章，而以周道集古聖之成，斯乃謂集大成也。孔子有德無位，即無從得制作之權，不得列於一成，安有大成可集乎！」〔註2〕是章氏以爲六經乃先王政典。故不得其位，即無制作之權；是以孔子雖聖，但「述而不作」而已。此即六經乃古官書，非孔子所得制作之說。

　　龔自珍繼之，既謂「孔子之未生，天下有六經久矣。」〔註3〕又謂「仲尼未生，先有六經；仲尼既生，自明不作，仲尼曷嘗率弟子使筆其言以自制一經哉！亂聖人之例，淆聖人之名實，以爲尊聖，怪哉！」〔註4〕龔氏既以「仲尼未生，天下早有六經」，與章實齋之說，可以前後共相發明。並進一步指斥後世因尊孔子而亂孔子「述而不作」之例，是「淆聖人之名實」。惜未明言官書或私學耳。

　　其後，善化皮錫瑞作《經學歷史》、《經學通論》，蜀人廖平作《今古學考》、《經學五變記》、《知聖篇》，南海康有爲作《新學僞經考》、《孔子改制考》，

〔註1〕　《文史通義・易教上》（臺北：世界書局），頁1。
〔註2〕　《文史通義・原道上》（臺北：世界書局），頁22。
〔註3〕　《龔自珍全集》，第一輯，〈六經正名〉（臺北：河洛圖書出版社），頁36～38。
〔註4〕　同註3。

皆以爲六經乃孔聖道冠百王，師表萬世之作。於是，「經」遂爲孔子著作之專稱。孔子以前，不得有經；後賢譔述，但名「記」「傳」。一時傳誦，似爲學界定論矣。

晚近，餘杭章炳麟，又另樹新義，謂「《吳語》稱挾經秉枹，兵書爲經。《論衡·謝短》曰五經題篇，皆以事義別之。至禮與律獨經也，法律爲經。管子書有經言區言，教令爲經，說爲官書，誠當。然〈律歷志〉序庖犧以來，帝王代禪，號曰《世經》。辨疆域者有圖經，摯虞以作《畿服經》也。經之名廣矣！」〔註5〕據章氏之意，則官書稱經固當，然私家著述，亦得名經。於是，孔聖之作，後儒所述，一切古籍文獻，無不可以「經」名。甚至謂「經」，只是一種綫裝書而已。〔註6〕於是，儀徵劉師培氏之作《經學教科書》，遂有「古代之六經」、「西周之六經」與「孔子定六經」諸目。〔註7〕及馬宗霍之作《中國經學史》，雖稍加修正，〔註8〕猶區分「古之六經」與「孔子六經」之篇。殊不知「六經」之說，孔子不知，何況周公？

二、六經與先秦學術

（一）六經簡述

六經之學，自漢迄清，垂二千年有餘，今古文經學之紛爭，聚訟不已。然自清末民初，尤以殷墟文物相繼出土以來，學者之研究，有較多且具說服力之出土資料佐證，其成績已遠遠踰越前賢。而六經之面目，不再有威權無上之神秘性。讀之，亦較親切活潑，足以發文化之幽思，不再有無所適從之迷障矣。茲簡述六經之面目如下：

《易》：商代無八卦，殷人有卜無筮。筮法乃周人所創。〔註9〕考之卦辭、

〔註5〕 見氏著《章氏叢書·國故論衡》，中卷，〈原經〉（臺北：世界書局），頁 451 ～452。

〔註6〕 《國學略說·經學略說》：「經之訓常，乃後起之義。韓非〈內外儲〉，首冠經名，其義殆如後之目錄，並無常義。今人書冊用紙，貫之以線。古代無紙，以青絲繩貫竹簡爲之。用繩貫穿，故謂之經。經者，今所謂線裝書矣。」（臺北：學藝出版社），頁 37。

〔註7〕 見氏著《劉申叔先生遺書》，第四冊（臺北：臺灣大新書局），頁 2355。

〔註8〕 馬氏《中國經學史》序云：「經者，載籍之共名，非六藝所得專；六藝者，群聖相因之書，非孔子所得專。」（臺北：臺灣商務印書館，《中國文化史叢書》。）

〔註9〕 余永梁〈易卦、爻辭的時代及其作者·二、商代無八卦及筮法之興〉，《古史辨》，第三冊，頁 147。

爻辭，其內容有殷商祖先之故事，有周初之史事，而無戰國以來堯、舜禪讓，湯、武革命，與乎封泰山、禪梁父之傳說。〔註10〕則其作成於西周初年，蓋無疑矣。〈易傳〉，即所謂十翼，相傳爲孔子所作，但宋儒歐陽脩已疑之。〔註11〕今人就其內容思想研究，以爲〈彖傳〉、〈象傳〉、文言、〈繫辭〉等，要爲戰國晚期之作品。若〈說卦〉、〈序卦〉、〈雜卦〉，則遲至西漢初年始完成者耳。

《書》：荀卿以爲「政事之紀也」，其說或不可破。蓋《尚書》中屬西周諸篇，幾皆爲誥命等公文。〔註12〕今本今文《尚書》之虞、夏書四篇，蓋爲春秋末季至戰國晚期，儒者據傳聞資料著成者。商書五篇，蓋經周人文飾，或爲殷商之後裔「宋國人所寫定者」。《尚書璇璣鈐》以爲古書凡三千二百四十篇，孔子定可爲世法者百二十篇。然「信而好古」，且「敏以求之」之孔子，於難得之古書，竟刪去三千一百二十篇，其不可信，先賢論之詳矣。〔註13〕

《詩》：詩之體裁，有風、雅、頌之別。其中以〈周頌〉較早，〔註14〕約爲西周初期之作品。若國風則有遲至春秋中葉以後始完成者。〔註15〕《史記‧孔子世家》謂：古詩三千餘篇，及至孔子，去其重，取可施於禮義者三百五篇。然鄭玄《詩譜》序、孔穎達《疏》，已謂「書傳所引之詩，見在者多，亡逸者少；則孔子所錄，不容十分去九。」是史遷「孔子刪詩」之說，不足憑

〔註10〕顧頡剛〈《周易》卦爻辭中的故事〉，《古史辨》，第三冊，頁1～36。

〔註11〕歐陽脩：「予謂〈繫辭〉非聖人之作。」《歐陽脩全集》（臺北：河洛圖書出版社），頁121。馬端臨《文獻通考》：「歐陽公《童子問》上下卷，專言〈繫辭〉〈文言〉〈說卦〉而下，皆非聖人之作。」

〔註12〕見屈萬里《尚書釋義‧敍論》（臺北：中華文化出版事業社），頁3。

〔註13〕見屈萬里《尚書釋義‧敍論》云：「緯書出哀、平之際，本多謬悠之說：此三千餘篇，經孔子斷取百二十篇之說，蓋仿《史記‧孔子世家》『古者詩三千餘篇，及至孔子，去其重……爲三百五篇』之語而杜撰之。又因張霸有百兩篇《尚書》，故復造爲『以百二爲《尚書》，十八篇爲《中候》』之語，其實皆無稽之談也。」（臺北：中華文化出版事業社），頁2。

〔註14〕屈萬里《詩經釋義‧敍論》：「三百篇的時代，就文辭上看，以頌爲最早，大致都是西周初年的作品。」（臺北：華岡出版部），頁6。又氏著《古籍導讀》，亦謂：「鄭康成謂：周頌之作，在周公攝政成王即位之初。朱子以爲亦或有康王以後之詩。按：執競言『不顯成康，上帝是皇。自彼成康，奄有四方。』成康，必當謂成王、康王；則朱說是也。三百篇中，以此一部分之作品爲最早。」（臺北：臺灣開明書店），頁158。

〔註15〕屈萬里《古籍導讀》謂：「《秦風》十篇，蓋東周以來至春秋中葉之詩。」又謂：「《曹風》四篇，疑皆東周時之作品。」並謂：「《詩》三百五篇中，其著成時代，今日所能知者，此其爲最晚者矣。」（臺北：臺灣開明書店），頁156。

信也。〔註16〕

《禮》與《樂》：禮本爲宗教祭神之儀文，於君權神授之時，此祭祀之儀文，漸變而爲政治之儀文，終成爲貴族生活之習慣與方式，後更成爲貴族養成教育之重要課程。孔子所謂「殷因於夏禮，周因於殷禮，所損益可知也。」〔註17〕蓋即指此。《左傳》桓公二年載臧哀伯諫納郜鼎於太廟。「所謂：昭其儉也，昭其度也，昭其數也，昭其文也，昭其物也。」莫不是禮。所謂「昭其聲」者，則樂是也。蓋「樂」、其始也雖緣人情之自然，其終也則伴隨「禮」而爲政教之工具。若今本之《儀禮》、《周禮》、《禮記》諸書，錢穆先生於《中國文化史導論》，以爲「《儀禮》十七篇，經後人考訂，其書應產於孔子之後。《周官禮》更晚出，應在戰國末年。大小《戴記》，……興起亦甚晚。」屈萬里先生亦同。〔註18〕

《春秋》：《春秋》本古史記之通名。史記而名曰春秋者，蓋殷商無四時觀念，但有春秋而無冬夏故也。〔註19〕及孟子謂「孔子成《春秋》而亂臣賊子懼」。於是，《春秋》遂由古史記之通名，轉爲孔子著述之專稱。然考之今本《春秋》，始於周平王四十九（魯隱公元）年，訖於周敬王三十九（魯哀公十四）年，歷隱、桓、莊、閔、僖、文、宣、成、襄、昭、定、哀十二公，凡二百四十二年之事。然郭公、夏五，不一而足。如非三傳，則不免「斷爛朝報」（王安石語），流水帳簿（梁啓超語）之譏。由此觀之，孔子是否作《春秋》，或已成爲經學史之一公案矣。

綜前所述，知《易》、《書》、《詩》、《禮》、《樂》、《春秋》等典籍，要非成於一時，亦非成於一人。乃初民以來，世代相續之智慧與經驗之遺產，由

〔註16〕屈萬里《古籍導讀》謂：「夫《國語》、《左傳》所記史事，大半在孔子以前，一部分當孔子之時，後於孔子之史事甚少。而所引之佚詩，與所引今存之詩相較，尚不及十七分之一。可知孔氏之說爲可信而有徵矣。」（臺北：臺灣開明書店），頁148。

〔註17〕《論語・爲政》：「子張問：十世可知也？子曰：殷因於夏禮，所損益，可知也；周因於殷禮，所損益，可知也。其或繼周者，雖百世，可知也。」

〔註18〕屈萬里《古籍導讀》於《周禮》，則謂：「戰國時人，據當時及前代之職官，復益以個人之理想，所撰成之政府組織法。」，頁171。於《小戴記》則謂：「其著成時代，早者當不逾戰國之世，遲者亦不逾西漢宣帝以後，則可斷言也。」，頁180。

〔註19〕陳孟家《卜辭綜述》：「卜辭只有春秋兩字，而無冬夏。」李孝定《甲骨文字集釋》：「殷時尚無四時觀念。」陳、李二先生之說，足以推翻杜預「年有四時，故錯舉以爲所記之名也。」之說。

後世子孫纂集而成者。特儒者乃藉之以發揚人文理想，皇家藉之以爲治術之準據。於是，此先民之文化遺產，遂風雲際會，由陳年文獻，一躍而爲永恆不變之常道，即所謂「經」矣。〔註20〕

（二）孔子與六經

孔子平生之志，本在「如有用我者，我其爲東周乎？」（《論語·陽貨篇》）故「君命召，不俟駕行矣。」（〈鄉黨篇〉）然「明王道，干七十餘君」，終莫有用者〔註21〕。故孔子之偉大貢獻，不在得位行道，而在「自行束脩以上，吾未嘗無誨焉」（〈述而篇〉）之「有教無類」（〈衛靈公篇〉）的教育家典範。今考《論語》所載，孔子設科教學，既曰「子所雅言，《詩》、《書》、執《禮》」（〈述而篇〉），繼曰「不學《詩》，無以言，不學《禮》，無以立」（〈季氏篇〉），終曰「興於《詩》，立於《禮》，成於《樂》」（〈泰伯篇〉）。是孔門設教，要以《詩》、《書》、《禮》、《樂》爲主要之功課。

孔門以《詩》爲教材，故子貢因問「貧而無諂，富而無驕」而得「如切如磋」之精義；（〈學而篇〉）子夏因問「巧笑倩兮，美目盼兮」而得「禮後」的啓發。（〈八佾篇〉）至於孔子對《詩》之看法，一則曰「《詩》三百，一言以蔽之，曰思無邪。」（〈爲政篇〉）再則曰「誦《詩》三百，授之以政，不達；使於四方，不能專對，雖多，亦奚以爲？」（〈子路篇〉）由此觀之，孔子之時，《詩》之篇章，蓋與今本《詩》三百五篇，相去不遠也。〔註22〕

孔子教學之取材於《書》者，考諸《論語》，如曰：「孝乎惟孝，友于兄弟。」（〈爲政篇〉）曰：「武王曰予有亂臣十人」（〈泰伯篇〉）。曰：「高宗諒陰，三年不言。」（〈憲問篇〉）等是也。然上述篇章，均不在今文經二十八篇中。〔註23〕清儒陳蘭甫以爲「孝友施於有政，《書》之精義也。巍巍乎舜禹之有天下也數章，及堯曰咨一章，論堯、舜、禹、湯、文、武，《尚書》百篇，此題要也。」〔註24〕由此觀之，孔子之時，《書》乃歷史文獻，其數甚多。歷戰國之烽煙，秦火之浩劫，今日之《尚書》，蓋其劫餘也。

〔註20〕班固《白虎通議》：「經，常也；有五常之道，故曰五經，言不變之常經也。」
〔註21〕《史記·十二諸侯年表序》（臺北：鼎文書局），頁509。
〔註22〕屈萬里《詩經釋義·敘錄》：「孔子既屢次說《詩》三百，可見三百篇必是當時魯國通行的本子。」（臺北：華岡出版部），頁9。
〔註23〕錢穆《國學概論》（臺北：臺灣商務印書館），頁15。
〔註24〕《東塾讀書記》，卷二，〈論語〉，《皇清經解續編》，冊14（臺北：藝文印書館）p10613。

孔子之言《禮》：曰「殷因於夏禮，所損益可知也；周因於殷禮，所損益可知也。其或繼周者，雖百世可知也。」（〈為政篇〉）按：禮本古代宗教祭典之儀文，其後漸變而為貴族生活之方式，與養成教育的功課。故禮本非一層不變者，是以，孔子「因革損益」說，深得「禮者，因時世人情為之節文者也」〔註25〕之精義。然此生活之儀節，若徒有形式，不有精神，必為之僵化、呆滯。故孔子又說「人而不仁，如禮何？」（〈八佾篇〉）位居統治領導階層的貴族，既存仁善之心，其表現於進退揖讓間之儀文，必是有血有肉，活潑而精緻。由此觀之，孔子之所謂《禮》，非今本之三《禮》明矣。

孔子之言《樂》：《論語》載：子語魯太師樂，曰「樂其可知也，始作，翕如也，從如也，純如也，皦如也，繹如也。以成。」（〈八佾篇〉）是孔子於音樂之演奏，能深得其妙。又載：子在齊聞《韶》，三月不知肉味。曰「不圖為樂之至於斯也。」（〈述而篇〉）是孔子於音樂之感人，能心領神會也。復載「吾自衛反魯，然後樂正，雅、頌各得其所。」（〈子罕篇〉）則孔子於音樂，不僅感通神會，且能訂正音樂之謬誤。孔子音樂造詣之高，由此可知。惜後世不傳，學者不可得而論述焉。

孔子之言《易》：曰「加我數年，五十以學《易》，可以無大過矣。」（〈述而篇〉）考《魯論語》「易」字作「亦」，讀作「加我數年，五十以學，亦可以無大過矣。」先漢之世，《論語》之版本有三：曰齊論、古論、魯論是也。雖各有優劣，但論者以為《魯論》為上。〔註26〕且「可以無大過」與「五十知天命」之意正合。則此又不足以證孔子學《易》之事。〈子路篇〉又載孔子之言，曰：「南人有言，人而無恆，不可以作巫醫。善夫！不恆其德，或承之羞。子曰：不占而已矣。」考「不恆其德，或承之羞」見《周易·恆卦》九三爻辭。孔子之意，蓋謂「類此無恆心之人，不必去占卦」。足證孔子之時，《易》固為卜筮之書，不有義理之高度也。徐復觀教授嘗謂「《易》得入於經學，與十翼有不可分之關係。若無十翼中的〈彖傳〉、〈象傳〉，而僅有卦辭、爻辭，則仍停頓於占筮者各自為說的混亂狀態。」〔註27〕然〈彖傳〉、〈象傳〉為戰

〔註25〕見《史記》，卷九十九，〈叔孫通傳〉（臺北：鼎文書局），頁2722。
〔註26〕又錢穆《國學概論·孔子與六經》：「今案：五十以學《易》，《古論》作『易』，《魯論》作『亦』，連下讀，比觀文義，《魯論》為勝，則孔子無五十學《易》之說也。」本田成之《中國經學史》：「齊魯及古之《論語》，都有短長，但以《魯論》為上，誰也無異論。」（臺北：古亭書屋），頁88。
〔註27〕徐復觀《中國經學史的基礎》（臺北：臺灣學生書局），頁21。

國晚期之作，已見上文。由此觀之，《易》於孔子之時，不得爲經明矣。

《春秋》：考之《論語》，夫子但曰「述而不作，信而好古，竊比於我老彭。」（〈述而篇〉）所謂孔子作《春秋》者，孔子固未道及，弟子亦未嘗稱述。至孟子乃謂「世衰道微，邪說暴行有作，臣弑其君者有之，子弑其父者有之，孔子懼，作《春秋》。」（〈滕文公下〉）於是，世人方有知孔子作《春秋》者。然「孔子成《春秋》，而亂臣賊子懼。」（同上）要在《春秋》之筆削，有正名分、寓褒貶諸大義。特《左氏》宣公二年傳：趙穿弑其君。而太史書曰：「趙盾弑其君」。襄公二十五年傳，崔杼弑其君齊莊公。太史書曰「崔杼弑其君」。崔子殺之，其弟嗣書，而死者二人。其弟又書，乃舍之。南史氏聞太史盡死，執簡以往。聞既書矣，乃還。由此觀之，正名分，寓褒貶，本古史官之職志與筆法，固不必待孔子。由孔子所謂「董狐，古之良史也，書法不隱」可知。但正名分，寓褒貶，雖係史官之職志與筆法，求之現實，能有此風骨者，或不可多得。由《論語》：晉文公譎而不正，齊桓公正而不譎（〈憲問篇〉）；天下有道，則禮樂征伐自天子出（〈季氏篇〉）；陳恆弑其君，夫子沐浴請討（〈憲問篇〉）諸章觀之：謂夫子有得於古史官之職志與風骨而欲發揚之則有之，謂夫子筆削《春秋》，子夏之徒不能贊一辭，或未必然也。且夫子不云乎：「蓋有不知而作者，我無是也。」（〈述而篇〉）。

綜前所述，知孔子之時，無六經；孔子亦未嘗修六經，明矣。〔註28〕

（三）孟子與六經

《史記》謂：孟子，受業子思之門人，道既通，游事諸侯。所如不合，退而與萬章之徒序《詩》、《書》，述仲尼之意，作《孟子》七篇。趙歧《孟子題辭》謂：孟子通五經，尤長於《詩》、《書》。是孔子之後，孟子與《詩》、《書》之關係最爲緊密。

今考《孟子》七篇，引《詩》者三十，論《詩》者四。〔註29〕其目的：或爲自己立說之依據，或爲陳述歷史之事實。所發「說《詩》者，不以文害辭，不以辭害意，以意逆志，是爲得之」之高論，說者以爲深得讀《詩》之法。

引《書》者十八，論《書》者一，又有似引《書》而不言《書》曰者。

〔註28〕錢穆《先秦諸子繫年‧孔門傳經辨》：「余考孔子以前無所謂六經也，孔子之門既無六經之學，諸弟子亦無分經相傳之事。」（香港大學出版社），頁83。

〔註29〕見陳蘭甫《東塾讀書記》，卷三（臺北：藝文印書館，《皇清經解續編》），頁10628。

其論《書》一則，曰：「盡信書，不如無書。」（〈盡心下篇〉）由此觀之，孟子之時，《書》或未有定本也。

孟子之言《禮》，有明言禮者，有不明言禮者，有與人論禮者。考其內容，與今本《禮》書，或未必合。至謂「諸侯之禮，吾未之學」（〈滕文公上篇〉）者，蓋禮文繁博，隨時損益故也。〔註30〕

至於《樂》，孟子雖有「今之樂猶古之樂」（〈梁惠王下篇〉）之說，然終《孟子》一書，於音樂之道，但謂「獨樂樂，不如與眾樂樂」（〈梁惠王下篇〉）而已。

至於《易》之為書，孟子則無片言隻字及之。此可證孟子不讀《易》，或《易》於孟子之時，未為時人所重也。

孟子於六經形成之最大貢獻，厥為《春秋》一書之發現。雖然《論語》不著《春秋》，但歷史為孔子教學不可或缺之教材，學者無異論也。墨子則讀百國之《春秋》，〔註31〕是《春秋》，但為古史記之通名。及孟子出，乃謂「王者之跡息而《詩》亡；《詩》亡，然後《春秋》作。」（〈離婁下篇〉）。是謂《春秋》乃繼《詩》而作，為王道之綱紀者。故曰「《春秋》、天子之事也。」（〈滕文公下篇〉）至謂：「孔子成《春秋》，而亂臣賊子懼。」（同前）又謂「其事則齊桓、晉文，其文則史。孔子曰：其義則丘竊取之矣。」則《春秋》不僅為孔子之專著，且字句之間，皆寓有微言大義矣。儒者之讀斯書者，遂不得不求「亂臣賊子」所以「懼」之「義」於字句間。於是，郭公、夏五，莫不有「微言大義」矣。

綜前所述，孟子之時，未有六經；後世所謂「六經」，孟子不知也。

（四）荀子與六經

儒家典籍，首著「經」字者，厥為《荀子》，〈勸學篇〉所謂：「始乎誦經，

〔註30〕同前注，頁 10629。

〔註31〕見《墨子・明鬼下》。墨子所讀之《春秋》，有周之《春秋》，燕之《春秋》，宋之《春秋》，齊之《春秋》。孫詒讓云：「《國語・晉語》：『羊舌肸習於《春秋》』，韋注：『《春秋》，紀人事之善惡而目以天時，謂之《春秋》，周史之法也。時孔子未作《春秋》』。又〈楚語〉：『教之《春秋》，以感動其心』，《公羊・莊七年傳》云：『不修《春秋》曰：雨星不及地尺而復。』何注云：『謂史記也。古者謂史記為《春秋》。』《管子・法法篇》：『故《春秋》之記，』尹注云：『《春秋》，即周公之凡例，而諸侯之國史也』。《史通・六家篇》、《隋書・李德林傳》並引《墨子》云：『吾見《百國春秋》。』蓋即此。《史通》又云：『《汲冢瑣語》記太丁時事，目為《夏殷春秋》，又有《晉春秋》，記獻公十七年事。』」

終乎讀《禮》」是也。首以《詩》、《書》、《禮》、《樂》、《春秋》五部典籍，組成一體系者，亦為《荀子》，同篇：「《禮》之敬文也，《樂》之中和也，《詩》、《書》之博也，《春秋》之微也，在天地之間者畢矣。」又謂：「《禮》、《樂》法而不說，《詩》、《書》故而不切，《春秋》約而不速。」〈儒效篇〉：「《詩》言是其志也，《書》言是其事也，《禮》言是其行也，《樂》言是其和也，《春秋》言是其微也。」是也。

考〈勸學篇〉：「學惡乎始？惡乎終？曰：其數則始乎誦經，終乎讀《禮》。其義則始乎為士，終乎為聖人。」按：所謂「數」，蓋指治學之程序、步驟言；所謂「義」，蓋指治學之目的、目標言。荀子之意，蓋依治學之步驟而施教之功課，則「始乎誦經，終乎讀《禮》」，必有時而盡。若治學之目的，則「始乎為士，終乎為聖人」。此乃讀書人一生無盡之實踐過程。故曰：「學數有終，若其義則不可須臾舍也。」特「誦經」、「讀《禮》」，對稱為文者，據下文云：「故《書》者、政事之紀也，《詩》者、中聲之所止也，《禮》者、法之大分，類之綱紀也。」觀之，蓋《詩》、《書》所以博學者之志趣，涵詠其情性者，若夫《禮》則在創制法度，典禮規範者，二者本不同科故也。而楊倞以《詩》《書》釋「經」，蓋亦得其旨。然則荀卿固以《詩》《書》《禮》《樂》《春秋》為內聖外王之學，故曰：「在天地之間者畢矣。」

荀卿雖以《詩》、《書》、《禮》、《樂》、《春秋》等典籍，組成一內聖外王，體系完整之學，但《易》則始終不得與於其間。考〈非相〉、〈大略〉二篇，雖嘗三引《易》曰以為說。〔註32〕然論者或謂「弟子雜錄之語」，或謂引《易》諸篇，本不可靠（錢穆語）。〔註33〕由此觀之，荀卿或嘗讀《易》，然《易》於斯時，地位固未能與《詩》、《書》、《禮》、《樂》、《春秋》等並配相侔也明矣。然則，荀卿之時，固未有六經也。

（五）其 他

儒家三大師外，其餘諸子，如《墨子》《莊子》等，於《詩》《書》諸典籍，亦時加稱述焉。茲簡介如下：

《墨子》：墨子生於孔子之後，孟子之前。故孟軻既敘孔子作《春秋》之後，

〔註32〕按：〈非相篇〉引「《易》曰括囊無咎無譽，腐儒之謂也。」《荀子集解》（臺北：新興書局），頁33。〈大略篇〉：「《易》之咸見夫婦」、「《易》曰：復自道，何其咎」，同前，頁98～99。

〔註33〕楊倞《荀子集解》云：「此篇蓋弟子雜錄荀卿之語。」（臺北：新興書局），頁93。

遂曰：「孔子沒，天下之言，不歸楊則歸墨」（〈滕文公下篇〉）。然墨子著論，亦多稱引《詩》《書》。考今本《墨子》，其引《詩》者約有十一次，然或以〈洪範〉為周詩，或以大雅為大夏。〔註34〕由此觀之，墨子之時，《詩》或未有定本也。其引《書》也，除泛稱《書》者外，有篇名者計四十餘篇，中有三十餘篇不見於今存之《尚書》，且其論《書》也，或曰《尚書》，或曰《夏書》、《商書》、《周書》（〈明鬼下篇〉）。由此知墨子之時，《書》之存者猶多。至於《春秋》，墨子但知有「周之春秋」、「燕之春秋」、「宋之春秋」、「齊之春秋」（〈明鬼下篇〉），而獨不知有孔子筆削之《春秋》。由此觀之，墨子不知有六經也明矣。

《莊子》：莊子約與孟子同時，著書十餘萬言，大抵皆寓言也（《史記》本傳）。考今本《莊子》，於〈天運〉篇有孔子「治《詩》、《書》、《禮》、《樂》、《易》、《春秋》六經」之記載。〈天道〉篇又有孔子「繙十二經」之說，似莊子之時，已有六經矣。然斯二篇之成書，前賢皆以為後人之偽作，不足採納信。〔註35〕若〈天下〉篇：「《詩》以道志，《書》以道事，《禮》以道行，《樂》以道和，《易》以道陰陽，《春秋》以道名分」諸語，徐復觀教授以為係由讀者旁注插入者。〔註36〕由此觀之，莊子之時，無六經明矣。然由「其在《詩》《書》《禮》《樂》者，鄒、魯之士，搢紳先生多能明之」（〈天下〉篇）諸言觀之，莊生或亦知有《詩》《書》《禮》《樂》等祖先之遺籍，並深有得於心者乎？

《左氏傳》：《左氏傳》相傳為魯太史左丘明作，所以釋聖人之經者。《左氏傳》之內容，於《詩》、《書》、《禮》、《樂》、《易》諸要籍，並多稱述。《詩》、《書》、《禮》、《樂》，本孔門教學之教材，無足論矣。若魯穆姜之論「元、亨、利、貞」之德，〔註37〕與今〈文言〉篇首略同。論者以為就文勢論，蓋《周

〔註34〕徐復觀《中國經學史的基礎》（臺北：臺灣學生書局），頁38。

〔註35〕錢穆《莊子纂箋》於孔子治「《詩》《書》《禮》《樂》《易》《春秋》」云：「黃震曰：六經之名，始於漢。莊子書稱六經，未盡出於莊子也。穆按：秦廷焚書，猶不以《易》與《詩》《書》同類。」（臺北：東南印務出版社），頁121。於「繙十二經」云：「陸德明曰：六經又加六緯。王敔曰：緯書漢人所造，則此篇非漆園之書，明矣。」，同前，頁108。又屈萬里《詩經釋義·敘論》：「大約〈天運〉〈天道〉兩篇，最早也不會超過戰國晚年。」

〔註36〕見《中國經學史的基礎》（臺北：臺灣學生書局），頁41。

〔註37〕《左氏·襄九年傳》：「是於《周易》曰：隨，元、亨、利、貞，无咎。元、體之長也，亨、嘉之會也，利、義之和也，貞、事之幹也。體仁足以長人，嘉德足以合禮，利物足以和義，貞固足以幹事。」（臺北：藝文印書館），頁526。

易》鈔自《左傳》，非《左傳》鈔自《周易》。〔註38〕考《左傳》一書，要非成於一時，亦非成於一人。其確切之成書時代，或在安王之世，愼靚王二年以前。〔註39〕由此觀之，則與〈文言〉之成書於戰國末年，或正相合也。

（六）秦廷學術

秦自孝公，用公孫鞅變法圖強以來，即棄禮義而尚首功，權使其士，虜驅其民，以爲富強而已。及始皇八年，有呂不韋者，集門下食客之力，以儒家思想爲首，道、墨、陰陽爲輔，撰成《呂氏春秋》一書，〔註40〕將以爲秦統一區宇後，施政教民之藍圖。然終不得秦廷之施行。

考秦廷學術，固以法術爲尊。雖置博士，但備員問對而已。且所謂博士，亦非後世之專經博士。故有爲僊眞人詩之博士，有占夢博士等。而儒學博士淳于越「事不師古而能常久者，非所聞也」之語一出，遂啓焚書之巨禍。

且由李斯奏「請史官非《秦紀》皆燒之，非博士官所職，天下有敢藏《詩》《書》百家語者，悉詣守尉雜燒之。有敢偶語《詩》、《書》者弃市。」「所不去者，醫藥、卜筮、種樹之書。若欲有學法令，以吏爲師。」〔註41〕由斯觀之，法，固秦之所尊。若《詩》《書》則與百家語等列，皆「以古非今」之所據依，故必雜燒之。若卜筮之《易》，則與醫藥、種樹之學等列，皆日用之所需，故不去。

然則，於始皇控一區宇之時，《詩》《書》固不得獨尊，而《易》亦未得與於《詩》《書》之列。是秦皇控宇之時，六經固未嘗形成，明矣。

三、六藝之確立

六經之名，先王無有；六經之名立，殆始於先漢景、武之際。

考諸載籍，六經之名，首見於《莊子》，〈天運〉篇所謂「孔子謂老聃曰：丘治《詩》《書》《禮》《樂》《易》《春秋》——六經，自以爲久矣」是也。然莊生之述作，自謂寓言十之八九，其可信度不高。而前賢亦以爲該篇文字，應爲後人之僞作，上文已備論之矣。

〔註38〕錢穆〈論十翼非孔子作〉，《古史辨》，第三冊（臺北：明倫出版社），頁89。
〔註39〕屈萬里《古籍導讀》（臺北：臺灣開明書店），頁194。
〔註40〕《四庫全書總目提要》：「不韋固小人，而是書較諸子之言獨爲醇正，大抵以儒爲主，而參以道家、墨家，故多引六籍之文，與孔子曾子之言。」
〔註41〕《史記》，卷六〈始皇本紀〉（臺北：鼎文書局），頁255。

考之荀卿書，雖以《詩》、《書》、《禮》、《樂》、《春秋》——五部典籍，並列論述，然不僅不及《易》，且以「誦經」、「讀禮」，對稱爲文，楊倞以《詩》《書》釋「經」，如係正解，則《禮》不在「經」之範疇矣。

及李斯相秦，猶以《易》爲卜筮之書，故得與醫藥、種樹等技藝之學並存而不禁。是六經之組成，與乎六經之定名，於戰國末年，秦皇控宇之際，固未嘗有之。

若夫《禮記》，著〈經解〉一篇，謂：「溫柔敦厚，《詩》教也；疏通知遠，《書》教也；廣博易良，《樂》教也；絜靜精微，《易》教也；恭儉莊敬，《禮》教也；屬辭比事，《春秋》教也。」雖不著六經之名，六經之成爲體系完整之學顯然。唯其著成之時代，不得早於西京，前儒固已言一矣。〔註42〕

漢興，學者之論著，其以《詩》《書》《禮》《樂》《易》《春秋》爲六藝，而傳於今者，要以陸賈《新語》爲最早。〈道基〉第一嘗謂「後世衰廢，於是後聖乃定五經，明六藝。」唯是書也，《四庫總目提要》已謂：「殆後人依託」。近賢雖有爲之辨證者，〔註43〕存疑可也。況「五經」、「六藝」對稱爲文，或係六經之名已流布，五經亦立博士官後之稱乎？

文帝時洛陽賈太傅（誼）著《新書》，〈六術〉第四十七云：「是故內法六法，外體六行，以與《書》、《詩》、《易》、《春秋》、《禮》、《樂》六者之術，以爲大義，謂之六藝。」但前輩通人，亦以該書爲後人所僞作，似亦不可盡信。〔註44〕

其後，淮南王劉安招賓客方術之士，著爲《鴻烈》，一則曰：「通六藝之論」（〈主術篇〉），再則曰：「六藝異科而皆同道」（〈泰族篇〉）。董仲舒對策，既曰：「臣愚以爲諸不在六藝之科，孔子之術者，皆絕其道，勿使並進。」（《漢書·董仲舒傳》）及著《繁露》，又曰：「君子知在位者之不能以惡服人也，是故簡六藝以贍養之。」（〈玉杯篇〉）。司馬談《論六家要旨》，曰：「夫儒者以六藝爲法，六藝經傳以千萬數。」（《史記·太史公自序》引）。及司馬遷之著《史記》，「六藝」之名，則連篇累牘矣。〈孔子世家〉：「備王道，成六藝。」〈伯夷列傳〉：「夫學者載籍極博，猶考信於六藝。」〈儒林傳〉：「六藝從此缺

〔註42〕屈萬里《詩經釋義·敘論》：「〈經解〉一篇，則十之八九是西漢初年的作品。」（臺北：華岡出版部），頁1。

〔註43〕見徐復觀《兩漢思想史》，卷二（臺北：臺灣學生書局），頁90。

〔註44〕陳振孫《直齋書錄解題》等。（見徐復觀《兩漢思想史》，卷二，頁112～115）

焉。」〈滑稽列傳〉：「六藝於治，一也。」〈太史公自序〉：「為天下制儀法，垂六藝之統紀於後世。」由此知先漢諸儒之所講論，六藝為諸科之首選顯然。

然六藝之確立，果在何時？由前述文獻考察：由陸賈上《新語》（約在高祖十一年）至史遷之作《史記》（約在孝武太初元年），前後約九十三年；由賈誼為博士（約在孝文元年）至史遷之作《史記》前後約七十五年；由淮南王劉安立（約在孝文十六年）至史遷之作《史記》，前後約六十年。其中，陸賈《新語》、賈誼《新書》，前賢疑之，或不可盡信，置而不論可也。

若淮南王劉安之著《鴻烈》，既予文、景二帝之治道理論化，且預為他日嗣位御宇之藍圖，〔註45〕則其成書，必在壯年成熟之時，故徐復觀教授以為當在王二十七歲至四十歲之間。〔註46〕

考淮南王生於孝文元年，立時十六歲，當孝文十六年。而孝文時，嘗以申培、韓嬰為《詩》學博士。王二十四歲，當孝景元年，時胡毋生、董仲舒以《春秋》學為博士。其後，又以轅固為《詩》學為博士。王三十五歲，當孝景中元五年（西元前 145 年）司馬遷生。王四十歲，當孝武建元元年（西元前 140 年）是年詔舉賢良方正直言極諫之士，議明堂，徵申公。建元二年，淮南王來朝，竇太后治黃老言，不好儒術，非薄五經。及建元五年（西元前 136 年，王四十四歲）罷傳記博士，置五經博士（時司馬遷十歲）。六年（西元前 135 年）司馬談為太史令。孝武元狩元年（西元前 122 年）王謀反，事覺自殺。時史公年三十三。由此觀之，《鴻烈》之成書，必在置五經博士之前，竇太后不好儒術，非薄五經之際。是徐復觀先生之言，信而有據矣。

又董仲舒之生，蓋與淮南相去無幾。是以史遷父子既得聞淮南之學風，且與董生同時講論。故皆以《詩》《書》《禮》《樂》《易》《春秋》為六藝。如此看來，六藝之名，其確立於景、武二帝之際，明矣。

文帝雖立申培、韓嬰之《詩》學為博士，但博士不僅六藝一端而已。〔註47〕景帝於《詩》學增立轅固外，又立胡毋生、董仲舒《春秋》。比及武帝，遂五經

〔註45〕戴君仁《雜家與淮南子》：「大約劉安是有心要做預備天子的，淮南八公也可能有做蕭何、曹參的企圖，《淮南王書內篇》二十篇，是他們所擬的治天下的方略。因為文、景兩代都是好時代，必須繼承過去，以應付將來，所以書中所述，以已經實行的黃老思想為主。」《梅園論學集》（臺北：臺灣開明書店），頁286。

〔註46〕《兩漢思想史》，卷二（臺北：臺灣學生書局），頁178。

〔註47〕文帝時，賈誼通諸子百家之書，徵為博士（《史記》本傳）；魯人公孫臣，言五德終始為博士（見《漢書·張蒼傳》及〈成帝紀〉）。又趙岐《孟子題辭》：「孝文皇帝欲廣遊學之路，《論語》、《孝經》、《孟子》、《爾雅》，皆置博士。」

俱立於學官矣。

四、六經本漢家之學

（一）漢初無六經

自古以來，統治者要皆長於現實之利，短於遠見之思。蓋「善人爲邦百年」，雖可「勝殘去殺」，但我已歿矣。即「如有王者，必世而後仁」（《論語・子路篇》）則我亦垂垂老矣。此所以，賢如：漢武帝、唐太宗，猶有巫蠱之禍、玄武門之變，而況其下焉者乎？此所以一部二十五史，但見亡國破家之君相隨屬，聖君治國，累世而不一見者，豈偶然哉！

就文化之發展言，自孔子、孟軻、荀卿以來之重學傳統與德治理想，至嬴秦而大挫。李斯爲始皇劃策，既焚書於前，又坑儒於後。於是，獨尊「尚法而無法，不循而好作」（荀卿語）之法術，視《詩》、《書》爲蝨蠹（商君語）。由是，威福出於一人，天下奔走，但爲「富強」二字而已。

漢高出身草莽，本不知重學貴生，長治久安之義。故客有冠儒冠至者，輒解其冠，溲溺其中；與人言，常大罵。〔註48〕又謂「乃公馬上得天下，馬上治天下，安事《詩》《書》！」〔註49〕甚至於以天下爲一大產業。〔註50〕蕭何佐漢高，亦但知收秦丞相、御史律令圖書，〔註51〕而不知有《詩》《書》《禮》《樂》之寶典。故代秦而興，雖由叔孫通之制《朝儀》，而知爲皇帝之貴，〔註52〕終不能去嬴秦之法術，而立一代之宏規。

其後，孝惠雖廢挾書之律，然公卿大臣絳、灌之屬，咸介胄武夫，於一代典章學術，莫以爲意。文、景二帝繼之，體察秦政苛虐之害，乃求所以安

〔註48〕《史記・酈食其傳》：「沛公不好儒，諸客冠儒冠來者，沛公輒解其冠，溲溺其中。與人言，常大罵。未可以儒生說也。」（臺北：鼎文書局），頁2692。

〔註49〕《史記・陸賈傳》：「陸生時時前說稱《詩》、《書》。高帝罵之曰：『迺公居馬上而得之，安事《詩》、《書》！』陸生曰：『居馬得之，寧可以馬上治之乎！……』」（臺北：鼎文書局），頁2699。

〔註50〕《史記・高祖本紀》：「未央宮成，高祖大朝諸侯群臣，置酒未央前殿。高祖奉玉卮，起爲太上皇壽，曰『始大人常以臣無賴，不能治產業，不如仲力。今某之業所就孰與仲多。』。」（臺北：鼎文書局），頁386。

〔註51〕《史記・蕭相國世家》：「及高祖起爲沛公，何常爲丞督事。沛公至咸陽，諸將皆爭走金帛財物之府分之，何獨先入收秦丞相御史律令圖書藏之。」（臺北：鼎文書局），頁2014。

〔註52〕《史記・叔孫通傳》（臺北：鼎文書局），頁2723。

居樂業，休養生息之道。遂以清淨無為為主，刑名法術為用。於一代宏規，雖未遑建樹，但根基既立，發皇有日。故及乎孝武，乃得花繁葉茂，不僅樹大漢一代之學術文明，並進而為百代學術奠礎石矣。〔註53〕

（二）六藝即六經

六藝之名，古已有之。先有六藝，後有六經。《呂氏春秋》以養由基善射，尹儒學御，荊之善相人，齊之好獵者，並為六藝之人。〔註54〕《周禮地官·保氏職》：掌「養國子以道，乃教之六藝：一曰五禮，二曰六樂，三曰五射，四曰五馭，五曰六書，六曰九數。」按：古言藝者，其旨甚寬泛。蓋有知能或技術等義。〔註55〕故習禮、樂、射、馭、書、數之理論，是為知能之藝，即後世所謂「學」也；熟練禮、樂之周旋進退，射、馭之技術，書、數之變化，是為技術之藝，即後世所謂「術」是也。

自孔子以《詩》、《書》執《禮》教於世，且謂「天下有道則現，無道則隱。邦有道，貧且賤焉，恥也；邦無道，富且貴焉，恥也。」（《論語·泰伯篇》）。高舉儒者之學，別有終極之目標在。故子張學干祿，子曰：「多聞闕疑，慎言其餘，則寡尤；多見闕殆，慎行其餘，則寡悔。言寡尤，行寡悔，祿在其中矣。」（〈為政篇〉）樊遲請學稼，子曰：「吾不如老農」；請學圃，子曰：「吾不如老圃。」

〔註53〕牟宗三《歷史哲學》：「從高祖到武帝已六十餘年矣。……就世家門第言之，已足夠為闊大公子之資格矣。謂其好大喜功，亦未始不可。然其憑藉厚，而能善用其憑藉；其才氣大，而不萎瑣其才氣；其接觸問題，而必期解決而不躲閃；此亦能盡氣者之天才也。彼好神仙怪誕之事，能歌辭，此示其想像力頗豐富也。賞罰立斷，不假借；立昭帝，而必殺其母：此示其有法治精神，而不為主觀情感所繫縛也。能皆近各種類型之人物，如抒發理想之儒者，辯言巧慧之士，游戲滑稽之士，辭賦能文之士，吏法之士，武勇之士，理財之士，此示其興趣之廣，能客觀地欣賞各種人士之能而不固結于主觀之偏好，此必生命洋溢豐富而後能也。生命豐富者，不刻薄，不陰險，不邪僻，故能憑其想像力而接受理想，肯定理想也。」（臺北：樂天出版社），頁257。

〔註54〕按：養由基、尹儒二人事跡見〈不苟論〉、〈博志篇〉；荊之善相人、齊之好獵者，見〈貴當篇〉。「六藝」、《呂氏春秋》本作「文藝」，俞越、蔣維喬以為「文藝」，當作「六藝」。見陳奇猷《呂氏春秋校釋》（臺北：華正書局），頁1625。

〔註55〕熊十力《原儒·緒言第一》：「司馬談〈論六家要旨〉，其說曰，夫儒者以六藝為法。」自注云：「藝者、知能。古言藝有二解。一者、如革物的知識與一切技術，通名為藝。二者、孔子六經亦名六藝。六經者，《易》經、《春秋》經、《詩》經、《書》經、《禮》經、《樂》經。司馬談所云六藝，蓋專指六經。」（臺北：明倫出版社），頁19。又云：「古言藝者，其旨甚寬泛，蓋含有知能或技術等義。六經亦名六藝、取知能義也。格物之學及一切器械創作，則取技術義。」，頁24。

（〈子路篇〉）蓋學者，君子之事也；而稼、圃之事，術也，君子所不爲。於是，遂啓學、術分途之端緒。其後，孟、荀諸大儒繼之，遂呶呶於學，鮮及於術矣。故孟子既曰：「士之仕也，猶農夫之耕也。」（〈滕文公下篇〉）又曰：「當今之世，如欲平治天下，舍我其誰！」（〈公孫丑下篇〉）至荀卿，遂以周公爲大儒，且以儒者「勢在人上，則王公之材也；在人下，則社稷之臣，國君之寶也。」（〈儒效篇〉）。於是，「學」貴於「術」，不言自明。

漢興，上繼孔、孟、荀重「學」之傳統，其以「《詩》、《書》、《禮》、《樂》、《易》、《春秋》」之六學，易「禮、樂、射、馭、書、數」之六術，猶名曰六藝，不亦宜乎？

考司馬談〈論六家要旨〉，曰：「夫儒者以六藝爲法。六藝經傳以千萬數，累世不能通其學，當年不能究其禮。」按：既曰儒者以「六藝爲法」，又曰：「六藝經傳」，是「六藝」即「經傳」，亦即「六經」。若其內容，「列君臣父子之禮，序夫婦長幼之別。」正是「六經」之所長，故曰：「雖百家弗能易也。」

司馬遷之著《史記》，於〈孔子世家〉既云：「孔子之時，周室微而禮樂廢，《詩》、《書》缺，追跡三代之禮，序《書傳》……古《詩》三千餘篇，及至孔子，去其重，取可施於禮義……禮樂自此可得而述，以備王道，成六藝。」又云：「孔子布衣，傳十餘世，學者宗之。自天子王侯，中國言六藝者折衷於夫子。」於〈太史公自序〉，既謂：「爲天下制儀法，垂六藝之統紀於後世。」又謂：「厥協六經異傳，整齊百家雜語。」由史遷父子之言觀之，「六藝」即「六經」，無疑矣。

蓋先漢之初，名《詩》、《書》、《禮》、《樂》、《易》、《春秋》爲六藝者，蓋取其「知能」義；比及申培、韓嬰、轅固等以《詩》學爲博士，胡毋生、董仲舒等以《春秋》學爲博士，及孝武皇帝，遂置「五經博士」，要皆以明典籍之學爲首選。故「六藝」遂易名爲「六經」，考其原因，蓋取六部典籍之學，爲皇家意識型態之準據也。

（三）儒者以六經代法術

《史記·秦本紀》載李斯之焚書議，曰：「史官非秦紀皆燒之，非博士官所職，天下敢有藏《詩》《書》百家語者，悉詣守尉雜燒之，有敢偶言《詩》《書》者棄市，以古非今者族，吏見知不舉者同罪，令下三十日不燒，黥爲城旦。」按：李斯此議，其罪之重者，乃「以古非今」，罪至於滅族；次爲「偶語《詩》《書》者」，罪亦至死。蓋《詩》《書》本堯、舜、禹、湯、文、武、

周公等先王智慧與經驗之精華，乃儒者努力追跡之理想。而鍾情先人遺籍者，不免嚮往於先聖之理想，而有「以古非今」之嫌故也。其與只重鞏固政權，監控現實利益，毫無理想之法術之學，本不相侔。知此，則陳涉起匹夫，而魯諸儒持孔氏之禮器，往委質爲臣；高祖初定中國，陸生時時前說稱《詩》、《書》，其中自有情不容已之使命在焉。

泊漢王稱帝於定陶，群臣飲酒爭功，或醉而妄呼，或拔劍擊柱，高祖患之。時儒者叔孫通徵魯諸生與弟子共起「朝儀」。而魯有兩生，不肯行。且謂「公所事者且十主，皆面諛以得親貴。今天下初定，死者未葬，傷者未起，又欲起禮、樂。禮、樂所由起，積德百年而後可興也。吾不忍爲公所爲，公所爲不合古，吾不行。公往矣，無污我。」〔註56〕按：所謂「面諛以得親貴」，蓋責叔孫通悖逆儒者「富貴不能淫，威武不能屈」之風範。「公往矣，無污我」，是兩生堅持儒學之理想，不爲眼前之富貴所淫、屈，其精神足可使「頑者廉，弱者有立志」也。然叔孫通雖面諛，於高祖欲以趙王如意易太子時，亦能「三諫不從，請以身當之。」〔註57〕力加抗爭，庶亦不失儒者本色於萬一。

其後，公孫弘之徵於朝，轅固生則以「公孫子，務正學以言，無曲學以阿世」勉之。按：所謂「務正學以言，無曲學以阿世」者，蓋期公孫弘能秉儒者之學術良知，於諫言獻策之際，爲人類之共同理想與國人百姓之幸福奮鬥；不可爲眼前一己之富貴，扭曲儒者之理想，以迎合統治者之淫欲也。而轅固一本儒者之大義理想，以湯武革命，順天應人之至理，力斥黃生「冠雖敝，必加於首；履雖新，必關於足」之謬論於景帝面前，是何等的大義凜然，詞嚴義正。〔註58〕申培之見武帝，知天子方好文辭，且以俳優蓄之，故曰：「爲治不在多言，顧力行何如耳！」〔註59〕其規切時弊，可謂深切著明矣。

於是，董仲舒對策，遂以「今師異道，人異論，百家殊方，指意不同，是以上亡以持一統；法制數變，下不知所守。」而建請武帝「諸不在六藝之科，孔子之術者，皆絕其道，勿使並進。」〔註60〕於是，嬴秦以來之法術學，

〔註56〕《史記·叔孫通傳》（臺北：鼎文書局），頁2722。
〔註57〕按：本傳載，高祖欲以趙王如意易太子。叔孫通諫曰：「陛下必欲廢適而立少，臣願先伏誅，以頸血汙地。」《索隱》引《楚漢春秋》：「叔孫何云『臣三諫不從，請以身當之。』撫劍將自殺。」
〔註58〕《史記·儒林傳》（臺北：鼎文書局），頁3123。
〔註59〕同前注，頁3121。
〔註60〕《漢書·董仲舒傳》（臺北：鼎文書局），頁2523。

遂罷。而儒者之學得以獨尊。董生又以爲「周道衰廢，孔子爲魯司寇，諸侯害之，大夫壅之，孔子知言之不用，道之不行也。是非二百四十二年之中，以爲天下儀表。貶天子，退諸侯，討大夫，以達王事而已矣。」〔註61〕其「貶天子，退諸侯，討大夫」之說，與轅固生「湯武革命，順天應人」說，前後相輝映，不僅恢復儒者議政之傳統，李斯不得「以古非今」之說遂破。且下開眭孟、蓋寬饒「家以傳子，官以傳賢」之禪讓說。〔註62〕

自公孫弘「興學議」出，能通一藝以上，補文學掌故，高第可以爲郎，即秀才異等，輒以名聞。於是，儒學之士遂取代法術之士，爲政治舞台之新主流。尤以公孫弘本人，以《春秋》，首開白衣爲三公。於是，天下學士，莫不靡然鄉風。自此，「遺子黃金滿籯，不如一經」矣。〔註63〕

（四）皇家以六經飾治術

漢高祖本不好儒，其稱帝於定陶，群臣飲酒爭功，醉或妄呼，拔劍擊柱，高祖患之。於是，叔孫通乃徵魯諸生及弟子，共起「朝儀」。七年，長樂宮成，諸侯群臣皆朝，十月，儀成：

> 先平明，謁者治禮，引以次入殿門，廷中陳車騎步卒衛宮，設兵張旗志。傳言趨。殿下郎中俠陛，陛數百人。功臣、列侯、諸將軍、軍吏，以次陳西方，東鄉；文官丞相以下陳東方，西鄉。大行設九賓，臚傳。於是，皇帝輦出房，百官執職傳警，引諸侯王以上至吏六百石以次奉賀。自諸侯王以下莫不振恐肅敬。至禮畢，復置法酒。諸侍坐殿上皆伏抑首，以尊卑次起上壽。觴九行，謁者言罷酒。御史執法舉不如儀者輒引去。竟朝畢，無敢讙譁失禮者。（《史記・劉敬叔孫通列傳》）

朝禮既畢，高祖龍心大悅，曰：「吾迺今日知爲皇帝之貴也。」按：叔孫通本秦廷博士，所制朝儀，雖謂「頗采古禮與秦儀雜就之。」然魯兩生已謂「公所爲不合古。」今行禮之結果，「自諸侯王以下，莫不振恐肅敬」，「竟朝置酒，

〔註61〕《史記・太史公自序》太史公聞董生之說（臺北：鼎文書局），頁3297。

〔註62〕《漢書・眭弘傳》：「先師董仲舒有言，雖有繼體守文之君，不害聖人之受命。漢家堯後，有傳國之運。漢帝宜誰差天下，求索賢人，禪以帝位，而退自封百里，如殷周二王後，以承順天命。」（臺北：鼎文書局），頁3154。《漢書・蓋寬饒傳》：寬饒奏封事，引《韓氏易傳》言：「五帝官天下，三王家天下，家以傳子，官以傳賢，若四時之運，功成者去，不得其人則不居其位。」，頁3247。

〔註63〕《漢書・韋賢傳》（臺北：鼎文書局），頁3107。

無敢讙譁失禮者。」則其朝儀，蓋得之秦儀者多，得之古禮者寡。故朱夫子以爲「叔孫通爲綿蕝之儀，其效至於群臣振恐，無敢失禮者，比之三代燕享，君臣氣象，便大不同。蓋只是秦人尊君卑臣之法。」〔註64〕非虛語也。

由此觀之，漢高祖之所以龍心大悅，迺拜叔孫通爲太常，賜金五百斤，諸弟子儒生，悉以爲郎者，要不在朝儀得古禮之神髓，而在「君尊臣卑」之威儀耳。於是，秦人「尊君卑臣」之法術，遂由「希世度務，與時變化」之叔孫通，一變而爲儒家之禮儀制度。而此一既得自作威福之權，又可緣飾儒術之學，遂爲炎漢一代永續不絕之家法矣。

故孝文時，申培、韓嬰雖得以《詩》學爲博士；孝景時，又有轅固以《詩》學，胡毋生、董仲舒以《春秋》學爲博士。然轅固與黃生辯論「湯、武革命」於景帝前，景帝卻以「食肉不食馬肝，不爲不知味；言學者無言湯、武革命，不爲愚」作結，遂使後之學者，莫敢言受命、放、殺者。〔註65〕

武帝時，董仲舒力倡「獨尊儒術，罷黜百家」，褒然爲一代儒宗。然王充《論衡》以爲「董仲舒表《春秋》之義，稽合於律，無乖異者。然則《春秋》，漢之經，孔子制作，垂遺於漢。論者徒尊法家，不高《春秋》，是闇蔽也。」〔註66〕公孫弘學《春秋》雜說，以賢良徵博士，要以「習文法吏事，緣飾以儒術，上說之，一歲中至左內史。」〔註67〕張湯自幼爲文，如老獄吏，及爲廷尉，「決大獄，欲傳古義，乃請博士弟子治《尚書》、《春秋》補廷尉史，亭疑法。」〔註68〕兒寬，治《尚書》，事歐陽生。以郡國選詣博士，受業董仲舒。及張湯爲廷尉，「以寬爲奏讞掾，以古法義決疑獄，甚重之。」〔註69〕

由此觀之，漢武雖鄉儒學，而立五經博士，要在以儒術緣飾吏事而已。此即孝宣之告太子（元帝）曰：「漢家自有法度，霸、王道雜而用之」〔註70〕

〔註64〕《朱子語類》，卷135。
〔註65〕事見《史記·儒林傳》。所謂「受命、放、殺」，指《孟子·梁惠王章句下》第八章：「齊宣王問曰：『湯放桀，武王伐紂，有諸？』孟子對曰：『於傳有之。』曰：『臣弑其君可乎？』曰：『賊仁者謂之賊，賊義者謂之殘；殘賊之人，謂之一夫。聞誅一夫紂矣。未聞弑君也。』」
〔註66〕見漢王充撰·劉盼遂集解《論衡集解》（臺北：世界書局），上冊，〈程材篇〉卷12，頁249。
〔註67〕《漢書·公孫弘傳》（臺北：鼎文書局），頁12613。
〔註68〕《史記·酷吏傳·張湯》（臺北：鼎文書局），頁3137。
〔註69〕《漢書·兒寬傳》（臺北：鼎文書局），頁2628。
〔註70〕《漢書·元帝紀》（臺北：鼎文書局），頁277。

是也,非真好儒也。《漢書‧循吏傳序》云:「孝武之世,……唯江都相董仲舒、內史公孫弘、兒寬居官可紀,三人皆儒者,通於世務,明習文法,以經術潤飾吏事。天子器之。」善夫!班史之獨具隻眼,不為統治者所欺也哉!

五、結 論

六經確立於漢,經學本漢家之學。

孔子生於春秋之末季,去古未遠,既信而好古,又敏以求之,於是明先王內聖外王之道。具碁月有成之才,豈為東周之志。然干七十餘君,終莫能用。於是,以《詩》、《書》、《禮》、《樂》教於世,裁成七十二聖賢,亦已盛矣。然孔子既歿,天下之言學者,不歸楊,則歸墨。及孟子出,受業子思之門人,以學孔子為志。然道既通,游事諸侯,而天下方務合縱、連衡之術,以攻伐為賢,以仁義為迂闊。於是,所如不合,乃退而授徒講學以終。荀卿於戰國之末季,於《詩》《書》《禮》《樂》《春秋》等先王之遺籍,並極其研究,雖最為老師,亦不過老死蘭陵而已。及秦皇控宇,但知「尊君卑臣」,而不知有人性之尊嚴,與夫人生之理想。儒者但藉《詩》《書》「以古非今」,遂啓焚書坑儒之禍。由此觀之,儒者之學,自孔子以降,未嘗一用,儒者之理想,亦未嘗實現,此豈非儒者之悲哉?

漢高祖初定天下,本不好儒。然叔孫通定朝儀,高祖乃知為皇帝之貴,儒者遂得以出身。及惠帝除挾書之律,諸學漸興。於是,儒者乃尊孔子,倡《詩》《書》。蓋欲以儒家之人文理想,取代法術之學,以立一代之宏規。此可由《漢志》「儒家者流」,所謂「游文於六經之中,留意於仁義之際,祖述堯舜,憲章文武,宗師仲尼」之「祖述」、「憲章」與「宗師」諸文得之。所以,申公、韓嬰、轅固之《詩》,伏生之《書》,胡毋生、董仲舒之《春秋》,相繼登於廟堂之上。及武帝立五經博士,又為博士置弟子員。於是,士人政治,於焉成形,儒者之理想,庶幾實現。而兒寬見武帝,語「經學」,武帝說之。〔註71〕自是以降,「經學」為封建帝國之思想領導,垂二千餘年而不輟。

若夫帝王之家,雖知「尊君卑臣」之足以鞏固政權,然秦人之焚書坑儒,適足以速禍。前車之鑑非遠,豈可忘哉!故文、景雖不好儒,猶立《詩》學、《春秋》學等博士。武帝,史稱好儒,然所好者,要不外「習文法吏事」,「緣

〔註71〕《漢書‧兒寬傳》(臺北:鼎文書局),頁 2628。

飾經義」,「決大獄,則傅古義」之儒。比及宣帝,遂有「漢家自有法度,本以霸王道雜之」之宣告。由此觀之,皇家立儒者之《詩》《書》爲經學博士,一則確立文化治國之途轍,並藉文化以粉飾太平;二則爲籠絡人才,以爲帝室之所用。且經學既由國家教育機器所掌控,經學之是非又由帝王爲仲裁,〔註72〕則所養成之所謂「人才」,無非「以經術潤飾吏事」之徒,但天下英雄,已盡入吾彀中矣。

漢儒既欲以《詩》《書》代法術,皇家亦欲以《詩》《書》之學飾吏事。二者既相激相盪,終則各取所需。於是,經學遂爲漢代學術之主流。而《詩》、《書》、《禮》、《樂》、《易》、《春秋》等先王之舊籍,亦歷春秋、戰國、嬴秦之衰蔽,搖身一變,而爲宣揚「五常之道」之「經」矣。不僅爲一代之宏規定制,且爲二千多年封建帝國,不可或易之統治指導思想矣!?

（本文原刊於:國立高雄師範大學《第一屆先秦學術論文研討會論文集》,頁 330～353,1992 年 4 月 25 日）

〔註72〕此由石渠閣經學會議、白虎觀經學會議,皆由帝王「稱制臨決」可知。

貳、談經說傳

一、前　言

　　中華文化是世界文化體系中東方文化的主流，而多釆多姿的中華文化體系中，又以儒家思想爲主流。記載儒家思想的典籍，則以──《易》、《書》、《詩》、《禮》、《樂》、《春秋》爲大根本。《漢書・藝文志・諸子略》說，儒家者流「游文於六經之中，留意於仁義之際」。既說明了六經爲儒家的寶典，同時也揭示了儒家思想的精義所在是「仁義」。

　　因此，吾人要了解儒學，必從六經入手。翻閱孔子的言行錄─《論語》來看，孔子教學時，有所謂的「詩書執禮」、「不學詩，無以言」、「不學禮，無以立」，又謂「興於詩，立於禮，成于樂」，及「五十以學易，可以無大過矣」等教育方法及課程。可見《詩》《書》《禮》《樂》《易》等典籍，在孔子時代，已是重要的教科書。其後，孟子說「孔子成《春秋》，而亂臣賊子懼」，且說「其文則史，其事則齊桓、晉文，其義則丘竊取之矣。」是孔子不僅以《易》、《書》、《詩》、《禮》、《樂》爲教本，且自作《春秋》一書。作《春秋》時，雖依舊史成文，但行文之間，則加上了「義」。由此觀之，孔子在以《易》、《詩》、《書》、《禮》、《樂》爲教時，凡所闡發，亦必有「義」於其間。所以，司馬遷說，孔子「贊《周易》，刪《詩》《書》，訂《禮》《樂》，作《春秋》。」是孔子之贊、刪、訂與作同，皆嘗賦古典以新義。今文經學者以「六經」皆孔子作，意即在此。只是這些典籍在當時，並未冠以「經」名。

二、經傳釋義

古籍稱「經」，蓋自《墨子》〈經上〉、〈經下〉始，儒家的書稱「經」，則從《荀子》開始，〈勸學篇〉：「始乎誦經，終乎讀禮。」但「誦經」與「讀禮」對稱。且又引《道經》，以證解蔽之重要。由此看來，「經」本通稱，非有獨尊之意。所以，東漢許慎的《說文解字》，對「經」字的解說「織從絲也。從糸巠聲。」可見「經」字的本義，是「取象治絲，從絲爲經，橫絲爲緯。」（劉師培《經學教課書》）因此，章炳麟先生以爲「經」乃「編絲綴屬之稱」（《文學總論》）。也就是說「經」其實就是用絲線裝訂的線裝書。

到了漢代，部分學者因嬴秦暴虐，國祚短暫，不願漢承秦後，〔註1〕乃奪秦之黑統而歸之孔子，〔註2〕以爲大漢乃繼孔子而王天下者。又有部分學者，以爲孔子當赤統，手訂諸書，乃爲漢家制法。遂尊孔子爲「素王」。〔註3〕因推尊孔子，並崇孔子手訂之書。於是，「六經」之名立。而「經」字的意義也開始轉變。班固《白虎通義》說：「經，常也。有五常之道，故曰五經。言不變之常經也。」劉熙《釋名·典藝篇》：「經、徑也。常典也。如徑路無所不通，可常用也。」是班、劉二家並以「常」字釋「經」。而「經」字，已從「織從絲」之意，而變爲「恆常不變」之意了。晉人張華的《博物志》，則更立新說，謂「聖人制作曰經，賢人著述曰傳。」是又以作者成德的境界高低分「經」、「傳」了。至南朝的劉勰，一則說「聖哲彝訓曰經。」又說「經也者，恆久之至道，不刊之鴻教也。故象天地，效鬼神，參物序，制人紀，洞性靈之奧區，極文章之骨髓者也。」〔註4〕於是，「經」遂爲「聖人之制作」，且爲「行之百世而不悖，放諸四海而皆準」的寶典，殆已無疑義了。且自兒寬見武帝，「語經學」（《漢書·兒寬傳》），「經學」之名遂告確立。自武帝立五經博士，

〔註1〕 錢穆《孔子與春秋》：「漢儒不認秦代也得成爲一新王之傳統，只說如一年十二月之偶有閏月般，雖亦是一月，而非正常之一月。」

〔註2〕 顧頡剛《漢代學術史略》：「在讖緯裡，孔子是一個中心人物。……照他們說，湯是水德，爲黑帝之子，而孔子是湯的後裔，所以仍爲黑帝之子。……孔子既是黑帝之子，也須做皇帝才對。」

〔註3〕 趙岐《孟子注》，於「其義則丘竊取之矣」謂：「竊取之，以爲素王也」。又說：「設素王之法，謂天子之事也。」司馬遷《史記·太史公自序》引壺遂云：「孔子之時，上無明君，下不得任用，故作《春秋》，垂空文以斷禮義，當一王之法。」賈逵《春秋序》：「孔子覽史記，就是非之說，立素王之法。」鄭玄《六藝論》：「孔子既西狩獲麟，自號素王，爲後世受命之君，制明王之法。」

〔註4〕 《文心雕龍·宗經篇》。

習經者可爲進身之階。從此，人人誦習，家家讀經，漢人甚至有「黃金滿籯，不如遺子一經」（《漢書・韋賢傳》）之教言。於是，「經學思想」（即儒家思想）遂爲華族不可抹滅的意識型態。

　　但去聖日遠，經典的微言奧旨，幽隱難明，於是有傳。「傳者，轉也。轉受經旨，以授後人。」或曰：「傳者，傳也；所以傳示來世。」〔註5〕是「傳」，本爲解釋聖人經典之作。何人有此能力，得以解釋聖人之經典，使其微言奧旨，永昭後世呢？那一定是賢人了，張華《博物志》所謂「賢者著述曰傳」即是。而「傳」又稱爲「論」，《文心雕龍》所謂「述經敘理曰論」是也。蓋孔聖人手訂之書，既被推崇爲「經」，於是，門人後學，追記微言，依經辨理之作品，則別稱爲「傳」、「論」或「記」（如《禮記》即是）；以示不敢與聖人之經典並配相侔之意。

　　洎乎後漢，南北朝之際，學者爲尊崇聖人之餘緒，又將傳、記、論諸作，並尊以經名。於是，世傳所謂十三經，即：《周易》、《尚書》、《毛詩》、《周禮》、《儀禮》、《禮記》、《春秋左氏傳》、《公羊傳》《穀梁傳》、《論語》、《孝經》、《爾雅》與《孟子》諸書，自趙宋迄今，遂爲士子皓首窮經的寶典。

三、六經本中國文化之母

　　所謂六經，其實乃中國文化之母，係堯、舜、禹、湯、文、武、周公以來，代代相傳的智慧與經驗。此章學誠所以有「六經皆史」（《文史通義・易教上》）的主張。因此，儒家固可「游文六經之中」（《漢書・藝文志・諸子略》語），百家亦可取諸六經，推闡發明，以成一家之說。所以，《漢書・藝文志・諸子略》，既論述諸子十家的長短優劣點後，又引《易・繫辭傳》，云：「天下同歸而殊途，一致而百慮。今異家者，各推所長，窮知究慮，以明其旨，雖有蔽短，合其要歸，亦六經之支與流裔。」由此看來，「六經」乃中國文化之巨幹大河，而百家係自此巨幹大河分出之旁枝與細流。由此可知六經與諸子百家的關係，實係本末幹枝的關係。

　　其於史學也是如此：唐朝劉知幾《史通・六家篇》說：「古往今來，質文遞變，諸史之作，不恆厥體，權而爲論，其流有六：一曰《尚書》家、二曰《春秋》家、三曰《左傳》家、四曰《國語》家、五曰《史記》家、六曰《漢

〔註5〕 劉知幾《史通・六家篇》。

書》家。」蓋《尚書》本是紀言體，《春秋》是編年體，《左傳》是編年兼紀事，《國語》是國別史，《史記》是通史之祖，而《漢書》則爲斷代之始。六家之中，《尚書》、《春秋》，本是經書；《左傳》、《國語》，前者爲《春秋》內傳，後者爲《春秋》外傳。只有《史記》、《漢書》爲史家著述。但讀《史記‧太史公自序》，史遷說：「先人有言，『自周公卒五百歲而有孔子，孔子卒後至今五百歲，有能紹明世，正《易傳》，繼《春秋》，本《詩》、《書》、《禮》、《樂》之際。』意在斯乎！意在斯乎！小子何敢讓焉。」是史遷以「史」爲「經」，用繼孔子之志，厥意甚明。若班固之作《漢書》，論者雖謂「不逮子長遠甚」。（曾國藩〈聖哲畫像記〉語）但敘一事，論一義，莫不根源於六經，折衷乎孔聖。豈無微旨於其中。他如：歐陽脩之作《新唐書》、《新五代史》，則全本孔子之筆削，大義微言，盡存其中。由此觀之，六經、其爲史書之濫觴，應無疑義。

歷代集家的作品，汗牛充棟。但求其有「立言傳世」之鴻文者，不本乎六經以著論，那就更難。南朝的劉勰曾說：「論說辭序，則《易》統其首，詔策章奏，則《書》發其源，賦頌歌讚，則《詩》立其本，銘誄箴祝，則《禮》總其端，紀傳盟檄，則《春秋》爲根。」〔註6〕是集家的作爲文章，無不稟經制式，酌雅富言，劉彥和言之詳矣。

其後，韓、柳諸大家，雖身處中古時代，但秉筆制作，無不以涵詠經籍爲先。且看韓文公自述爲文的經驗，說：「上規姚姒，渾渾無涯；〈周誥〉、〈殷盤〉，佶屈聱牙；《春秋》謹嚴，《左氏》浮誇；《易》奇而法，《詩》正而葩，下逮《莊》《騷》，太史所錄，子雲相如，同工異曲。」〔註7〕是韓文公之作爲文章，大抵是根源聖典，而能「含英咀華」者。而柳宗元的作文之道，則是「本之《書》以求其質，本之《詩》以求其恆，本之《禮》以求其宜，本之《春秋》以求其斷，本之《易》以求其動。」且「參《穀梁》以厲其氣，參之《孟》《荀》以暢其文，參之《老》《莊》以肆其端，參之《國語》以博其趣，參之《離騷》以致其幽，參之太史以著其潔。」〔註8〕由此觀之，雖江山代有才人出，濟世鴻文，亦如恆河沙數。但經典爲文家之冠冕，却歷世不可移易。

〔註6〕《文心雕龍‧宗經篇》。
〔註7〕見〈進學解〉，《韓昌黎文集校注》，卷一，頁25。
〔註8〕見〈答韋中立論師道書〉，《柳河東集》，卷三十四，頁540。

至於，清儒將傳統學術分爲四科，即：義理、詞章、考據與經濟。也不能不根源於六經。如：義理科，無論兩漢經師之考校禮制，或宋明諸儒的闡發心性，無不以六經爲大宗。經濟一科，如不本於義理，必流爲功利，而凶於國，害於家，終使全民並受其苦。考據一科，如不本於義理，必支離破碎，而乏安身立命的處所。詞章一科，如不本於義理，那麼，性情將失其所養，神解無由啓發，終不足以表現人生。由此觀之，四科以義理爲大宗，而義理又以六經爲根源〔註9〕也明矣。

四、經學的內蘊

經學的內容，本末兼賅，有體有用，非一般清虛寂滅，遺棄一切世間法的思想，可以相提並論的。但博大精深的經學，不是短短一兩個小時可以介紹完畢的。茲先列舉數項攸關我們日常生活的犖犖大端者，說明於后：

（一）修己成己的內聖學

經傳微旨，不可以千萬數，但千山萬壑歸一流，其歸宿所在，要在乎修己成己。故《論語》載孔子之言，說：「不怨天，不尤人，下學上達，知我者其天乎！」（〈憲問篇〉）又說：「飯疏食，飲水，曲肱而枕之，樂在其中矣。不義而富且貴，於我如浮雲。」（〈述而篇〉）《禮記・中庸篇》也說：「正己而不求於人，則無怨。」柳詒徵先生以爲孔子的上述談話，最有功於人類。柳先生說：「自孔子立此標準，於是人生正義的價值，乃超越於經濟勢力之上。服其教者，力爭人格，則不爲經濟所屈。此孔子之學最有功於人類者也。人之生活，固不能不依乎經濟，然社會組織之不善，則經濟勢力，往往足以錮蔽人之心理，使之屈服而喪失其人格；其強悍者，蓄積怨尤，則公爲暴行，而生破壞改革之舉。今世之弊，皆坐此耳。孔子以爲人生最大之義務，在努力增進其人格，而不在外來之富貴利祿。即使境遇極窮，人莫我知，而我胸中浩然，自有坦坦蕩蕩之樂，無所歆羨。自亦無所怨尤，而堅強不屈之精神，乃足歷萬古而不可磨滅。」〔註10〕是的，只有「人生正義的價值，超越在經濟力量之上」，或說只有讓經濟力量用來豐富人類的生命，而不是用來支配人類的命運，人才能活得有尊嚴，才能頂天立地的做個人，而無忝於所生。

〔註9〕 熊十力《讀經示要》，卷一（臺北：樂天出版社），頁5。
〔註10〕《中國文化史》，上冊（臺北：正中書局），頁305。

（二）達人立人的外王學

孔子之經學，雖重修己成己，但亦非徒為自了漢，不關心身外的事務。相反的，立己必須立人，成己尤須成務。所以，《論語》載孔子之言，說：「夫仁者，己欲立而立人，己欲達而達人。」（〈雍也篇〉）《禮記·大學篇》也說：「誠意、正心、修身、齊家、治國、平天下。」是修己成己之後，必須推之於家、國、天下。那裡會以獨善自身為滿足呢！而立人達人之道，在當時一元化的社會裡，則不外從政、理財、施教諸方。所以，《論語》載孔子與冉有適衛的對話，說：「子曰：庶矣哉！曰：既庶矣，又何加焉？曰：富之。曰：既富矣，又何加焉？曰：教之。」（〈子路篇〉）又子貢問政，子曰：「足食足兵，民信之矣。」（〈顏淵篇〉）是的，國家的建立，政權的誕生，他的天職不僅要讓人民豐衣足食，享有財富；還要提供良好的教育，生命財產的保障（足兵）。更重要的是：政權必須奠基在每個百姓的心靈上，也就是說要讓老百姓信得過（民信之矣）。一個政權，如果不能取信於全體百姓，能不動搖而全面崩潰瓦解者，難矣！因此，必不得已而先去兵，再不得已則去食。只因一旦不能取信於民，雖有粟未必能食，雖有兵，不保證武器不對內。由此觀之，如非聖人，何來如此徹內徹外，通體光明的真知灼見？

（三）與民同好的日新學

孔子生於周朝，故其論政多主周家法度。但《論語》載孔子的談話，卻是「殷因於夏禮，所損益可知也；周因於殷禮，所損益可知也。其後繼周者，雖百世可知也。」（〈為政篇〉）及顏淵問為邦，孔子的答覆，則是：「行夏之時，乘殷之輅，服周之冕。」（〈衛靈公篇〉）由此看來，孔子的主張周家法度，實在是因為周制能及時吸收消化不同制度的優點。所謂「因革損益」，是一面繼承，一面改革，既取前人之善，又隨時注入新價值，使周制永遠能因應時代的需要；絕不是抱殘守缺，固步自封，甚至違逆潮流，做改革進步的絆腳石。孔子又說：「麻冕，禮也。今也純、儉，吾從眾。」（〈子罕篇〉）是的，一切制度、法律，甚至於日常生活的習俗規範，都是人類為因應某一時空的需要而設計的。當時空轉換，該設計的條件不再存在時，豈能不重新加以規劃。而孔子「吾從眾」，這種時時掌握社會人心脈動的教言，說明「聖之時者也」的稱譽，非我欺也。所以，清儒陸桴亭說：「孔子動稱周家法度，雖周公制作之善，亦從周故也。予每怪後儒學孔子，亦動稱周家法度，而於昭代之制，則廢而不講，亦不善學孔

子者矣！」〔註11〕但儒者不善學孔子，充其量不過一食古不化的腐儒而已；若肩負國家大政之政治家不善學孔子，勢必爲時代釀悲劇，而爲萬世之罪人。能不小心謹慎嗎？

（四）悲天憫人的使命學

一個肩負國家重責大任的政治家，畢生畢世，苦心經營者，爲的就是替百姓興利除害，予民衣食財富，教養生息；非騎在百姓頭上，自作威福。所以，《論語》載帝堯告帝舜之言，云：「咨爾舜，天之曆數在爾躬，允執其中。四海困窮，天祿永終。」（〈堯曰篇〉）這是說，政治家必須對人民的生活負實際責任。假使人民生活陷於困境，則統治者將成爲人民的敵人。如此一來，統治者的命運，也就土崩瓦解了。帝堯的這段話，實實在在的指出了政治發展的正確方向，也把握了爲政者恆久的眞理。所以後來，「舜亦以命禹」。但在人民生活不成問題的今天，人民的要求，已不止於衣食的溫飽而已；而是要適度的休閒時空，及參與決定自己命運的決策權了。這些雖不在帝堯談話的範圍內，但荀卿有言，「有法者以法行，無法者以類舉。」（〈儒效篇〉）聰明的政治家們，讀此當可思過半矣。

而商湯的「朕躬有罪，無以萬方；萬方有罪，罪在朕躬。」及周武王的「百姓有過，在予一人。」（《論語‧堯曰篇》）更充分說明了政治家的擔當。〔註12〕因爲當國家發生重大危機或災難時，作爲統治者應將招致危機或災難的原因，求之於一己，深切反省，並以一己的犧牲來加以承擔；而不可把災難或危機的責任，推到人民的身上。這不僅是不負責任，而且是極其不道德的。〔註13〕

（五）順天應人的革命學

政治家掌管國家機器，舉手投足之間，關係全民禍福。若不知朝夕惕厲，自強有爲，以爲百姓謀福興利，反而蠻橫無禮，自作威福時，在人民制衡權尙未興起之時代，經典告訴我們的對應方法，是不妨揭竿而起，爲人民的幸福奮鬥。所以，孟子之告齊宣王，於「異姓之卿」，雖說「君有過則諫，反覆

〔註11〕《思辨錄輯要》，卷之四（臺北：廣文書局），頁101。
〔註12〕熊十力《讀經示要》，卷三，曰：「其曰萬方有罪，罪在朕躬，頗同釋迦我不入地獄，誰入地獄之懷。基督爲眾生擔荷罪惡，亦符此意。」（臺北：樂天出版社），頁218。
〔註13〕參閱徐復觀《中國經學史的基礎》（臺北：臺灣學生書局），頁11～12。

之而不聽則去。」於「貴戚之卿」，則說「君有大過則諫，反覆之而不聽，則易位。」（《孟子·萬章下》）孟子是相信「君權神授」的人，所以這段談話，顯然因「貴戚之卿」與君同姓，同享「天命」的恩寵，故有「易位」的能力。若「異姓之卿」則否。

但在今天，統治者是受人民委託而後有治權，故其施政，於興民利、去民害，富之教之之外，尤應一本公義，合乎民情，否則「易位」者，自不必待「貴戚之卿」了。所以，湯放桀，武王伐紂，孟子以為「聞誅一夫紂矣，未聞弒君也。」（〈梁惠王下〉）豈無微旨於其間。至於《周易》，更著〈革卦〉，而謂「天地革而四時成，湯武革命，順乎天而應乎人，革之時義大矣哉！」可見人民追求自由平等的幸福生活，是天賦的基本權利。政治家若無能順應民意，滿足人民的願望，則只有自己去職，謝罪國人。不然，「革命」在傳統經典中，那是天經地義的事。

（六）服務人類的仁義學

《漢書·藝文志·諸子略》，所謂「儒家者流」，「游文六經之中，留意仁義之際。」這說明了博大精深的六藝經傳，其精義要在「仁義」二字而已。是的，人主治國必以仁義，百姓修身必以仁義，即使發動革命，也是為了去除殘暴，迎接善政，誰說不是為了「仁義」。

所以，孔子的經學，其實就是探索「人」的學問。只要潛心研究，人人皆可得其意而去。因此，唐君毅先生以為儒家經典，本來就主張「天下國家在平時應有君臣名分的維持，以建立平時之社會政治的等級秩序。但依儒家之理想，是力求人之賢德與才能之價值秩序，與社會政治上之等級秩序，互相配應。在其不能相配應，而主君無道時，則主張禪讓與革命。故就現實政治對儒家思想之利用說：則儒家之言君臣名分，固可為君主、官僚所利用，為維持其現實政權之工具；然儒家之禪讓，亦可被權臣利用，來逼使君王讓位。」但「在另一方面，儒家亦主張在上位無道時，在下者可以叛上。」所以「儒家思想，兼有維持君臣名分，禪讓、革命三者。無論人要三者之任一個，皆可以儒家思想為根據。儒家於君王、臣、民，並無偏袒。君有道，則尊君；君德衰，則禪讓；君無道，則人民得而誅之。」〔註14〕由此觀之，儒家經典，雖千萬數。但一言以蔽之，不外「人道主義」而已。也就是說，孔

〔註14〕《中國哲學原論·原教篇下》（臺北：學生書局）附錄〈孔子在中國歷史文化的地位之形成〉，頁726～727。

子的經學，是爲全人類的每一個人服務的，不是專爲某一特定階級服務的。

五、結　論

當我們平心靜氣的，對祖先留給我們的六藝經傳，做一番虔敬的，踏實的了解之後，是否感受到一股溫馨的暖流，緩緩的自內心深處昇起，對優美宏富的文化寶藏，感到無限的驕傲。也使我們信心倍增。過去，先民能在這塊土地上，開疆擴土，創業垂統。我們也必能繼承先人的智慧與經驗，在險惡的世局裏，屹立不搖地開創出一條光明大道來。

當我們知道六藝經傳，雖千萬數，要其指歸，不外修己治人時，我們不僅要放心、更應該用心的研讀經傳。因爲「無論政體如何改易，時代如何不同，而修己之道，則亙古如斯。」（章太炎語）至於治人的學問，雖因「時移則世異，世異則備變。」（韓非子語）必須斟酌損異，期於盡善。但發揚祖德，鞏固國本，「內其國而外諸夏，內諸夏而外夷狄」〔註15〕諸義，終爲一國得以安身立命的不變原則，能不潛心苦思嗎？

當然，六藝經傳，在時移勢易的今天，也有部分思想，有待汰舊去蕪，救危補強的地方。如唐君毅先生所說，「儒家自然莫有建立現代的民主選舉制度，以前的中國，亦無實行民主選舉的社會條件。」〔註16〕是的，孫文先生早在推動中國革命之初，即看出個中的蔽病，所以能規撫歐美的長處，而設計出五權憲政的新體制。今天，我們更應該努力研究，力行實踐，在民主憲政的大道上，建立一個人人勇於參與的合理、公義的新文化與新社會。那麼，我們才能無愧於列祖列宗的德澤，在起後承先的歷史傳承的責任上，才不會繳了白卷。

（本文係應臺南市「全臺首學」之邀，擔任「明倫堂儒學講座」之講稿，原載於《孔孟月刊》第三十卷第五期，頁30～34，1992年1月）

〔註15〕《公羊傳・成公十五年》語。按：杜正勝院士提倡「同心圓的史學觀」，及所謂「立足臺灣，胸懷中國，放眼世界」之思想，蓋即根源於此。
〔註16〕《中國哲學原論・原教篇下》附錄〈孔子在中國歷史文化的地位之形成〉。

參、經術與治術

一、前 言

　　《史記・孔子世家》載：孔子贊《周易》，刪《詩》、《書》，訂《禮》、《樂》，作《春秋》。自先漢以來，學者因推尊孔子，並崇其書，遂以《易》、《詩》、《書》、《禮》、《樂》、《春秋》等六部典籍爲「經」。並以爲「經」者，非聖人不能作。且「經」者，乃「恆久之至道，不刊之鴻教也。」

　　自御史大夫兒寬見漢武帝，語「經學」，武帝悅之開始。〔註1〕「經學」二字正式躍上歷史與政治的舞台。蓋自武帝接受公孫弘的「興學議」，立五經博士，並爲置博士弟子員，並規定博士弟子，「一歲皆輒試，能通一藝以上，補文學掌故缺；其高弟可以爲郎中者，太常奏籍。即有秀才異等，輒以名聞。」〔註2〕於是，研究五經的學術，成爲有意仕途者的晉身之階。

　　按：五經本爲老師碩儒，新進學子，切磋講習之教科書。如今，在政治領導者之有意倡導，士子們的趨利取榮，雙方相互激盪下，五經遂一躍而成爲學術與治術的主流。兩漢以降，經典的傳授與誦習，蔚然成風。經典思想——即儒家思想，遂成爲兩千多年來封建政體的意識型態，與政術指導思想。

　　那麼，什麼是「經學」？日本學者本田成之以爲：「所謂經學，不是今日文學和哲學一般的名詞。簡單地說，研究記在四書、五經裏的聖賢之道，就是經學。要不外人生底目標怎樣？和理想怎樣罷了。進一步說，將今日的學

〔註1〕 見《漢書・兒寬傳》（臺北：鼎文書局），頁2629。
〔註2〕 見《史記・儒林傳》（臺北：鼎文書局），頁3119。

問：宗教、哲學、政治學、社會學、文學，冶做一爐的，廣義的人生教育學，就是經學。」〔註3〕由此看來，「經學」的內容甚為廣泛與複雜。蓋「經學」本列祖列宗代代相傳的「經驗」與「智慧」的累積。一切以人生的「全」為出發點，本就不能以今日細密分工的學科來看待。所以，章太炎先生以為「經學」，就是「修己治人」之學，可謂最得其實。

「經學」既是研究「人生的目的與理想」的學術思想，又是「修己治人」的寶典指南。因此，歷代帝王將相，治理國家，經緯宇內，莫不以「經術」作為理想標準；而社會上，個人立身處世，或評價人物之甲乙，也以「經術」做為理想依據。

二、經術待分工而後為治術

古代最偉大的經學家，或當代最引領風騷的思想家，傾其一生的研究，對人生的目的與理想，最多也只能做原理的詮釋，或理想的提挈。欲將此原理或理想，落實在現實的人生中，以造福群黎百姓，則有待社會各階層菁英，共同的貢獻智慧，與分工合作而後始為功。

就如聖聖相傳的《大學》「八條目」——格物、致知、誠意、正心、修身、齊家、治國、平天下。雖是累世經術的精華，可謂千里來龍，結穴在此。但坦白說，它卻是三個截然不同的領域。蓋「格物、致知」，是科學教育的問題；「誠意、正心、修身」是人文（或道德）教育的領域；而「齊家、治國、平天下」，則屬政治學的範疇。教育的問題，當然有待教育家的規劃與實踐；但政治除了謙卑的尊重教育的規劃外，尤應全力提供必要的人力，或物力的支援，以期教育理想得以落實實現。至於政治問題，除了政治家責無旁貸外，其涉及健全制度的建立，及公平、正義的律法制定，尤需教育家、科學家、法律學家等共同努力。在今天這個多元社會，做為一個執政者，除了尊重憲政、法律、教育等專家外，尤應掌握社會脈動、與民意的趨向。

又如《論語》載孔子的談話，說：「有國家者，不患貧而患不均；不患寡而患不安。」（〈季氏篇〉）所謂「均」、是指財富分配的問題，當然要借重經濟學家的研究分析。所謂「貧」、是指科學落後，生產技術無能提昇，導致物產不足的問題，這當然有待科學家的「騁能而化之」。（《荀子‧天論篇》）但

〔註3〕 本田成之《中國經學史‧緒言》（臺北：廣文書局），頁1。

經濟學家研究分析的結果，執政者必須尊重，據以形成政策，而後全力貫徹執行；科學家的研究，也須謙虛的尊重，並給予安定的環境，及全力的支援所需。至於「不安」，應是政治問題。一個執政團隊，若能屏除一己之私心、野心，積極且善意的建立一個生命財產有保障，人人有尊嚴，且能免於恐懼的生活環境，則人民百姓，既得安身立命之所，又何以會「寡」？

《論語》載伯夷、叔齊之事，孔子一則曰：「不念舊惡，怨是用希。」（〈公冶長篇〉）又曰：「求仁得仁，又何怨。」（〈述而篇〉）再則曰：「齊景公有馬千駟，死之日，民無德而稱焉。伯夷、叔齊，餓于首陽之下，民到于今稱之。」（〈季氏篇〉）是孔子於伯夷、叔齊的推崇，可謂備矣。據《史記·伯夷叔齊列傳》載：伯夷、叔齊本殷末孤竹君的兩個兒子。父欲立叔齊，及父卒，叔齊讓伯夷。伯夷不肯立而逃去；叔齊亦不立而逃之。及武王載木主而東伐紂，伯夷、叔齊叩馬而諫，以爲「父死不葬是不孝，以臣伐君是不義。」武王之左右，欲兵之。太公曰：「此義人也。」遂扶而去之。及武王平殷亂，天下歸周，二子恥之，義不食周粟。隱於首陽山，采薇而食，遂餓死於首陽山。

由伯夷、叔齊兄弟之故事，可得二義焉。孤竹君因私愛，欲立老三，是因私廢公，破壞制度，不必加以討論。而叔齊的讓伯夷，既推尊賢兄，又維護了傳嫡的制度。伯夷的逃去，既遵父命，完成孝道，又全了兄弟之義。兄弟二人的表現，堪爲後世善處父子兄弟之際的典範，怪不得「民到于今稱之。」蓋得國執政，一展抱負，古今之政治人物，莫不夢寐以求。且看漢武帝與戾太子，父子以兵戎相見；唐玄武門之變，太宗親手誅兄弟。其手段之凶狠，令人驚心動魄，慘絕人寰。其它，如漢代的七國之亂，晉世的八王之變，史不絕書。而伯夷、叔齊爲全父子兄弟之誼，視得國執政如敝屣。史公一個「讓」字，孔子的「不怨」，涵蘊了多少的政治智慧與哲理於其中。要今天的政治人物，如伯夷、叔齊，是緣木求魚，比登天還難。但今天的政治人物讀此，是否能憬然覺悟，善盡「公僕」的職責，不管在朝或在野，都應捐棄成見，貢獻智慧，以爲百姓謀幸福，爲歷史開新頁。

至於武王的伐紂，雖說是「順乎天，應乎人。」但也不必口徑一致，如響斯應。伯夷、叔齊的叩馬而諫，說明了任何時代，都會有不同的聲音存在。「左右欲兵之」，說明了執政者的狂妄自大，總以爲不同的聲音，就是向自己的權威挑釁，無法表現四海歸心，全民擁戴的盛舉。所以，必除之而後快。不知，太公「此義人也，扶而去之。」才眞得政治家之三昧。因爲，寬大包

容，異己也將爲我所用。所以包容異己，正所以壯大自己。何況，《孟子》不也說：「入無法家拂士，出無敵國外患，國恆亡。」（〈盡心篇〉）所以，在今天，一個政治人物如何廓然大公，建立一套兼容並蓄的規範，使不同聲音能在正常運作的管道，公平競爭，爲全民幸福奉獻心力，該是當務之急。

由前文觀之，經術的理想必待社會菁英分工合作，共同奉獻心力，而後完成。尤其執政者，若能謙卑的接受經術的指導，將經術的理想化爲治術的具體政策，必可使統治者與被統治者，並受其福。

三、折中理想與經驗的治術

吾人自幼，從師受學，除學得一技之長，使生命有所安頓外，其終極目標要在希賢成聖。此《荀子》所謂學者當「始乎爲士，終乎爲聖人」（〈勸學篇〉）是也。但是，塗之人可以爲聖人，卻未必能爲聖人。這在個人的修養上說，理論上的可以，在現實上未必能做到。但做爲一個五行之秀氣的靈長類，卻不能因爲做不到，無法成聖希賢，而放棄成聖希賢的努力。也就是說，一個人不能因現實的困頓，而拒絕理想的追求。

同樣的道理，不管是經學大師或俗世哲王，要皆爲「生而知之」的天縱英才，不僅博古通今，而且洞澈天人。他們永遠是勇猛精進，惕厲奮發，自強不息的走在時代的最前端。

所以，孔子在「十有五而志於學」之後，馬上能「三十而立，四十而不惑，五十而知天命，六十而耳順，七十從心所欲，不踰矩。」（《論語·爲政篇》）在步步開展的生命裏，使他的心靈能與全人類的心靈相溝通。於是，高唱：「大道之行也，天下爲公，選賢與能，講信修睦，故人不獨親其親，不獨子其子，使老有所終，壯有所用，幼有所長，矜寡孤獨廢疾者，皆有所養。男有分，女有歸，貨惡其棄於地也，不必藏於己；力惡其不出於身也，不必爲己。是故謀閉不興，盜竊亂賊而不作。故外戶而不閉，是謂大同。」（《禮記·禮運篇》）而墨翟既「學儒者之業，受孔子之術」〔註4〕之後，一面摩頂放踵，利天下而爲之，（《莊子·天下篇》）一面提倡「視人之身若己身，視人之室若己室，視人之國若己國。」（〈兼愛上篇〉）的兼愛主張。這是何等高貴

〔註4〕 《淮南子·要略》：「墨子學儒者之業，受孔子之術，以爲其禮煩擾而不說，厚葬靡財而貧民，（久）服傷生而害事，故背周道而從夏政。」，陳廣忠《淮南子譯注》（吉林文史出版社），頁1029。

的胸襟，與悲天憫人的情操。這種終極理想，不就是人類共同追求的目標？

但是，在人類社會裡，往往是「困而不學」的人，多於「困而學之」的人；「困而學之」的人，又多於「學而知之」的人。同樣的，「學而知之」的人，必又多於「生而知之」的人。於是，組成社會、國家的多數人民，一般說來，皆以平庸大眾為主。「生而知之」的聖賢，雖能博古通今，洞澈天人，畢竟是芸芸眾生中的極少數。因此，在多數人只求暖衣飽食的時代，驟然實施「天下為公，世界大同」之理想，恐怕馬上將陷入無政府狀態，理想尚未實現，鳥獸已經與人類爭食於塗了。

話又說回來，當一個社會溫飽暖衣已經沒有問題了，若不能予人民更高的目標，如：文學、藝術的創造，或參與政治的活動，以期自我實現等，讓全民去共同追尋、實現，勢必無法滿足人類求善、求美的理想，最後或不免於墮落，甚至釀成沒有必要的悲劇。

所以，一個負責任的政治人物，於治術的把握，必須時時盱衡世局，兼顧當前時空的需要，在「殷因於夏，周因於殷」的經驗傳承裏，建立一套可長可久，「郁郁乎文哉」的前瞻性的體制。既能穩紮穩打，不流於空泛。而於人類共同追尋的理想，尤應不懈不急，無怨無悔的全力以赴。如此，融合經術的理想，與經驗的傳承，必能再創人類的歷史新頁。若一個政治人物，拒絕了經術的理想，作為治術的指導，如秦始皇因儒生的「是古非今」，遂「焚書坑儒」，終使時代陷於無明，當然政權也將隨之「土崩瓦解」了

四、治術必根源於經術而後有功

一種學術思想，即使掌握了真理的「全」，若想要落實到現實社會中，照顧一般生民大眾，它必須通過教育與政治的管道來完成。而在教育的理想與精神，未能全盤落實時，政治便成為唯一的管道。所謂政治的管道，在現代可經由人民的認同與選擇；在古代則視統治者的好惡。《漢書・藝文志》所謂「時君世主，好惡殊方」是也。所以，偉大的思想家，如孔子，雖英才天縱，明王道，然干七十餘君，終莫有用之者，甚至餓於陳、蔡，圍於衛匡；孟子能述唐虞三代之德，而所如未有合者；荀卿雖最為老師，也只能廢死於蘭陵。桀驁的政治人物，無一絲面對真理的謙卑，遂使智能洞徹天人的哲王，雖滿腔悲天憫人的情懷，終不能澤及生民百姓，悲哉！

且看有漢一代，自惠帝除狹書之律，文帝立《詩》學博士，景帝增置《春

秋》學博士，至武帝而五經俱立。於是，官人取才，一依經術之是否通明。由此看來，經術爲有漢一代治術之理想與準據，似無疑義。但當我們翻閱《史記》，看到轅固生與黃生在景帝面前爭論「湯、武革命」的一段記載，似乎有有重新檢討的必要。原文是這樣的：

> 黃生曰：湯、武非受命，乃弑也。轅固生曰：不然，夫桀、紂虐亂，天下之心皆歸湯、武，湯、武不得已而立，非受命爲何？黃生曰：冠雖敝，必加於首，履雖新，必關於足。何者？上下之分也。今桀、紂雖失道，然君上也；湯、武雖聖，臣下也。夫王有失行，臣下不能正言匡過以尊天子，反因過而誅之，代立踐南面，非弑而何也？
>
> 轅固生曰：必若所云，是高帝代秦，即天子位，非邪？〔註5〕

我們詳讀二人的對話，顯然發現轅固生是儒家學者，他站在人民大眾的立場代人民發言，桀、紂既虐亂天下，人民自然有權選擇自己的前途或生活方式；湯、武既是聖人，百姓自然樂得歸之；湯、武本悲天憫人的情懷，理應協助百姓過幸福的日子。在不得已的情況下，只有順著人民大眾的心意，起來革桀、紂之命了。這段理論，根源於《孟子》「聞誅一夫紂，未聞弑君也」的放伐論，〔註6〕也與《周易·革卦》所謂的「湯、武革命，順乎天，應乎人」的革命論，〔註7〕若合符節。顯然掌握了傳統經術的精義。

　　而黃生呢？顯然是道、法之徒。他是站在統治者的立場上發言，爲統治者文過飾非，認爲桀、紂雖虐亂，然是君、是上，湯、武雖聖，但是臣、是下。君上有過，如桀、紂之暴虐無道，臣下雖聖如湯、武，也只能正言匡過，不能因過而誅之，代立踐南面。持一「上下尊卑」之空名分，使獨裁專制的統治者，得永遠騎在人民百姓的頭上，橫徵暴斂，威福自作。不知上天何以獨私此一人一姓，而於兆民萬姓，卻棄之如腐鼠。御用文人的嘴臉，亙古以來，即爲生民百姓之最痛，其原因即在於此。

　　轅固生雖以「高帝代秦即天子位，非邪？」一擊中的。使黃生啞巴吃黃蓮，苦在心頭，一時之間，無言以對。然而景帝的反應，卻是最值得注意的。

〔註5〕 《史記·儒林傳》（臺北：鼎文書局），頁3122。

〔註6〕 《孟子·梁惠王下》：「齊宣王問曰：『湯放桀，武王伐紂，有諸？』孟子對曰：『於傳有之。』曰：『臣弑其君，可乎？』曰：『賊仁者謂之賊，賊義謂之殘。殘賊之人謂之一夫。聞誅一夫紂矣，未聞弑君也。』」

〔註7〕 《周易·革卦》：「象曰：天地革而四時成，湯、武革命，順乎天而應乎人，革之時義大矣哉！」

他以「食肉不食馬肝，不爲不知味；言學者無言湯、武受命，不爲愚」作結論，而中止了這場精彩的辯論。

如果我們細心推敲景帝的用心，眞是細膩至極。蓋劉邦推翻暴秦，建立劉家政權，若不藉傳統經術的放伐革命論，則不免爲一犯上作亂，叛國奪權之暴徒。那麼，劉家政權既無正當性，更無合理性與合法性可言，則漢室終不免爲一僞政權，當然無法取得正統的地位。因此，轅固生的理論，一則肯定了劉邦的作爲是「順天應人」的偉大革命事業；同時使漢家政權得以合理化，並取得正當性，當然正統亦因是而歸之於漢家。如此盡善盡美的理論，豈能不大大加以利用。

問題在，如今天下已歸一統，劉家政權亦已鞏固，天下雖承平，難保沒有「彼可取而代之」的野心家。如不及時強化黃生「上下尊卑」的名分說，待履霜堅冰之漸，將無以禁天下人窺伺之心。因此，景帝雖能立《詩》學、《春秋》學博士，也心善轅固之能爲漢政權之合理化與正當性服務。但終不能不獎黃生而抑轅固。史書上說：「是後，學者莫敢明受命放殺者。」〔註8〕悲哉！

嗣後，宣帝於甘露三年，詔諸儒講五經異同於石渠閣，親稱制臨決。會後，雖增立梁丘《易》、大小夏侯《尚書》、穀梁《春秋》等博士，允爲儒林的一大盛事。但「親稱制臨決」，是以政治上最高之權威，同時兼學術上最高之權威。不僅學術的獨立性盡失，同時淪爲妾婦之道矣。故當太子（元帝）以「陛下持法太深，宜用儒生」進諫時。宣帝即作色說：「漢家自有制度，本以霸、王道雜之，奈何純任德教，用周政乎？且俗儒不達時宜，好是古非今，使人眩於名實，不知所守，何足委任？」並歎曰：「亂我家者，太子也。」這樣的回答，揆諸上文，並不意外。〔註9〕

一個崇獎儒術的朝廷，一位親自裁斷經術異同的政治領袖，以「俗儒不達時宜，好是古非今」爲由，就輕輕的將經術棄置一旁，爲現實利益而置全人類的共同理想於不顧，豈非心靈的墮落，與人性的泯滅。所以，一個國家有再好的經術（或學術），如果統治者不能謙卑的時時加以尊重，是無法造福人民百姓的。但話又說回來，若獲得人民認同與選擇的學術思想，統治者若不知謙卑的尊重，恐怕距離土崩瓦解的日子也不遠了。嬴秦的快速崩解，即是明證。

〔註8〕 《史記·儒林傳》（臺北：鼎文書局），頁3122。
〔註9〕 《漢書·元帝紀》（臺北：鼎文書局），頁277。

五、結　語

　　經術，是探索人生的目的與理想的學問。這一聖聖相傳的學問，雖是愈探愈出，愈研愈入，愈辨愈明。問題是學理的研究，雖微言精義，炳如日星，卻無能使老百姓直接受惠。必待治術的具體措施，而後才能澤加於民。

　　但掌管治術的統治者，往往有英明、平庸與愚闇之別。一個英明的統治者，知道如何謙卑的、誠善的尊重經術的指導。因此，抽象的經術理想，瞬間就成爲具體治術活水，取之不盡，用之不竭。於是，馬上就能開創新局，造福群黎。而一個平庸或愚闇的政治人物，往往狂妄自大，不但置經術於不顧，且好自我爲師。於是，無明成爲時代的症候群，生民百姓也成爲刀俎上的魚肉。因此，人類的幸福，不能等待政治人物的善意或施捨。而是要每一個人，皆能服膺經術的指導，勇猛精進的去自我開創。

　　由於上述的認知，那前文所說的教育，就有其特別重要的急迫性。因此，建立一套健全而內涵多樣化的教育體制，本著「傳道、授業、解惑」的天職，以「有教無類」的精神，「循循善誘」的方法，啓迪民智，使人人擁有廣闊的視野，關懷生命的情操，與夫自制的能力，並時時發揮自省與監督的力量。則高高在上的政治人物，必能學會謙卑，知所節制，而不敢再循一己之私，或逃避經術（學術）的指導，進而善盡「公僕」的職責。

　　由此看來，明倫堂的儒學講座，眞是任重道遠哩！

　　（本文係應臺南市「全臺首學」之邀，擔任「明倫堂儒學講座」之講稿，原載於《孔孟月刊》第三十一卷第六期，頁 22～26，1992 年 1 月）

肆、漢宋尙書學

摘　要

　　前人研究《尙書》，漢、宋殊途。本文就漢、宋時代背景及研究方法，比較其異同，分析其得失。漢於秦火之後，掇拾於山巖屋壁，故學有古今之分。漢人重師法，其解經爲訓詁之法，故於名物制度，頗有成就。宋人於佛學昌盛之際，其說經援用佛家論學之法，故義理擅長，見稱後世。漢人引讖入經，宋人以心釋經，此時代風尙也。然漢、宋治經之途轍雖殊，而其旨歸則一。其師漢斥宋，或宗宋非漢者，當有所戒矣。

前　言

　　中國傳統學術，以經學爲宗，治經學者，於漢爲盛。斯時諸大儒，始也掇拾於秦火之餘，終也以訓詁爲功，故於文字、名物與制度之研究爲獨步。洎夫趙宋慶曆中，斯風丕變，談經之儒，貴在有得於心。於是，漢學衰而宋學興。故後世之治經學者，遂有漢、宋之分焉。

　　按：所謂漢學，考據之學也，所以求眞；而宋學者，義理之學也，所以求善。此儒者之大分也。今不揣簡陋，試就《尙書》，略探考據、義理之殊，求眞、求善之別。以明《尙書》之條理，爲治《書》學之門徑。尙祈大雅君子，不吝教之。

一、漢儒分今古之殊宋儒則斷以己意

　　漢儒之治《尙書》，首嚴今古文經之異，今古之所以分，其目有三：

一曰：文字之殊：蓋今文者，所謂隸書是也。世所傳熹平石經，及孔廟等處漢碑是也。〔註1〕古文者，戰國時，秦用籀文，六國用古文，凡先秦六國遺書，及孔子壁中書，皆古文也。〔註2〕按：漢承秦火之餘，典籍渙散。故孝文帝時，欲求能治《尚書》者，天下無有。乃聞伏生能治之，欲召之，是時伏生年九十餘，老不能行。於是詔太常，使鼂錯往受之。伏生、故秦博士也。秦焚書時，伏生壁藏之。漢定，伏生求其書，亡數十篇，即以教於齊、魯之間。〔註3〕蓋其設教時，皆用漢代通行之隸書，故謂之今文。伏生傳張生、歐陽生，張生傳夏侯都尉，都尉傳夏侯始昌，始昌傳夏侯勝，勝傳夏侯建。歐陽生傳兒寬，寬傳歐陽子，子傳歐陽高。故今文家有大小夏侯、歐陽之學。

洎漢武帝時，魯恭王壞孔子舊宅，得蝌蚪之書。而孔安國以今文讀之，因以起其家。〔註4〕其後，安國傳都尉朝，都尉朝傳庸生。而漢末諸大儒，如：賈逵、馬融、鄭玄等皆傳古文。蓋以其為蝌蚪古字，故謂之古文。

二曰：篇目之別：《史記・儒林傳》云：「漢定，伏生求其書，亡數十篇，獨得二十九篇。」《漢書・藝文志》則云：「古文《尚書》者，出孔子壁中。……孔安國者，孔子後也。悉得其書，以考（今文）二十九篇，得多十六篇。」是孔氏古文經較伏生今文經多十六篇。然《漢志》著錄歐陽《經》三十二卷，歐陽《章句》三十一卷。又著錄大、小夏侯《章句》各二十九卷。是三家同出於伏生今文，而篇目分合各異。

孔安國古文得多十六篇，然漢末大儒，若：賈逵、馬融、鄭玄皆傳古文，其訓解《尚書》，亦皆未及多得之十六篇。凡此皆篇目之異也。

三曰：經說之立異：今古斷斷之尤烈者，厥為經說之立異。茲列舉〈堯典〉篇數例以明之：如：「克明俊德，以親九族。」夏侯、歐陽等今文學家以為「九族」者，「父族四，母族三，妻族二。」而古文《尚書》家，則以「九族」，乃從高祖至玄孫凡九世，皆同姓，馬融、鄭玄皆同。〔註5〕

〔註1〕 皮錫瑞《經學歷史・三、經學昌明時代》（臺北：藝文印書館），頁69。
〔註2〕 王國維《觀堂集林》（上海：上海書店《民國叢書》，第92～93冊），卷五，〈史籀篇證序〉及卷七，〈戰國時秦用籀文六國用古文說〉。
〔註3〕 《史記・儒林傳》（臺北：鼎文書局），頁3124。
〔註4〕 《史記・儒林傳》：「孔氏有古文《尚書》，而安國以今文讀之，因以起其家。」又《漢書・藝文志》：「古文《尚書》者，出孔子壁中。武帝末，魯恭王壞孔子宅，欲以廣其宮，而得古文《尚書》及《禮記》、《論語》、《孝經》凡數十篇，皆古字也。」
〔註5〕 《尚書注》卷二：「九族、上自高祖，下至玄孫，凡九族，馬、鄭同。」《疏》：

如：「欽若昊天」，今文《尚書》歐陽說：春曰昊天，夏曰蒼天，秋曰旻天，冬曰上天。古文《尚書》說：天有五號，各用所宜稱之。尊而君之，則曰皇天，元氣廣大，則稱昊天，仁覆憫下，則稱旻天，自上監下，則稱上天，據遠視之蒼蒼然，則稱蒼天。〔註6〕

如：「璿璣玉衡，以齊七政」，伏生《大傳》云：「璿、還也；機者，幾也、微也。其變幾微，而所動者大，謂之琁機；是故，琁機謂之北極。七政，謂春、秋、冬、夏、天文、地理、人道，所以為政也。人道正而萬事順成。」古文《尚書》，馬融云：「璿、美玉也。機、渾天儀，可轉旋，故曰機衡。」又云：「七政者，北斗七星，各有所主。」鄭康成則以為「璿璣玉衡，渾天儀也；七政，日月五星也。」

如：「禋于六宗」，今文《尚書》歐陽、夏侯說：六宗者，上不及天，下不及地，旁不及四時，居中央，恍惚無有，神助陰陽變化，有益於人，故郊祭之。古文《尚書》說：天地，神之尊者，謂天宗三，地宗三。天宗、日月星辰，地宗、岱山河海。日月為陰陽宗，北辰為星宗，岱為山宗，河為水宗，海為澤宗；祀天則天文從，祀地則地理從。〔註7〕

上舉數例，乃經說立異之犖犖大者。至於字之異同，訓解各殊，則不勝枚舉。唯今古經學家之爭，終炎漢之世，斷斷不已，遂成為經學史之一大公案。

孔氏古文《尚書》得多之十六篇，與今文之歐陽、大、小夏侯《尚書》，於永嘉之亂，並蕩然無存。泊東晉，梅賾本古文《尚書》五十八篇出；唐孔穎達等奉旨作《正義》，唐、宋明經科取士皆遵奉之。故宋儒之治《尚書》者，既以梅本五十八篇為準，又上承中唐啖助、趙匡「以意釋經」之新途轍。〔註8〕乃混淆今古家法，左右採獲，斷以己意，以成一家之言。如：三山林之奇撰《春秋詳解》一書，於「九族」之說，則本諸今文家說，謂「九族當從夏侯、歐陽氏，以謂父族四，母族三，妻族二。孔氏謂高祖玄孫之親，非也。蓋高祖非己

「引異義夏侯歐陽等以為九族者父族四、母族三、妻族二，皆據異姓有服。」（《十三經注疏本》）

〔註6〕 《周禮·大宗伯》疏引今《尚書》歐陽說：「欽若昊天。夏曰蒼天，秋曰旻天，冬曰上天，摠為皇天。《爾雅》亦然。故《尚書》說云：天有五號：各用所宜稱之，尊而君之則曰皇天，元氣廣大則稱昊天，仁覆憫下則稱旻天，自上監下，則稱上天，據遠視之蒼蒼然則稱蒼天。」《周禮注疏》，頁271。

〔註7〕 並見孫星衍《尚書今古文注疏》（臺北：廣文書局），頁26～27。

〔註8〕 陸淳《春秋啖趙集傳纂例》，卷一，〈三傳得失議第二〉：「予輒考覈三傳，舍短取長，又集前賢註釋，亦以愚意裨補闕漏。」，《經苑5》，頁2359。

所逮事，玄孫非己所得而及見；若必謂非高祖玄孫之親，但據其族係出於高祖者，則但本宗族，亦何以爲九族哉！」。於「欽若昊天」，則從古文家說，謂：《毛詩傳說》，與孔氏合，最爲得之。〔註9〕其論「祖考來格」，則說：「謂祖考來格者，〈祭法〉曰：有虞氏禘黃帝而郊嚳，祖顓頊而宗堯。則知有虞氏之祖宗是顓頊與堯也。此之作樂當在顓頊與堯之廟。然以堯爲宗則可，以堯爲考則不可；謂之考則疑瞽叟之廟，以考爲瞽叟，則祖爲瞽叟之父也。〈祭法〉之言，又復不可信也。然舜受堯之天下，而韶樂之作，豈不作於堯之廟，而作於瞽叟之廟？於義未安，然其代遠矣，不可得而考矣。」〔註10〕是並今、古文經說而不取，以存闕疑爲義也。

又如朱夫子答任道問「九族」，既主林少穎之說，又曰：「九族從古注」。〔註11〕泊蔡仲默奉師命作《書經集解》，於「九族」曰：「九族，高祖至玄孫之親，舉近以該遠，五服異姓之親，亦在其中也。」是又融今古文家經說於一爐矣。

皮氏鹿門嘗云：「《太史公書》成於漢武帝時，經學初昌明，極純正時代，間及經學，皆可信據。」其論《書》云：「云伏生獨得二十九篇，則二十九篇外無師傳矣。其引《書》義：以大麓爲山麓，旋機玉衡爲北斗，文祖爲堯太祖，丹朱爲元子朱，二十二人中有彭祖，夔曰八字實爲衍文，〈般庚〉作於小辛之時，〈微子〉非告比干、箕子，〈君奭〉爲居攝時作，〈金縢〉在周公薨後，〈文侯之命〉、乃命晉重，魯公〈費誓〉，初代守國，凡此故實，皆有明徵。」〔註12〕按：皮氏爲今文經學家，以爲史遷書多據伏生，故云：「皆可信據」也。今據皮氏所論，以考蔡仲默《集傳》，蔡氏以大麓爲山麓，以文祖爲堯始祖，皆從《史記》，皮氏所謂今文也。以「璿璣玉衡」爲渾天儀，〈盤庚〉爲盤庚遷殷之作，以〈微子〉所告爲比干、箕子，以〈文侯之命〉爲告文侯仇，皆從古文經學家說。於「丹朱」，既云胤子朱，又謂：胤國子爵，堯時諸侯，是今古文家經說並存之。若〈君奭〉，則體會文本語氣，創爲新說，謂「詳本篇旨意，迺召公自以盛滿難居，欲僻權位，退老厥邑，周公反復告諭以留之爾。」

由上文觀之，知宋儒之治《尚書》學者，或本今文家言，或據古文家說，

〔註9〕 見《尚書全解卷一》，《通志堂經解11》，頁6374〜6376。
〔註10〕《尚書全解卷六》，《通志堂經解11》，頁6463。
〔註11〕《朱子語類》，卷七十八。
〔註12〕 皮錫瑞《經學歷史・三、經學昌明時代》（臺北：藝文印書館），頁74。

或今古文家經說並取之，或體會經文語氣，創爲新說，要皆折衷於一己之胸臆，以成一家之言，而不斷斷於今古文家之爭也。

二、漢儒重師法與家法宋學不遵家法間出新義

漢儒治經最重師法，師之所傳，弟之所受，一字毋敢出入。有師法而後有家法，蓋先有師法而後能成一家之言。師法者，溯其源；家法者，衍其流。故師法者，家法之所由分也；家法者，從一家之言，以自鳴其學之謂也。考之於《書》，伏生故先秦之博士，傳今文《尚書》，此當時之師學也。其後能成師法者，有歐陽、大小夏侯之學。若孔安國世傳古文《尚書》，此當時之師學也。其後能成一家之學者，有馬融、鄭玄之學。大抵前漢守師法，後漢重家法是也。

劉氏師培云：「西漢之初，經師輩出，如：田何之《易》，淵源于商瞿；毛公之《詩》，權輿于子夏；申公之《魯詩》，賈生之《左傳》，並溯沿於荀卿。推之，伏生傳今文《尚書》，先秦之博士也，高堂傳士《禮》，魯國之老生也。以七十二子之微言，歷四百餘年而不絕，此當時之師學也。」〔註13〕是治經之有師法，使先師之微言大義，得以綿延而不絕者也。及博士既立，由師法而家法；且家法謹嚴，受學者一字不敢出入，故後漢之博士、明經、孝廉，必考家法也。

然師法既別出家法，而家法又別出顓家；如：幹既分枝，大枝又分細枝，枝葉繁滋，乃浸失本根。如：伏生《大傳》以「大麓」爲大麓之野，明是山麓。《史記》以爲山林，用歐陽氏說也；而《漢書・于定國傳》以爲「大錄」，用大夏侯說，是大夏侯背師說矣。又如：伏生《大傳》以「孟侯」爲「逆侯」，《白虎通義・朝聘》篇用之；而《漢書・地理志》則謂周公封康叔，號曰孟侯，用小夏侯說。按：小夏侯乃大夏侯從子，從之受學。而謂大夏侯疏略難應敵；大夏侯亦謂小夏侯破碎害道。〔註14〕故皮錫瑞謂：「小夏侯求異于大夏侯，大夏侯又求異于歐陽。」〔註15〕馬季長、鄭康成同治古文《尚書》，然季

〔註13〕《國學發微》（《劉申叔先生遺書（一）》，臺北：臺灣大新書局），頁580。
〔註14〕《漢書・夏侯勝傳》：「勝從父子建，字長卿，自師事勝及歐陽高，左右采獲；又從五經諸儒問與《尚書》相出入者，牽引以次章句，具文飾說，勝非之曰『建所謂章句小儒，破碎害道。』建亦非勝爲學疏略，難以應敵。」（臺北：鼎文書局），頁3159。
〔註15〕《經學歷史・經學昌明時代》（臺北：藝文印書館），頁59。

長訓「六宗」，謂「天地四時也。萬物非天不覆，非地不載，非春不生，非夏不長，非秋不收，非冬不藏，此其謂六宗也。」康成則謂：「星、辰、司中、司命、風伯、雨師也。星謂五緯也，辰謂日月所會，十二次也；司中、司命，文昌第五、第四星也；風師、箕也，雨師、畢也。」〔註16〕

又季長訓「黎民阻飢」，謂「祖、始也」。康成則謂「阻讀俎，俎、戹也。」〔註17〕馬、鄭同為古文，其詁經之立異也如此。終至於「是末師而非往古，用後說則舍先傳。」〔註18〕按：《漢志》所謂：「孔子歿而微言絕，七十子喪而大義乖。」其是之謂乎！

及至末流，經有數家，家有數說，甚至有「分爭王庭，樹朋私里，繁其章條，穿求崖穴，以合一家之說」者。〔註19〕故范蔚宗謂：「《書》理無二，義有歸宗，而碩學之徒，莫之或徙，故通人鄙其固焉。」〔註20〕是也。由斯觀之，漢儒之《書》學，由師法而盛，又由家法而衰也明矣。所謂能說〈堯典〉篇目二字之誼至十餘萬言者，〔註21〕亦徒勞形費神，而無功於經也。但使人疑而莫正而已。

唐人作《正義》，力右偽《孔》，至棄群言以自鄙，且不知剪裁，〔註22〕此亦其所蔽也。

宋儒之治《書》學者，遂不軌家法，間出新義，為《書》學之研究開一新途轍。如：王安石《書經新義》首破〈洛誥〉「復子明辟」之舊說，而自創新義，云：「先儒謂成王幼，周公代王為辟，至是乃反政於成王，故曰復子明辟。荀卿曰：以枝代王而非越也，君臣易位非不順也。以《書》考之，周公位冢宰，正百工而已，未嘗代王為辟，則何君臣易位，復辟之有哉！」又云：「復、如復逆之復，成王命周公往營成周，周公得卜，復命於成王也。」〔註23〕是王氏之破

〔註16〕並見孫星衍《尚書今古文注疏》（臺北：廣文書局），頁30。
〔註17〕同註16，頁47。
〔註18〕皮錫瑞《經學歷史‧經學極盛時代》（臺北：藝文印書館），頁119。
〔註19〕見《後漢書‧儒林傳》（臺北：鼎文書局），頁2588。
〔註20〕同註19，頁2589。
〔註21〕《漢書‧藝文志》注引桓譚《新論》云：「秦近君能說〈堯典〉，篇目兩字之說至十餘萬言，但說『曰若稽古』三萬言。」（臺北：鼎文書局），頁1724。〈儒林傳〉：「信都秦恭延君……恭增師法至百萬言。」，頁3604。
〔註22〕皮錫瑞《經學歷史‧經學統一時代》：「《尚書‧舜典》疏：『鞭刑，……大隋造律，方始廢之』〈呂刑〉疏云：『大隋開皇之初，始除男子宮刑。』以唐人而稱大隋，此沿襲二劉之明證。是則秦雖工，萇糞之名未去。」，頁180。
〔註23〕林之奇《尚書全解》，卷三十一，《通志堂經解11》，頁6858～6859。

先儒舊說，可謂明君臣之大分，而有功於名教者大矣，此非漢儒所能及也。

　　歐陽脩著《詩本義》，亦破〈金縢〉「罪人斯得」之說，而三山林之奇本之。《尚書全解》云：「周公不待成王之覺悟，遽往而征之，蓋機不可失，一日縱敵，數世之患也。故雖遭流言之謗，而益以其身任天下之重，曾不自沮而爲自身之謀也。」又云：「夫周公之黨，有何罪而謂之罪人。」〔註24〕按：《史記》亦以「罪人」屬之武庚、管、蔡之屬。獨鄭康成以「罪人」爲「周公之黨，與知居攝者。」故謂「罪人斯得」爲周公之黨盡爲成王所得。〔註25〕使非宋儒之善於體會古籍語氣，則無以知康成之非矣。

　　又如：蘇東坡論〈大誥〉、〈康誥〉、〈酒誥〉與〈梓材〉，曰：「予詳考四篇之文，……，反復丁寧以殺爲戒，專以不殺爲德。……，故周有天下八百餘年，後之王者以不殺享國，以好殺殄其身及其子孫者多矣。天人之際有不可盡知者，至於殺不殺之報，一一如符契可必也。而世主不以爲監，小人又或附會六經，醞釀鐫鑿，以勸之殺，悲夫殆哉！」〔註26〕其言雖感時而發，亦仁人有功名教之宏論也。

　　慶曆之後，三山林之奇一本東坡之橫生議論，而呂伯恭又受學於少穎，皆以史事證經，自成一派。袁絜齋、楊慈湖則祖陸學，閒以心學釋經。蔡沈秉朱子之命作《書經集傳》，則又以義理兼考據者也。由此觀之，又有類漢儒之家法者然。唯少穎解〈召誥〉以成王、周公具至洛，而伯恭以成王未嘗至洛，故「召公取天下諸侯贄見幣物，獻之周公，使達之王。」〔註27〕晦翁以「象以典刑」謂「象刑，如象魏之象」。〔註28〕而仲默則謂「如天之垂象」。〔註29〕故知宋儒之廢棄舊注，發抒胸臆，雖師承脈絡可尋，要非漢儒之師弟相傳，一字不敢進退，或義有異同，則曲爲附會者可同日而語也。

三、漢儒詳名物訓詁宋儒好發明義理

　　皮氏錫瑞云：「治經必宗漢學，而漢學亦有辨。前漢今文說，專明大義微言，後漢雜古文，多詳章句訓詁。章句訓詁不能盡饜學者之心，於是宋儒起

〔註24〕林之奇《尚書全解》，卷二十六，《通志堂經解11》，頁6773。

〔註25〕孫星衍《尚書今古文注疏》，卷十三（臺北：廣文書局），頁25。

〔註26〕蘇軾《書傳》，卷十三（臺北：臺灣商務印書館《四庫全書》本），頁18～127。

〔註27〕《東萊書說》，卷二十二。

〔註28〕《朱子語類》，卷七十八。

〔註29〕《書經集傳》，卷一。

而言義理。此漢、宋之經學所以分也。」〔註30〕劉氏師培亦云：「（漢儒）治經崇實，比合事類，詳予名物制度，是以審因革而助多聞。宋儒說經不軌家法，土苴群籍，悉憑己意所欲，出於空理相矜。亦間出新義。或誼乖經旨，而立說至精。」〔註31〕由皮、劉二先生之言觀之，知漢儒于時去古未遠，故其訓詁多詳名物制度；而宋儒研經，恆體驗於身心，故善於開發義理也。

今就皮、劉二家所說，考之於《書》，即伏生《大傳》、馬遷《史記》；或季長之訓、康成之解。要皆長於文字意義之考釋，或名物制度之探求。茲列〈堯典〉篇數例，敘之於后。如：〈堯典〉之「堯」，《大傳》云：「堯者，高也，饒也。」於「欽明文思」，馬融云：「威儀表備謂之欽，照臨四方謂之明，經緯天地謂之文，道德純備謂之思。」〔註32〕鄭康成則謂「敬事節用謂之欽，照臨四方謂之明，經緯天地謂之文，慮深通敏謂之思。」按：馬、鄭雖係師徒，於「明」、「文」二字之訓解雖同，但於「欽」、「思」二字之訓解，則各自立異，足見二人之意境各別也。

於「寅餞納日」，《史記》「寅」字作「敬」，「納」作「入」。馬融則謂：「餞、滅也。滅猶沒也。」〔註33〕

於「鳥獸毛毨」：鄭康成云：「毨、理也。毛更生整理。」〔註34〕

於「方命圯族」，馬融云：「方、放也。」鄭康成云：「方、放。謂放棄教命。」〔註35〕

由上引數例，知漢儒治經之途轍，精於文字考釋，故後世之所謂漢學家，莫不咸奉以為圭臬也。

漢儒之長於名物制度之考釋者：如：〈堯典〉，「乃命羲和」：馬融曰：「羲氏掌天官，和氏掌地官，四子掌四時。」

如：「分命羲仲」：鄭康成曰：「官名。蓋春為秩宗，夏為司馬，秋為士，冬為共工，通稷與司徒，是六官之名見也。」

如：「日中」：馬融云：「古制、刻漏晝夜百刻，晝長六十刻，夜短四十刻；晝短四十刻，夜長六十刻；晝中五十刻，夜亦五十刻。」

〔註30〕《經學歷史·三經學昌明時代》（臺北：藝文印書館），頁71。
〔註31〕《漢宋學術異同論》，《劉申叔先生遺書》，冊一，頁648。
〔註32〕孫星衍《尚書今古文注疏》（臺北：廣文書局），頁1～3。
〔註33〕同註32，頁14。
〔註34〕同註32，頁15。
〔註35〕同註32，頁20。

如：「星火」：鄭康成云：「星火、大火之屬，司馬之職。」

如：「七政」：伏生《大傳》云：「七政，謂春、夏、秋、冬、天文、地理、人道，所以爲政。」如：「五載一巡狩，群后四朝」。鄭康成云：「巡守之年，諸侯見于方岳之下。其間四年，四方諸侯，分來成于京師，歲徧是也。」〔註36〕

如〈皋陶謨〉：「天秩有禮，自我五禮有庸哉？」：鄭康成云：「五禮，天子也，諸侯也，卿大夫也，士也，庶民也」。

又如：「天命有德，五服五章哉！」：伏生《大傳》云：「天子衣服：其文華蟲、作繪、宗彝、璪火，山龍。諸侯：作繪、宗彝、璪火、山龍。子男：宗彝、璪火、山龍。大夫：璪火、山龍。士：山龍。」鄭康成則謂：「五服：十二也，九也，七也，五也，三也。」〔註37〕

上文所舉各例，皆明漢儒詳於名物制度者。蓋以其時代近古，故後儒之治《書》學者多宗之。唯其或今古異說，或同爲古文學家，而馬、鄭異訓。此又經說之多歧出也。

宋儒之治《書》學者，於文字、名物、制度之訓解，要皆取捨於漢世先儒之舊說，鮮有發明之功。故王荊公雖才高八斗，著爲《字說》，然終不免穿鑿附會之譏焉。

然而，潛心古籍，默識心通，進而發爲義理者，則爲宋代《書》學研究之一大特色也。茲舉數例於下，以見其梗概焉。蔡仲默《書經集傳》，於「欽明文思安安」云：「敬體而明用也，文著見而思深遠也。安安，無所勉強也。言其德性之美，皆出於自然，而非勉強。所謂性之也。」於「允恭克讓」云：「常人德非性有，物欲害之，故有強爲恭而不實，欲爲讓而不能者；惟堯性之，是以信恭能讓也。」〔註38〕

於「一日二日萬幾」云：「幾、微也。《易》曰：惟幾也，故能成天下之務。蓋禍患之幾，藏於細微，而非常人所能預見；及其著也，則雖智者，不能善其後。故聖人於幾則兢業以圖之，所謂圖難於其易，爲大於其細者也。一日二日，言其日之至淺；萬幾者，言其幾事之至多也。謂一日二日之間，事幾之來，日至萬焉，是可一日縱欲乎？」於「天聰明自我民聰明，天明威自我民明威」云：「言天人一理，通達無間，民心所存，即天理之所在。而吾

〔註36〕所舉各例均見：孫星衍《尚書今古文注疏·堯典篇》。
〔註37〕所舉各例均見：孫星衍《尚書今古文注疏·皋陶篇》。
〔註38〕以上二例引自《書經集傳·堯典篇》。

心之敬，是又合天民而一之者也。有天下者可不知所以敬之哉！」於「惟幾惟康」云：「惟時，無時而不戒勅也。惟幾，無事而不戒勅也。蓋天命無常，理亂安危，相爲倚伏。今雖治定功成，禮備樂和。然頃刻謹畏之不存，則怠荒之所起；毫髮幾之不察，則禍患之所自生。不可不戒也。」〔註39〕

又如楊簡著《五誥解》，於「惠不惠，懋不懋」云：「惠、順也。懋、勉也。汝自覺汝心有不順，即改而爲順；自覺汝心有不勤，即勉而爲勤。無可待也。使稍有期待之心，即非浹理之至。」於「克明德慎罰」云：「賞善罰惡，爲治大端，賞不及善，罰不當罪，則人心大不服矣。明德，顯用有德者。」〔註40〕

右舉數例，可略見宋儒義理之學，要皆體驗於身心，而發爲論著者。唯諸儒之讜論，或非經文之本意。故劉氏師培以「空理相矜」譏之。然《書》者，政事之紀也，〔註41〕而宋人之發明「修己治人，內聖外王」之道，雖皮錫瑞云：「西漢今文，專明大義微言」者，亦未若宋人之詳切著明者也。

四、漢儒信而好古故多造僞宋儒善於懷疑多疑經改經

漢承秦火燔滅文章，以愚黔首之弊，故典籍渙散，禮崩樂壞。及惠帝廢挾書之律，文帝乃大收篇籍，廣開獻書之路。而利祿之徒，因時主好古之心，乃藉機製造僞經典。考之於《書》，其作僞者，或作僞一二篇，或造僞全書。其作僞一二篇者，《論衡·正說》篇云：「孝宣皇帝之時，河內女子發老屋，得逸《易》、《禮》、《尚書》各一篇，奏之；宣帝下示博士，然後《易》、《禮》、《尚書》各益一篇，而《尚書》二十九篇始定矣。」據《隋書·經籍志》，宣帝所益之一篇爲〈太誓〉，唯《隋志》以爲在漢武時，非宣帝也。故蔡沈云：「武帝時僞《泰誓》出。」按：《論衡》云：「二十九篇始定。」意謂伏生今文必益以〈太誓〉，始得二十九篇之數；《尚書正義》亦以爲然。惟王先謙氏《孔傳參正》，以爲伏生本有二十九篇。蓋歐陽、大小夏侯，以〈康王之誥〉合於〈顧命〉，故爲二十八篇。然《史記》作〈顧命〉、作〈康王之誥〉，明爲二篇，並無〈太誓〉在內可證也。近儒屈萬里教授亦主王氏說。惟蔡沈雖本馬融而有疑於武帝時之〈太誓〉，又云：「至晉，孔壁古文書行而僞〈泰誓〉始廢。」則又以梅本〈太誓〉爲安國壁中書，此又蔡氏之非也。

〔註39〕以上三例引自《書經集傳·皋陶謨篇》。
〔註40〕以上二例引自《五誥解·康誥篇》。
〔註41〕見《荀子·勸學篇》。

其次爲杜林漆書，《後漢書‧杜林傳》載林，字伯山，扶風茂林人。於西州得漆書古文《尚書》一卷。而《後漢書‧儒林傳》又云：「扶風杜林傳古文《尚書》，林同郡賈逵爲之作訓，馬融作傳，鄭玄注解。」按：漆書之內容、篇目，於今皆無所考。雖劉師培氏以爲係眞古文，恐不必然也。今人屈萬里教授云：「漆書古文《尚書》僅一卷，至多不過二三篇。而賈、馬、鄭皆傳孔安國之古文《尚書》者，其傳注訓解，皆安國之本，謂爲杜林漆書作訓解者，誤也。」〔註42〕按：屈先生之言是也，賈、馬、鄭爲杜林漆書作訓解者，固爲傳聞之誤也。然林之漆書來歷不明，亦足啓後人之疑寶矣。

其僞造全書者，則有東萊張霸之百兩篇。《論衡‧正說篇》云：「孝成皇帝時，徵爲古文《尚書》學，東萊張霸，案百篇之序，空造百兩之篇，獻之成帝。帝出秘書百篇以校之，皆不相應。於是，下霸於吏，吏白霸罪當至死。成帝高其才而不誅，亦惜其文而不滅；故百兩之篇傳在世間。傳見之人，則謂《尚書》本有百兩篇矣。」《漢書‧藝文志》亦云：「世所傳百兩篇者，出東萊張霸，分析合二十九篇以爲數十，又采《左氏傳》、《書敍》，爲作首尾，凡百兩篇，篇或數簡，文意淺陋。成帝時求爲古文者，霸以能爲百兩徵，以中書校之，非是。霸辭受父；父有弟子尉氏樊並。時大中大夫平當，侍御周敞，勸上存之。後樊並謀反，迺黜其書。」是張霸之百兩篇，以中書校之，旋知其僞，故並世被黜也。

按：河內女子之〈泰誓〉，張霸之百兩篇，皆並世而識其僞；杜林漆書之內容、篇目皆無可考，故於後世之影響甚微。然漢儒之信而好古〔註43〕進而僞造經籍，以售名利之風，其影響後世非淺也。如東晉之梅本僞古文《尚書》，以安國壁中書自居，欺世千有餘年，至閻百詩始證其僞。及後世，又有所謂豐熙《尚書》〔註44〕者，要皆承漢儒好古之餘緒也。

宋儒之治《書》學者，與漢儒大相逕庭。一則善於體會古籍之語氣，再則富於懷疑之精神。故其始也疑前儒經說之非是，再則疑經文之訛脫，進而開啓辨僞之宏緒矣。

其疑前儒經說之非是者，如：王荊公《尚書新義》辨〈洛誥〉「復子明辟」非「周公反政於成王」之說，歐陽永叔辨〈金縢〉「罪人斯得」非「周公之黨」

〔註42〕見《尚書釋義‧序論》（中華文化出版事業社），頁13。
〔註43〕《論語‧述而》：子曰：「述而不作，信而好古，竊比於我老彭。」
〔註44〕《抄本日知錄》，卷二，《豐熙僞尚書》（臺南：唯一書業中心），頁55。

等，已見本文論二。

　　又如：林少穎之辨〈洪範〉非龜背所負之洛書，其言曰：「自漢以來，儒者往往拘於河圖洛書之說，以天錫禹以九疇者，蓋其文自洛而出，故禹因而次第，遂謂天之錫禹〈洪範〉九疇，自初一曰五行以下，皆是龜背所負之文，或以爲六十五字，或以爲三十八字，或以爲二十七字。其說雖時有不同，是皆以爲龜背所負之文，誠有如五行等字，禹次之以爲〈洪範〉。某竊以爲不然，古人之語，於其最重者必推於天，典曰天敘，禮曰天秩，命曰天命，誅曰天討。凡出於理之自然，非人之私智所能增損，莫非天也。帝乃震怒，不畀〈洪範〉九疇，彝倫攸斁，猶所謂天奪其魄也。天乃錫禹〈洪範〉九疇，彝倫攸敘，猶所謂天誘其衷也。……至〈洪範〉之爲書，大抵發明彝倫之敘，本非由數而起也。則龜背所負者，果何物邪？若以爲有洛書之數，如河圖之文，則今世所傳洛書五行生成之數，大抵出於附會不足信也。若以爲龜背之所負有五行五事等字，則其說迂怪矣。」〔註45〕林氏斥洛書爲附會、爲迂怪，可謂痛快。又如：蔡沈辨「祖甲」非「太甲」，曰：「按漢孔氏以祖甲爲太甲，蓋以《國語》稱帝甲亂之，七世而隕。孔氏見此等記載，意爲帝甲必非周公所稱者。又以不義惟王，與太甲茲乃不義文類，遂以此稱祖甲者爲太甲。然詳此章『舊爲小人，作其即位』與上章『爰及小人，作其即位』，文勢正類。所謂小人者，皆指微賤而言，非謂憸小之人也。作其即位，亦不見太甲復政思庸之意。」〔註46〕既疑先儒之經說，又能辨證之。且信而有徵，則其疑也善莫大焉。

　　其疑經文之訛誤者：如：〈堯典〉：「象恭滔天。」蔡沈曰：「滔天二字未詳，與下文相似，疑有舛誤。」〔註47〕如：〈多方〉：「王曰又曰：時予乃或言，爾攸居。」薛博士曰：「王曰又曰：時予乃或言，爾攸居。疑此二句有誤。」〔註48〕又如：〈康王之誥〉：「惟周文武，誕受羑若，克恤西土。」蔡沈曰：「羑若，即下文之厥若也。羑、厥，或字有訛謬。」〔註49〕凡此之類是也。

　　其疑經文之闕文者：如：〈金縢〉：「若爾三王，是有丕子之責于天，以旦代某之身。」蔡沈云：「于天之下，疑有缺文。」〔註50〕〈多方〉：「惟帝降格

〔註45〕《尚書全解》，卷二十六。
〔註46〕《書經集傳・無逸篇》。
〔註47〕見《書經集傳》，卷一。
〔註48〕林之奇《尚書全解》，卷三十四引。
〔註49〕見《書經集傳》，卷六。
〔註50〕見《書經集傳》，卷四。

于夏，……。」蔡沈云：「此章上疑有闕文。」〔註51〕又「乃惟爾辟，以爾多方……。」蔡沈云：「以下二章推之，此章之上當有闕文。」（同前）凡此皆疑經有闕文之例也。

其疑經文有脫簡者：〈堯典〉：「夔曰：予擊石拊石，百獸率舞。」蘇東坡云：「此舜命九官之際也，無緣夔於此獨言其功。此〈益稷〉之文也，簡編脫誤，復見於此。」〔註52〕又「五玉、三帛、二生、一死贄。」朱子云：「此九字當在肆覲東后之下，協時月正日之上，誤脫在此。」〔註53〕〈洪範〉：「曰王省惟歲……月之從星，則以風雨。」蘇東坡云：「自此以下皆五紀之文也，簡編脫誤，是以在此。」〔註54〕〈多士〉：「王曰又曰：時予乃或言，爾攸居。」陳少南《書解》云：「王曰之下當有文，其簡脫矣。又曰者，承上文而言之也。」〔註55〕凡此皆疑經文有脫簡者也。

其移易經文者：如〈堯典〉：「肇十有二州，封十有二山，濬川。」蔡沈引吳氏云：「此一節，在禹治水之後，其次敘不當在四罪之先。」〔註56〕〈康誥〉：「惟三月，哉生魄。……乃洪大誥治。」蘇東坡云：「此〈洛誥〉文，當在〈洛誥〉周公拜手稽首之前。」〔註57〕〈康誥〉：「非汝封又曰：劓刵人。」王荊公疑其當云：「又曰：非汝封劓刵人。」〔註58〕凡此皆移易經文以就己意者也。

其有改動經之文字者。如：〈皋陶謨〉：「思曰贊贊襄哉。」蘇東坡云：「曰當作日。」〔註59〕而林少穎《全解》，蔡仲默《集傳》皆從之。更進而疑經文之非：如：《康王之誥》：「王釋冕，反喪服。」蘇東坡以為「成王崩，未葬，君臣皆冕服，禮歟？曰：非禮也。謂之變禮可乎？曰：不可。禮變於不得已……今康王既以嘉服見諸侯，而又受乘黃玉帛之幣，……，使周公在，必不為此。然則，孔子何取於此一書也？曰：至矣！其父子君臣之間，教戒深切著明者，猶足以為後世法。孔子何為不取哉！然其失禮，則不可不論。」〔註60〕是也。

〔註51〕見《書經集傳》，卷五。
〔註52〕見蘇軾《書傳》，卷二。
〔註53〕見《朱子語類》，卷七十八。
〔註54〕見蘇軾《書傳》，卷十。
〔註55〕林之奇《尚書全解》引。
〔註56〕見《書經集傳》，卷一。
〔註57〕見蘇軾《書傳》，卷十。
〔註58〕林之奇《尚書全解》引。
〔註59〕見蘇軾《書傳》，卷三。
〔註60〕見蘇軾《書傳》，卷十七。

至於開啓辨僞之風者，則始於吳才老，繼之以朱夫子。蓋漢世今文，如歐陽、大小夏侯之學，與安國壁中古文，於永嘉之亂，竝蕩然無存。而伏生之二十九篇，又爲梅賾本《尙書》所混淆。故宋儒之治《書》學者，皆以梅本爲準據。一時名公鉅儒，如：王荆公、蘇東坡、林少穎之流，並爲贋鼎所售。及趙宋南渡，有吳才老者，著《書稗傳》，始斥梅本《尙書》之僞。其言曰：

> 伏生傳於既耄之時，而安國爲隸古定，特定其所可知者；而一篇之中，一簡之內，其不可知者蓋不無矣。乃欲以是盡求作《書》之本意，與夫本末先後之義，其亦可謂難矣。而安國所增多之書，今書目具在，皆文從字順；非若伏生之書屈曲聱牙，至有不可讀者。夫四代之書，作者不一，乃至二人之手，而遂定爲二體乎？其亦難言矣。〔註61〕

才老以伏生所誦，皆「屈曲聱牙」，而安國壁中書，反「文從字順」；故有疑於古文，可謂特識。惜其書不傳，未得盡窺其疑古之全豹也。

其後有朱夫子，既疑古文，並斥孔傳與《書序》。其辨古文《尙書》之眞僞，云：「孔壁所出《尙書》，如〈禹謨〉、〈五子之歌〉、〈胤征〉、〈泰誓〉、〈武成〉、〈冏命〉、〈微子之命〉、〈蔡仲之命〉、〈君牙〉等篇，皆平易；伏生所傳皆難讀。如何伏生偏記得難底，至於易底，全記不得，此不可曉。」又云：「伏生書多艱澀難曉，孔安國壁中書却平易易曉。或者謂伏生口授女子，故多錯誤，此不然。今古書傳中所引《書》語，已皆如此不可曉。」

其辨《孔傳》之僞，云：「《尙書》決非孔安國所注，蓋文字困善，不是西漢人文章。安國、漢武帝時，文章豈如此？但有太粗處，決不如此困善也。」又云：「《尙書》孔安國傳，此恐是魏、晉閒人所作，托安國爲名。與漢、毛公《詩傳》大段不同。」

其辨〈書序〉之僞，云：「〈書序〉恐不是孔安國做，漢文粗枝大葉，今《書序》細膩，只似六朝時文字。」又云：「如〈書序〉做得善弱，亦非西漢人文章也。」復云：「今觀序文，亦不類漢文章，如《孔叢子》亦然，皆是那一時人所爲。」〔註62〕凡此皆晦翁辨僞古文《尙書》之卓論也。

洎蔡沈秉朱夫子之命而作《書經集傳》，遂刪除〈書序〉，使獨立成篇。

〔註61〕閻若璩《尙書古文疏證》引。
〔註62〕皆見《語類》，卷七十八。

而注〈泰誓〉則引吳氏之言，疑其書之晚出。跋〈牧誓〉則云：「非盡出於一人之口」。蓋亦有得於朱夫子乎？惟其書並今文、僞古文而注之，故清儒譏焉。〔註63〕

　　按：漢儒之信而好古，作僞古經，以售名利，開啓造僞之門，是足以紊亂時代思想、進化之系統，進而歪曲史實，其影響於後世文化之發展，固深矣。然宋儒之疑古，改易經文，雖有發先儒之所未發，有功於聖經，而爲後儒所崇信者。然有時不免曲經以適己意。林少穎嘗謂：「說之不通，則委曲遷就而爲己意。故徇私立義，輕議聖人之經，此古君子之過也。」〔註64〕然則，宋儒之輕於改經，亦不足爲後學訓矣。若夫才老、晦翁之辨僞古文《尚書》，雖云：「憑主觀感覺。」而未用科學方法。〔註65〕然蓽路藍縷，以啓後人之功，未可沒也。

五、漢儒雜讖緯宋儒閒心禪

　　讖緯之學，始於秦人，〔註66〕盛行於哀、平之際；及光武帝以符錄受命，用人行政，惟讖緯是從。〔註67〕於是，儒者乃援飾經文，雜糅讖緯。雖博學通儒，如鄭康成者，其注《書》釋《禮》，亦每引讖緯以證經。蓋所謂：「後漢尚讖記，不引讖記，人不尊經」〔註68〕是也。

　　六經與讖緯之揉合，蓋始於《尚書》，業師施之勉先生云：「考六經與讖緯最先揉合者，蓋夏侯《尚書》也。李尋治小夏侯《尚書》，不守師法，獨好《洪範》災異，又學天文月令陰陽，又好甘忠可書。哀帝初立，尋助賀良得待詔黃門，而賀良亦奏請以尋輔政。此夏侯《尚書》與讖相合，其證一也。楊厚與其父統、祖父春卿、曾祖父仲續，善圖讖學，又代修儒學，與夏侯《尚書》相傳。此夏侯《尚書》與讖相合，其證二也。」〔註69〕由此觀之，《書》學之與讖緯相雜糅，固不待後漢矣。

〔註63〕惠定宇《古文尚書考》謂：「使此書終信於世者，蔡沈之過也。」
〔註64〕見《尚書全解》，卷五。
〔註65〕見戴君仁《閻毛古文尚書公案》。
〔註66〕顧炎武《日知錄》，卷三十「圖讖」條：「然則讖緯之興，實始於秦人，而盛於西京之末也」。
〔註67〕劉師培《國學發微》語（《劉申叔先生遺書》）。
〔註68〕皮錫瑞《經學歷史・經學極盛時代》（臺北：藝文印書館）語，頁104。
〔註69〕見氏著《漢史辨疑》（臺北：中央文物供應社《中國文化叢書》）。

考伏生《尚書大傳》，其說讖緯者有之，如：「周文王至磻溪，見呂望，文王拜之。尚父曰：望釣得玉璜，刻曰：周受命，呂佐檢，德合於今昌來提」〔註70〕是也。說災異者有，如：「田獵不宿，飲食不享，出入不節，奪民農時，及有姦謀，則木不曲直。棄法令，逐功臣，殺太子，以妾為妻，則火不炎上。治宮室，飾臺榭，內淫亂，犯親戚，侮父兄，則嫁穡不成。好攻戰，輕百姓，飾城郭，侵邊境，則金不從革。簡宗廟，不禱祠，廢祭祀，逆天時，則水不潤下。」〔註71〕是也。而《漢書·夏侯勝傳》謂勝從「始昌受《尚書》及《洪範五行傳》，說災異。……會昭帝崩，昌邑王嗣立，數出，勝當乘輿前，諫曰：天久陰而不雨，臣下有謀上者，陛下出，欲何之？……。是時，（霍）光與車騎將軍張安世謀，欲廢昌邑王。光讓安世以為泄語，安世實不言。乃召問勝，勝對言在《鴻範傳》曰：皇之不極，厥罰常陰，時則下人有伐上者，惡察察言。故曰：臣下有謀。光、安世大驚。以此益重經術士。」按：夏侯勝從夏侯始昌受學，而能以「洪範察變」；小夏侯又受學於夏侯勝，則「破碎害道」之學，必尤善於讖緯之術矣。

若夫古文《尚書》家，如：馬融嘗以圖緯考論諸生，而鄭康成因考論圖緯，乃得質疑於季長。又博稽六藝，粗覽傳記，時覩秘書緯術之奧。及其晚年，以讖合夢，知命當終。〔註72〕由此可知，康成一生篤信讖緯之術矣。故既徧注群經，而於《易》緯、《書》緯、《禮》緯、《詩》緯並注之。茲列舉鄭注《尚書》，依據讖緯之說者數例，以觀其大略。如：《堯典》：「正月上日」，康成云：「帝王易代，莫不改正。堯正建丑，舜正建子。」孫星衍云：「知堯正建丑，舜正建子者，《宋書·禮志》引《詩推度災》云：軒轅、高辛、夏后氏、漢，皆以十三月為正；少昊、有唐、有殷，皆以十二月為正，高陽、有虞、有周，皆以十一月為正。鄭說本此。」〔註73〕如：「受終于文祖。」康成云：「文祖者，五府之大名，猶周之明堂。」孫星衍云：「《史記索隱》引《尚書帝命驗》曰：五府，午議之廟，蒼曰靈府，赤曰文祖，黃曰神斗，白曰顯紀，黑曰元矩。唐、虞謂之五府，夏謂世室，殷謂重屋，周謂明堂。皆祀五帝之所也。」如：「璿璣玉衡」，康成云：「璿璣玉衡，渾天儀也。」孫星衍云：

〔註70〕見〈西伯戡耆〉。
〔註71〕見《洪範五行傳》。
〔註72〕見《後漢書·鄭玄傳》（臺北：鼎文書局）。
〔註73〕見《尚書今古文注疏》。

「以璿璣玉衡爲渾天儀，亦本緯書。」如：「三帛、二生、一死贄。」康成云：
「三帛、所以薦玉也；受瑞玉者，以帛薦之。帛必三者，高陽氏之後用赤繒，
高辛氏之後用黑繒，其餘諸侯，皆用白繒。」按：康成「帛所以薦玉」，出自
《禮緯含文嘉》，其言曰：「天子三公、諸侯，皆以三帛以薦玉。」鄭氏「帛
必三者」云云，源自《尚書中侯》，其言云：「高陽氏尚赤，薦玉以赤繒；高
辛氏尚黑，薦玉以黑繒，陶唐氏尚白，薦玉以白繒，堯建丑，其餘諸侯，奉
堯正朔，故皆用白繒矣。」〔註74〕由上述數例，益信孔穎達「鄭玄篤信讖緯」
（〈舜典〉疏）之說，不誣也。而王應麟所謂「鄭康成釋經，以緯書亂之。」
〔註75〕亦非鑿空之言也。

　　然則，東京一代學術，固經緯駁雜之學也，所謂「俗尚內學，非精圖緯，
不名通儒」〔註76〕是也。故亦不必深責鄭君。劉師培氏嘗云：「周、秦以還，圖
籙遺文漸與儒道二家相雜，入道家者爲符籙，入儒家者爲讖緯。董、劉大儒競
言災異，實爲讖緯之濫觴。哀、平之間，讖學日熾，而王莽、公孫述之徒，亦
稱引符命惑世誣民。及光武以符籙受命，而用人行政，悉惟讖緯是從。由是以
讖緯爲祕經，頒爲功令，稍加貶斥，即伏非聖無法之誅。故一二陋儒援飾經文，
雜揉讖緯，獻媚工諛，雖何、鄭之倫，且沉溺其中而莫反。是則東漢之學術乃
緯學盛昌之時代也。」〔註77〕業師施之勉先生亦云：「上意所好，下爭趨之，東
京一代學術，託於六經之文，雜之以圖記，證之以占驗，駁雜不純，妖妄不經，
夫豈偶然哉！」〔註78〕是也。因論漢儒《書》學多雜讖緯說云。

　　宋儒之治《尚書》者，則可大別爲以史證經，與以理說說《書》二門。
蓋蘇軾《東坡書傳》，廢棄舊注，以議論見長。其後，林之奇《尚書全解》、
鄭伯熊《書說》、之奇弟子呂祖謙《東萊書說》，皆承蘇氏學風，以史事說《書》
見長。而楊慈湖《五誥解》，袁絜齋《絜齋家塾書鈔》，其學皆出於陸九淵，
其大旨皆在發明本心。蔡沈《書經集傳》，則本諸朱子，大抵以說理爲主。茲
舉數例，以觀其大略。如：〈康誥〉：「宅心知訓」，楊慈湖曰：「宅心者，安乎
本心。心既安而不起私意，則能知古人之訓旨矣。禹告舜曰：安汝止，尹伊
告太甲曰：欽厥止，至文王之教，亦惟在宅心。蓋人心本靜止而不動，喜怒

〔註74〕杜佑《通典》，卷五十五引。
〔註75〕見《困學紀聞》，卷四。
〔註76〕高師仲華《鄭玄學案》語，見《禮學新探》。
〔註77〕見《國學發微》（《劉申叔先生遺書》）。
〔註78〕見《漢史辨疑》（臺北：中央文物供應社《中國文化叢書》）。

哀樂視聽言動，皆其變化。如鑑中生萬象，而鑑無思無爲，惟動乎私意，故至昏亂。」〈康誥〉又云「勿用非謀非彝，蔽時忱，丕則敏德。」慈湖曰：「此忱誠之心，不勞作意，而無體無方無限量，外物自莫能轉移，澄然虛明，而變化云爲，萬善皆備於德，豈不益敏乎？」〔註79〕又如：〈益稷〉：「安汝止，惟幾惟康」，蔡仲默云：「止者，心之所止也。人心之靈，事事物物莫不各有至善之所，而不可遷者。人惟私意之念動搖其中，始有昧於理而不得其所止者。安之云者，順適乎道，心之正而不陷於人欲之危；動靜云爲，各得其當，而無有止而不得其止者。」〔註80〕凡此皆以理學釋《尚書》者也。

若夫宋儒之以史事論說《尚書》者，雖祖乎東坡之「議論橫生」，要以三山林少穎爲大宗。如論〈大禹〉、〈皋陶〉與〈益稷〉三篇，云：「案〈大禹〉、〈皋陶〉、〈益稷〉三篇，當時君臣相與都俞告戒之辭，史官取其深切著明者以爲三篇，垂於後世。然堯、舜行事，其本末既載於二典，必爲此三篇者，蓋以君臣之盛德，尤在於此故也。嘗觀唐太宗之爲人父子兄弟之間，閨門衽席之上，蓋有不可言者。然其所以致貞觀之治，至於米斗三錢，外戶不閉，行旅不齎糧，取給於道者，由貴藝好賢，屈己從諫而已。……知太宗之所以能成貞觀之治，則知舜之所以爲大者。舍此，〈大禹謨〉、〈益稷〉〈皋陶謨〉三篇，亦無以見之矣。」〔註81〕

其論〈西伯戡黎〉祖伊諫紂云：「祖伊惟歷陳天人之禍福，存亡之理，以冀紂之改過遷善，不及周之將伐殷也。若祖伊者，可謂知所本矣。昔高祖先入秦關，項羽後至，范增知高祖之得民心也，於是，說項羽曰：沛公，……急擊之，勿失。故鴻門之會，高祖幾不獲免。增知高祖之得民心，則宜說羽以行仁政，使之無肆其殘虐而多殺戮，以失秦民望。縱使不及高祖之寬仁而猶可以後亡。增則不然，以其暴虐之政，則勸而行之，而獨以殺高祖爲足以取天下。……不觀乎范增，無以見祖伊之知天命者也。」〔註82〕

若鄭敷文，於「書序皋陶矢厥謨禹成厥功」條，云：「古者，先德而後力，貴謀而賤功。故出師必受成於學，而拆馘執俘反，必以告，其意深矣。惟此義不明，然後有廉頗之事；而被堅執銳，野戰略地者，欲以居文墨議論之上，

〔註79〕皆見《五誥解》，卷一。
〔註80〕見《書經集傳》，卷一。
〔註81〕見《尚書全解》，卷六。
〔註82〕見《尚書全解》，卷二十一。

此後世之通患也。大禹之功非後世之所謂功也，聖人猶屈之於皋陶之下。其敘《書》曰：皋陶矢厥謨，禹成厥功。蓋功未有不出於謨。而宣力四方者，不得先於朝堂之論。以此示後世，則國正而朝廷嚴，驕蹇怨懟之意銷，而飛揚跋扈之心不萌，上下相安，而禍亂不作矣。」〔註 83〕由上述數例，足窺宋儒以史釋經之一斑矣。

　　按：漢儒釋經，多雜讖緯。然讖緯之學，雖云支離怪誕，有不足採信者；然亦有可資於經術者在，故劉師培氏猶允以補史、考地、測天、考文、徵禮等五善。〔註84〕皮錫瑞氏亦云：「漢儒增益祕緯，乃以讖文牽合經義。其合於經義者近純，其涉於讖文者多駁。」〔註 85〕由此觀之，漢儒雜讖緯以說經，雖云駁雜不純，若去其以讖文牽合經義者，則猶不失爲經學，此後世治經者之所以宗漢也。若夫宋儒之治《書》學者，其以史釋《書》者，末流則流於史學，以理說《書》者，則流於理學。故治學術史者，於宋學，但崇其理學與史學，鮮道及經學者以此。

六、結　語

　　考漢、宋兩代於《尚書》學之研究，或異其方法，或殊其態度，故其成就各有所偏。蓋漢學由師法而盛，因家法而衰；宋學由義理以立其幟，亦因義理而易其面目，此蓋亦先儒所料不及也。乾、嘉諸大家之治《尚書》學者，必嚴漢、宋之分，然師漢者則斥宋，宗宋者則非漢，齗齗焉未有已。倘能融漢、宋於一爐，輔考據以義理，既可摒棄群言以自陋之譏，而求眞求善，庶幾可得。此漢、宋《尚書》學論之所由作也。

　　　（本文原載於《中國學術年刊》第一期，頁 107～122，1976 年 12 月）

〔註83〕見鄭伯熊著《敷文鄭氏書說》。
〔註84〕見《左盦外集》，卷三，〈讖緯論〉（《劉申叔先生遺書》）。
〔註85〕見《經學歷史・經學極盛時代》。

伍、魏晉經學質變說

一、前　言

　　昔焦理堂之言，謂「學者言經則崇漢」，而王仲任之著《論衡》也，亦謂「夫五經，亦漢家之所立」，是經學者，即漢學也。

　　若夫魏、晉之世，則以玄學爲一代學術之主流。其於經術，論者以爲乃「中衰時代」。〔註1〕然世傳十三經注，除《孝經》爲唐玄宗御注外，其餘十二經注，漢人與魏、晉人，各居其半：鄭玄箋《毛詩》、注《儀禮》、《周禮》、《禮記》，何休作《公羊解詁》、趙岐注《孟子》，以上六經皆爲漢人所注；僞孔安國《尚書傳》、王弼《周易注》、何晏《論語集解》，凡三經皆爲魏人所注；杜預作《春秋經傳集解》、范寧作《穀梁傳集解》、郭璞作《爾雅注》，凡三經皆晉人所著。由此觀之，魏、晉人之經注，其視漢人之經注亦不多讓矣。唯兩漢經師重今文經學，魏、晉兩朝重古文經學，且同爲古文經學，又有鄭、王之抗衡。又漢儒治經多論辯經義之是非高下，魏、晉沿波，遂及名理之玄論。而注經者亦多以老、莊之微旨以釋經義，使儒家之經典，多闡道家之偉論。進而破兩漢顓門之學，重義理之會通；甚者不惜造作僞經以亂聖學。於是，魏、晉經學終非兩漢經學之面目。而此一體質之轉換，影響後世經學之發展者，視兩漢經師之家法、師法，亦不多讓焉。因作「魏、晉經學質變說」，以就教於方家達人云。

〔註1〕　皮錫瑞《經學歷史・五、經學中衰時代》云：「經學盛於兩漢，漢亡而經學衰。」

二、今古文經學之代興

　　兩漢經學有今、古文之分，漢武帝之立五經博士，《書》唯歐陽，《禮》則后倉，《易》本楊何，《春秋》主《公羊》。要皆爲今文經學。其後，雖有劉歆之請立經古文學，而太常博士或不肯置對。王莽之時，雖嘗立《左氏春秋》、《毛詩》、《逸禮》、《古文尚書》，同時立《樂經》，以足六經之數，然旋即罷去。及乎東漢，賈逵、馬融諸大儒，雖雅好古文，而十四博士之立，猶皆爲經今文學。是終漢之世，經古文學不得立於學官。

　　洎夫曹丕受禪，開太學，立課考，以推重學術。「乃掃除太學之灰炭，補舊石碑之缺壞，備博士之員錄，依漢甲乙以考課。」所謂「備博士之員錄」之「博士」，其爲今文經學或爲古文經學，史無明文。然王國維《觀堂集林·漢、魏博士考》，云：

> 漢世所立十四博士，皆今文學也。古文諸經，終漢之世，未得立於學官。古文學之立於學官，蓋在黃初之際。自董卓之亂，京洛爲墟，獻帝托命曹氏，未遑庠序之事，博士失其官守，垂三十年，今學日微，而民間古文之學，乃日興月盛。逮魏初復立太學博士，已無復昔人。其所以傳授課試者，亦絕非曩時之學。蓋不必有廢置明文，而漢家四百年官學，今文之統，已爲古文家取而代之矣。

又〈魏石經考三〉，云：

> 漢學官所立，皆今文，無古文。而自漢以後，民間古文學漸盛，至與官學抗衡。逮魏初復立太學，暨於正始，古文諸經，蓋已盡立於學官。此事史傳雖無明文，然可得而徵證也。考《魏略》言黃初中太學初立，有博士十餘人。《魏志·文帝紀》言黃初五年立太學，制五經課試之法，置《春秋穀梁》博士。似魏初博士之數，與後漢略同，但增置《穀梁》一家。然考其實際，則魏學官所立諸經，乃與後漢絕異。〈齊王芳紀〉：「正始六年，詔故司徒王朗所作《易傳》，令學者得以課試。」〈王肅傳〉：「肅爲《尚書》、《詩》、《論語》、三《禮》、《左氏解》，及撰定父朗所作《易傳》，皆立於學官。」又〈高貴鄉公紀〉載：「其幸太學之問，所問之《易》，則鄭玄注也。所講之《書》，則馬融、鄭玄、王肅之注也。所講之《禮》，則小《戴記》，蓋亦鄭玄、王肅注也。」是魏時學官所立諸經，已爲賈、馬、鄭、王之學。其時博士可考者，亦多古文家，且或爲鄭氏弟子也。

按:《晉書‧百官志》,云:「晉初承魏制,置博士十九人。」〈荀崧傳〉載崧上疏,云:「世祖武皇帝,應運登禪,崇儒興學。……太學有石經古文先儒典訓。賈、馬、鄭、杜、服、孔、王、何、顏、尹之徒,章句傳注眾家之學,置博士十九人。」是十九博士,已非兩漢之舊可知。

《宋書‧禮志》及《晉書‧荀崧傳》俱載東晉簡省博士,「置《周易》王氏、《尚書》鄭氏、古文《尚書》孔氏、《毛詩》鄭氏、《周禮》、《禮記》鄭氏、《春秋左傳》杜氏、服氏、《論語》、《孝經》鄭氏博士各一人,凡九人。其《儀禮》、《公羊》、《穀梁》,及鄭氏《易》皆省不置。」故荀崧乃上疏,謂「博士舊置十九人,今五經合九人,準古計今,猶未能半。」「宜為鄭《易》置博士一人,鄭《儀禮》博士一人,《春秋公羊》博士一人,《穀梁》博士一人。」考九博士之中,杜氏乃晉人,古文孔氏,東晉始出。其餘七人,及省而不置之《儀禮》、《公羊》、《穀梁》、鄭《易》,蓋皆晉承魏制之舊也。

《魏志‧王肅傳》,云:「肅善賈、馬之學而不好鄭氏,采會異同,為《尚書》、《詩》、《論語》、《三禮》、《左氏解》,及撰定父朗所作《易傳》,皆列於學官。」是前述十一博士外,又有王氏《尚書》、《毛詩》、《三禮》、《左傳》、《論語》等七博士。

故劉汝霖《漢晉學術編年‧魏世十九博士表》,列十九博士,如下:《易》鄭氏、王氏,《書》鄭氏、王氏,《毛詩》鄭氏、王氏,《周官》鄭氏、王氏,《儀禮》鄭氏、王氏,《禮記》鄭氏、王氏,《左傳》服氏、王氏,《公羊》顏氏、何氏,《穀梁》尹氏,《論語》王氏,《孝經》鄭氏。

綜前所述,兩漢今文經學,碩果僅存於魏、晉者,但《公羊》、《穀梁》而已。其餘諸經,具為古文經學家,取而代之矣。今文經學之統既衰,其托命於今文經學之讖緯、災異諸說遂息。故章太炎先生許晉文之立古文經學為卓見,且以為有廓清讖緯之功。〔註2〕

三、鄭學王學之升降

《後漢書‧鄭玄傳》云:「凡玄所注《周易》、《尚書》、《毛詩》、《儀禮》、《禮記》、《論語》、《孝經》、《尚書大傳》、《中侯》、《乾歷象》。又著《天文七政論》、《魯禮禘祫義》、《六藝論》、《毛詩譜》、駁許慎《五經異義》、答臨孝

〔註2〕 見《國學略說‧經學略說》。

存《周禮難》，凡百餘萬言。」又云：「鄭玄括囊大典，網羅眾家，刪裁繁誣，刊改漏失，自是學者略知所歸。」是鄭君之洽熟經傳，為一代儒宗。史家已有定評。故王粲嘗謂「伊、洛以東，淮、漢之北，一人而已，莫不宗焉。咸云先儒多闕，鄭氏道備。」張融亦謂「玄注泉深廣博，兩漢四百餘年，未有偉於玄者。」而王劭《史論》，更謂當時儒生，莫不「父康成、兄子慎，寧道孔聖誤，諱聞鄭、服非。」〔註3〕故皮錫瑞遂有「鄭學出而漢學衰」〔註4〕之嘆，非虛語也。

然樹大必招風，博學多能，未有不見忌者。故鄭君之洽熟經傳，襃然一代儒宗，而不免王粲之竊嗟怪，雖退而思之，以盡其意，然所疑者終未喻焉。〔註5〕

若王肅子雍者，則「善賈、馬之學，而不好鄭氏，采會異同，為《尚書》、《詩》、《論語》、《三禮》、《左氏解》，及撰定父朗所作《易傳》，皆列於學官，其所論駁朝廷典制，郊祀、宗廟、喪紀、輕重，凡百餘篇。」專與鄭君立異。又集《聖證論》，以譏短玄。此曹魏之儒立異於鄭君之巨擘也。

時肅之同調，於魏則有蔣濟。玄之注〈祭法〉，云：「有虞以上尚德，禘郊祖宗，配用有德；自夏已下，稍用其姓氏。」濟曰：「夫蚍龍神於獺，獺自祭其先，不祭蚍龍也。騏驎白虎仁於豻，豻自祭其先，不祭騏虎也。如玄所說，有虞以上，豻獺不若邪？」論者雖謂「濟豻獺之譬，雖似俳諧。」亦曰：「然其義旨，有可求焉。」。〔註6〕

於蜀，則有李譔，譔與同縣尹默，俱遊荊州，從司馬徽、宋忠等學。「著古文《易》、《尚書》、《毛詩》、《三禮》、《左氏傳》、《太玄指歸》，皆依準賈、馬，異於鄭玄。與王氏殊隔，初不見其所述，而意歸多同。」〔註7〕

〔註3〕俱見《舊唐書·元行沖傳》引《釋疑》。
〔註4〕《經學歷史·五、經學中衰時代》：「鄭君博學多師，今古文道通為一，見當時兩家相攻擊，意欲參合其學，自成一家之言，雖以古學為宗，亦兼采今學以附益其義。學者苦其時家法繁雜，見鄭君閎通博大，無所不包，眾論翕然歸之，不復舍此趨彼。……漢學衰廢，不能盡咎鄭君；而鄭采今古文，不復分別，使兩漢家法亡不可考，則亦不能無失。」
〔註5〕同註3。又《顏氏家訓·勉學第八》：「始吾入鄴，與博陵崔文彥交遊，嘗說王粲集中難鄭玄《尚書》事。崔轉為諸儒道之，始將發口，懸見排蹙，云：『文集只有詩、賦、銘、誄，豈當論經書事乎？且先儒之中，未聞有王粲也。』崔笑而退，竟不以粲集示之。」
〔註6〕見《三國志·蔣濟傳》（臺北：鼎文書局），裴松之《注》，頁456。
〔註7〕見《三國志·李譔傳》（臺北：鼎文書局），頁1026。

於吳，則有虞翻，翻奏上《易注》，謂諸家解不離流俗，荀諝顛倒反逆，了不可知；馬融復不及諝。若乃北海鄭玄，南陽宋忠，雖各立注，忠小差玄而皆未得其門，難以示世。又奏鄭玄解《尚書》違失事目。及玄注五經，違義尤甚者百六十七事。謂「行乎學校，傳乎將來，臣竊恥之。」故「不可不正。」〔註8〕

綜前所述，於漢末三國之際，其未能折服於鄭君者，蓋不乏其人。而王粲、王肅、蔣濟、李譔、虞翻等見載於正史者，特其佼佼者耳。

然鄭君固一世儒宗，其門人子弟，捍衛師學，亦不遺餘力。故當王肅之非難鄭學，「時樂安孫叔然受學鄭玄之門，人稱東洲大儒」者，於「肅集《聖證論》以譏短玄」時，「叔然駁而釋之。及作《周易》、《春秋例》、《毛詩》、《禮記》、《春秋三傳》、《國語》、《爾雅》諸注，又注書十餘篇」以抗衡。〔註9〕

而東萊王基，於「散騎常侍王肅著諸經傳解，及論定朝儀，改易鄭玄舊說」時，乃「據持玄義，常與抗衡。」〔註10〕

陸德明《經典釋文・敘錄》，亦云：「鄭玄作《毛詩箋》，申明毛義，難三家。於是，三家遂廢矣。魏太常王肅更述毛非鄭，荊州刺史王基駁王肅申鄭義。晉豫州刺史孫毓為詩評，評毛、鄭、王三家同異，朋於王；徐州從事陳統難孫申鄭。」

元行沖《釋疑》，亦曰：「子雍規玄數十百件，守鄭學者，時有中郎馬昭，上書以肅為繆。詔王學之輩，占答以聞。」〔註11〕時答馬昭駁問者為孔晁，馬國翰輯《聖證論》序，云：「孔晁說黨於王，則晁固王學之首選也。」

由斯觀之，兩漢經學，前漢以今文經學為主軸，重在官家；後漢雖仍以今文經學為官學，然漸趨僵化；而古文經學已漸擅勝場於民間。比及三國兩晉之世，今文家法既亡，代之而起者，為鄭、王之爭。故魏、晉之置十九博士，鄭、王二家之學，終成分庭抗禮之勢。〔註12〕

其後，政治由南朝與北朝對抗，解經家亦有南學與北學之分。《北史・儒林傳序》云：

> 江左，《周易》則王輔嗣，《尚書》則孔安國，《左傳》則杜元凱；河、

〔註8〕 見《三國志・虞翻傳》（臺北：鼎文書局），裴松之《注》引《翻別傳》，頁1322。
〔註9〕 見《三國志・王肅傳》（臺北：鼎文書局），頁419。
〔註10〕《三國志・王基傳》（臺北：鼎文書局），頁751。
〔註11〕《舊唐書・元行沖傳》（臺北：鼎文書局），頁3180。
〔註12〕 見本文「二、今古文經學之代興」。

洛，《左傳》則服子慎，《尚書》、《周易》則鄭康成，《詩》則並主毛
公，《禮》則同遵於鄭氏。

按：《隋書‧經籍志》：「魏代王肅，推引古學，以難其義。王弼、杜預，從
而明之，自是古學稍立。」故蒙文通以爲「王弼、杜預皆肅之徒也，王弼注
《易》，祖述肅說，特去其比附爻象者（張惠言說）。杜預注《左傳》，亦阿
附肅說（丁晏說）。明二家皆推肅義以述作。」〔註13〕而《尚書‧孔傳》，本
肅之僞作，〔註14〕由此知所謂「南學」，即肅之學也。又《世說新語‧文學
門》載，鄭玄欲注《春秋傳》，未成，聞服與人說已注傳意，乃盡以所注與
服，是服注即鄭學也。故所謂「北學」者，即鄭學也。

考漢儒之治經，其今古之爭，一以文字之有古今，二則以經書之有缺廢。
雖不免有意氣利祿之蔽，實不欲「黨同妬眞，抱殘守缺」之陋。是其爭也不
得已。

若魏、晉以降，則置經文於不顧，而爭經義之我是彼非，誠經學之一大
升降也。

四、經師辨說與玄論

漢人經學，首重師法家法，師之所傳，一字毋敢出入。故漢初，《書》唯
有歐陽、《禮》后、《易》楊、《春秋公羊》，獨守遺經，不參異說。然經師之
重辯說，《漢書‧儒林傳》頗載之：於《易》：如蜀人趙賓，持論巧慧，《易》
家不能難，皆曰非古法也。後賓死，莫能持其說。

於《書》，夏侯建之治《尚書》，師事夏侯勝及歐陽高，左右採獲。又從
五經諸儒問與《尚書》相出入者，牽次以爲章句，具文飾說，勝非之曰，建
所謂章句小儒，破碎大道。建亦非勝，爲學疏略，難以應敵。由此觀之，建
爲辯論應敵，故涉獵較廣，雖爲勝所非，然經學家彼此論難之風，昭昭然明
矣。

於《春秋》，瑕丘江公受《穀梁春秋》於魯申公，傳子至孫爲博士。江公
吶於口，武帝使與董仲舒議，仲舒善持論，江公不如仲舒，於是，因尊《公
羊》。其後，江公弟子榮廣高材捷敏，與《公羊》師眭孟等論，數困之，好學
者頗復受《穀梁》。此不僅可見經學家論難之學風，而論難之優劣，且關係一

〔註13〕見《經學抉原》（臺北：商務印書館《國學小叢書》）。
〔註14〕見本文「七、作僞經以亂眞」。

家學術之榮枯。故范寧有「盛衰繼之辯吶」〔註15〕之嘆。

前漢之世，儒者多專一經，罕能兼通，雖有著述，各止一二篇而已。然宣帝甘露三年，詔諸儒講五經同異於石渠閣，其辯論之全豹，雖無法盡窺，然由「太子太傅蕭望之等平奏其議，上親稱制臨決」觀之，其盛況可知。

洎夫後漢，若尹敏、景鸞、何休、許慎、蔡玄、賈逵、馬融、鄭君等之於經術，無不兼通，且章句完備，文彩大彰。而白虎觀之考詳同異，連月乃罷。肅宗親臨稱制，如石渠故事，其郁郁之文，何其盛哉！

雖然，魯丕於永元十一年上疏，嘗云：「臣聞說經者，傳先師之言，非從己出，不得相讓，相讓則道不明。若規矩權衡之不可枉也。難者必明其據，說者務立其義。浮華無用之言，不陳於前。故精思不勞而道術愈章。」〔註16〕由此觀之，經師辯難之要，在發明師說，乃兩漢儒者之規矩權衡。其有不循師說而自立新義者，蓋即所謂：「浮華無用之言」也。

惟事有不可一概而論者，《後漢書·徐防傳》載：防以五經久遠，聖意難明，宜爲章句，以悟後學。乃於永元十四年上疏，曰：

> 伏見太學試博士弟子，皆以意說，不修家法，私相容隱，開生姦路，每有策試，輒興訟，議論紛錯，互相是非。……今不依章句，忘生穿鑿，以遵師爲非義，意說爲得理，輕侮道衡，寖以成風。

按：徐氏重家法章句之學，而太學試博士弟子，乃以意爲說，不修家法。徐氏以爲「開生姦路」。其實，徐氏以「意說」對「章句」，蓋以「章句」爲傳統師弟相傳之守學，則「意說」必爲論說經典義理之新術，故與「章句」之守學不合。論說義理可以左右採獲，不必依章句，本師說，故徐氏以爲「輕侮道術」。而有「臣以爲博士及甲乙策試，宜從其家章句，開五十難以試之，解釋多者爲上策，引文明者爲高說，若不依先師，義有相伐。皆正以爲非」之議。由此可見經師講學風氣之丕變。尤可注意者，是此風氣已「寖已成俗」。是舊經師已擋不住新潮流矣。

次年，樊準上疏，則謂「是以議者，每稱盛時，咸言永平。今學者蓋少，遠方尤甚。博士倚席不講，儒者競論浮麗。忘謇謇之忠，習譾譾之辭。」〔註17〕按：謇謇，《離騷》「余固知謇謇之爲忠兮」。王逸注：「忠貞貌」。是「謇謇之忠」，

〔註15〕《穀梁傳》序。
〔註16〕見《後漢書·魯丕傳》（臺北：鼎文書局），頁884。
〔註17〕見《後漢書·樊準傳》（臺北：鼎文書局），頁1126。

蓋指永平之盛，即儒者依章句，遵師說之厚實學風。諓諓、《國語‧越語》：「又安知是諓諓者乎！」韋昭注云：「巧言也」。是「諓諓之辭」，蓋指儒者之「競論浮麗」，即徐防所謂「以意爲說」。蓋「以意爲說」，可以去章句、師說之束縛，此所以得「浮麗」而能「巧言」也。然後「博士倚席不講」者，不講章句之學；「儒者競論浮麗」者，論說義理耳。蓋章句已不足以饜學者求新求變之心，而論辯義理得逞才氣之巧故耳。

其後，范曄《後漢書‧儒林傳》，謂「自安帝覽政，薄於藝文，博士倚席不講，朋徒相視怠散。……本初元年，梁太后詔曰：大將軍下至六百石，悉遣子弟就學。……自是遊學增盛，至三萬餘生。然章句漸疏，而多以浮華相尙，儒者之風蓋衰矣。」按：所謂「浮華」即樊準疏之「浮麗」，二者辭雖異而意則同，要皆自「以意爲說」中來。唯時儒之「以意爲說」，蓋捨師說章句，而各自論說經義，無關乎名理是也。

及王充出，好博覽而不守章句。既曰：「夫儒生之業五經也，南面而爲師，旦夕講授章句，滑習義理，究備於五經可也。五經之後，秦、漢之事，不能知者，短也。夫知古而不知今，謂之陸沉。然則儒生所謂陸沉者也。五經之前，至於天地始開，帝王初立者，主名爲誰，儒生又不知也。夫知今而不知古，謂之盲瞽。五經比於上古，猶爲今也。徒能說今，不曉上古，然則儒生所謂盲瞽者也。」〔註18〕又曰：「儒生能傳百萬言，不能覽古今，守信師法，雖辭說多，終不爲博。」〔註19〕是王充者，終不以儒生章句之學爲滿足，故稱爲「陸沉」、爲「盲瞽」。而以博學精思爲天下倡。故曰：「能精思著文，連結篇章者，方得爲鴻儒。」〔註20〕既痛擊漢儒章句之短，又導風尙之趨新。其《論衡》〈問孔〉、〈刺孟〉諸篇，雖上繼儒生談辯之精神，而其勇於批評則過之。及謂「說合於人事，不入於道意，從道不隨事，雖違儒家之說，合黃、老之義也。」〔註21〕則其退孔、孟而進黃、老之意，顯矣。

綜前所述，魏、晉談辯名理之玄風，豈向壁虛構，蓋有由來也。其不同者，蓋兩漢儒生之談辯，局限於經義；而玄師之論說，則上天下地，其所以異者此耳。

〔註18〕見《論衡‧謝短篇》。
〔註19〕前揭書，〈效力篇〉。
〔註20〕前揭書，〈超奇篇〉。
〔註21〕前揭書，〈自然篇〉。

五、經學老莊化

　　王粲、王肅與虞翻與李譔諸儒之反鄭，於鄭學定一尊之地位，固爲一大挑戰，故皮錫瑞有「王肅出而鄭學衰」(《經學歷史》)之語。知彼等之依準賈、馬而求異於康成，抑儒者於經義傳注之際，仁智互見而已。若於經學思潮之丕變，體質爲之轉換者，則當以何晏、王弼爲巨擘焉。

　　《三國志·曹爽傳》云：

　　　　晏、何進孫也，母尹氏，爲太祖夫人。晏長於宮省，又尚公主。少以才秀知名，好《老》《莊》言，作《道德論》及諸文賦著述凡數十篇。

　　《晉書·王衍傳》亦云：

　　　　魏正始中，何晏、王弼等祖述《老》、《莊》，立論，以天地萬物，皆以無爲本。

按：何晏本善《老》、《莊》，並有重名於當時，所作《道德論》、《無名論》，並爲世人所重；然要皆發揮《老子》「天地萬物生於有，有生於無」之旨。晏嘗作《論語集解》，集孔安國、包咸、周氏、馬融、鄭玄、陳群、王肅、周生烈諸家之說。

　　然晏本好《老》、《莊》言，故其《論語集解》，頗附以清言玄義。清儒陳蘭甫《東塾讀書記》，嘗云：

　　　　何注始有玄虛之語，如：子曰：「志於道」，注云：道不可體，故志之而已。「回也其庶幾乎，屢空」。注云：空猶虛中也。〔註22〕

　　考《論語》一書，乃孔子之言行錄，所言要皆內聖外王，爲學從政之道。所重原在人倫日用之踐履，而不在有無虛玄之妙旨。而何氏之解，如陳澧氏所言者，豈孔門之教典，而儒者之經義乎？今檢讀《論語集解義疏》一書，類陳澧氏所舉者甚多。如〈公冶長篇〉：「性與天道，不可得聞」，《集解》云：

　　　　性者，人之所受以生；天道者，元亨日新之道。深微，故不可得聞也。

　　〈衛靈公篇〉：「一以貫之」，《集解》云：

　　　　善有元，事有會，天下殊途而同歸，百慮而一致，則眾善舉矣。

　　〈季氏篇〉：「畏聖人之言」，《集解》云：

―――――――――――――――――――――

〔註22〕見《東塾讀書記·論語》，《皇清經解續編》(臺北：藝文印書館)，第十四冊，頁 10619。

深遠不可易，則聖人之言也。〔註23〕

凡此皆本諸《易》、《老》之玄譚，非孔聖之本旨也。自是之後，解經之家，遂競標清言、玄論以為高，陳澧云：

> 「六十而耳順」，孫綽云：「耳順者，廢聽之理也，朗然自玄悟，不復役而後為」。「畏於匡」，孫綽云：「兵事險阻，常情所畏，聖人無心，故以物畏為畏也」。「久矣，吾不復夢見周公」，李充云：「聖人無想，何夢之有，蓋傷周德之日衰，故寄慨於不夢」。「吾不試，故藝」，繆協云：「兼愛以忘仁，游藝以去藝」。「顏淵死，子哭之慟」，繆協云：「聖人體無哀樂，而能以哀樂為體，不失過也。郭象云：「人哭亦哭，人慟亦慟，蓋無情者與物化也。」「修己以安百姓」，郭象云：「以不治治之，乃得其極」。「君子道者三，我無能焉」，江熙云：「聖人體是，極於沖虛，是以忘其神武，遺其靈智」。其尤甚者，「回也其庶乎屢空」，顧歡云：「夫無欲於無欲者，聖人之常覺，有欲於無欲者，聖人之分也；二欲同無，故全空以目聖，一有一無，故每虛以稱賢」。太史叔明申之云：「按其遺仁義，忘禮樂，墮肢體，黜聰明，坐忘大通，此忘有之義也；忘有頓盡，非空而何？若以聖人驗之，聖人忘忘，大賢不能忘忘，不能忘忘，心復為未盡，一未一空，故屢名生也焉。」此皆皇侃《疏》所采，而皇氏玄虛之說尤多，甚至謂元壞為方外聖人，孔子為方內聖人。〔註24〕

考何晏集解，於人倫日用，平實無奇之《論語》，能發揮清言、玄旨者，著實不多。然涓涓細流，終成大河，於經學體質風貌之轉變，其影響不可謂不大。

若夫王弼，《三國志·鍾會傳》云：

> 初，會弱冠，與山陽王弼並知名，弼好論儒道，辭才逸辯，注《易》
>
> 及《老子》，為尚書郎，年二十餘，卒。

按：王弼與何晏同時，而稍後於晏。二人同好《老》、《莊》之玄旨。故《晉書》云：「魏正始中，何晏、王弼等祖述《老》《莊》，立論以為『天地萬物，皆以無為本。』」〔註25〕考王弼之論著甚多，而《易注》及《老子注》，為今

〔註23〕並見梁皇侃《論語集解義疏》（《古經解彙函》第二十一，新安鮑氏知不足齋本）。

〔註24〕見《東塾讀書記·論語》，《皇清經解續編》（臺北：藝文印書館），第十四冊，頁 10619。

〔註25〕《晉書·王衍傳》（臺北：鼎文書局），頁 1236。

僅存之全書。

考宋儒邢昺於《論語正義》引王弼《論語釋疑》之言，云：

> 道者，無之稱也。無不通也，無不由也，況之曰道，寂然無體，不可為象，是道不可體，故但志慕而已。〔註26〕

按：王氏以「道」即是「無」，與所作《老子》「無名，天地之始；有名，萬物之母」注，正相輝映。注云：

> 凡有皆始於無，故未形無名之始，則為萬物之始；及其有形有名之時，則長之育之，亭之毒之，為其母也。言道以無形無名，始成萬物。以始以成，而不知其所以，玄之又玄也。

王氏《易注》，本《老子》之義旨而發揮者，比比皆是。如：〈乾卦〉：「上九，亢龍有悔。用九，見群龍，无首，吉。」注云：

> 九、天之德也，能用天德，乃見群龍之義焉。夫以剛健而居人之首，則物之所不與也。以柔順而為不正，則侫邪之道也。故乾吉在无首，坤利在永貞。

戴君仁教授嘗謂：「王氏所說，『剛健居人之首，則物所不與。』這是原本《老》氏『聖人欲上民，必以言下之；欲先民，必以身後之』及『不敢為天下先』之意。」

又如：〈彖傳〉：「大哉乾元，萬物資始，乃統天。雲行雨施，品物流行，大明終始，六位時成，時乘六，龍以御天，乾道變化，各正性命。」注云：

> 天也者，形之名也；健也者，用形者也。夫形也者，物之累也；有天之形，而能永保无虧，為物之首。統之者，豈非至健哉！

戴君仁教授於此注，評曰：「這句『形也者，物之累也』，是由《老》氏『吾所以有大患者，為吾有身』衍來。」〔註27〕

考何劭為弼傳，嘗云：「弼幼而察慧，年十餘，好《老》氏，通辯能言。」〔註28〕故其《易注》能左右發揮之。清儒皮錫瑞所謂：「予謂弼之所學，得於《老》氏者深。」〔註29〕蓋篤論也。

自王弼以《老》義注《易》，流風所扇，遂沿波不返。比及六朝，更涉釋

〔註26〕《論語注疏・解經》，卷第七，《十三經注疏》本（臺北：藝文印書館），頁60。
〔註27〕以上皆見戴著〈王弼何晏的經學〉（臺北：中華民國孔孟學會《孔孟學報》，20期）。
〔註28〕《三國志》，卷28，〈王弼傳〉裴松之《注》引。
〔註29〕見《經學通論》，第一冊，〈易〉。

氏。故孔穎達之作《正義》序，遂謂：

> 江南義疏，十有餘家，皆辭尚虛玄，義多浮誕。若論住內住外之空，
> 就能就所之說，斯乃義涉於釋氏，非爲教於孔門也。

由此觀之，江南義疏，於《老》義之外，更涉釋氏之說。然則，弼於風氣之
推移，其影響之大可知。

考何晏、王弼之經注，量雖不多；唯二儒於經注體質之轉換，實有旋乾
轉坤之力量。蓋自何、王二氏，以《老》義解經，下逮兩晉，及南北朝，遂
蔚爲風尚，而一時之經傳義疏，莫不以《老》、《釋》之義玄通之；遂使儒家
經世之寶典，成爲玄學家之談資。

六、破讎門而重會通

兩漢經學，嚴師法家法之分，師弟相傳，莫敢或異。泊鄭康成出，今古
文經兼通，溝合爲一。（皮錫瑞《經學歷史》語）家法之分際遂壞。及王肅之
反鄭，或以今文說駁鄭之古文說，或以古文說駁鄭之今文說，與鄭君之不守
家法同。然鄭君之解經，亦自有法度，非後儒可得妄議也。《六藝論》云：「注
《詩》、宗毛爲主，毛義若隱略，則更表明；如有不同，即下己意，使可識別。」
故陳蘭甫云：「有宗主，有不同，此鄭氏家法也。」〔註30〕是鄭氏之經注，雖
雜糅古今，而家法隱然自現。若王肅者，蓋未能窺得其門徑也。

然鄭氏之家法，固非漢儒之途轍也。由《六藝論》：「《左氏》善於禮，《公
羊》善於讖，《穀梁》善於經」之言觀之，其立異於漢儒互相彈射之家法遠甚。
故皮錫瑞云：「蓋解《禮》兼采三《禮》，始於鄭君；解《春秋》，兼采三傳，
亦始於鄭君矣。」（《經學通論》）自鄭氏兼通溝合之法出，儒者不再抱殘守闕，
而「道通爲一」之學倡焉。

及晉，有劉兆者，以爲「《春秋》一經，而三家殊途，諸儒是非之議紛然，
互相讎敵，乃思三家之異，合而通之。《周禮》有調人之官，作《春秋調人》七
萬餘言。皆論首尾，使大義無乖。時有不合者，舉其長短以通之。又爲《春秋
左氏解》，名曰全綜。《公羊》、《穀梁》解，皆納經傳中，朱書以別之。」〔註31〕

又有厄毓者，「合三傳爲之解注，撰《春秋釋疑》」。〔註32〕

〔註30〕見《東塾讀書記》，卷十五，〈鄭學〉。
〔註31〕《晉書·儒林傳》（臺北：鼎文書局），頁2349。
〔註32〕同上，頁2351。

按：劉、厄二家，學雖不出於鄭君，然其「兼通古今，溝合為一」之學風，豈非鄭氏之遺法也。同時之范寧武子，作《穀梁傳集解》，尤標「道通為一」之大纛。其言曰：

> 漢興以來，瓌望碩儒，各信所習，是非紛錯，準裁靡定。故有父子異同之論，石渠紛爭之說。廢興由於好惡，盛衰繼之辨訥。斯蓋非通方之至理，誠君子之所歎息也。〔註33〕

按：此段文字於漢儒墨守三傳顓家之學，互相彈射，而不知會通以求理之至當者，深致其不滿。而所謂「各信所習，是非紛錯」者，若賈逵、劉歆之輩，服虔、鄭眾之徒，皆說《左氏》之美，不道二傳之得是也。所謂「父子異同之論」者，指劉向注意《穀梁》，而子歆專精《左氏》是也。所謂「興廢由於好惡」者，若景帝好《公羊》，則胡母之學興，仲舒之義立；宣帝好《穀梁》，則千秋之道起，而劉向之意存是也。所謂「盛衰繼之辨訥」者，如武帝時，董仲舒有才辯，《穀梁》師江翁性訥，於是，《公羊》大興，《穀梁》家遂爾浸廢；後魯人榮廣善《穀梁》，與《公羊》師眭孟辯論大義，眭孟數至窮屈，《穀梁》於是又興，《公羊》還復浸息。〔註34〕由此觀之，知漢儒墨守家法，雖道有升降，要皆存乎其人，而不復論道術之得失。故范武子之嘆，良有以也。武子又曰：

> 凡傳以通經為主，經以必當為理。夫至當無二，而三傳殊說，庸得不棄其所滯，擇善而從乎？既不俱當，則固容俱失。若至言幽絕，擇善靡從，庸得不並舍以求宗，據理以通經乎？雖我之所是，理未全當，安可以得當之難，而自絕於希通哉？〔註35〕

按：武子此段讜論，直是徒拘門戶之見，蔑視是非曲直，抱殘守闕，各阿所好之漢儒之反抗。其所揭櫫倘三傳若俱失經旨，則「並舍以求宗，據理以通經」之卓識，尤為《春秋》學之研究，開一新途徑矣。若夫「雖我之所是，理未全當，安可以得當之難，而自絕於希通哉」之實是求是精神，真「黨同妒真」之漢儒之當頭巨棒，尤為後世儒者治學之典範也。

考武子之作《穀梁集解》，於前述卓見，尤能親身踐履之。故於「季姬之遇鄫子」（僖公十二年），《集解》云：「《左氏》近合人情。」於「子糾」（莊公九年）、「衛輒」（哀公二年），並云：「傳或失之，」而別起異端。於「季子

〔註33〕〈春秋穀梁傳序〉，《十三經注疏》本（臺北：藝文印書館），頁71。
〔註34〕見〈春秋穀梁傳序‧楊士勛疏〉，《十三經注疏》本（臺北：藝文印書館），頁7。
〔註35〕〈春秋穀梁傳序〉，《十三經注疏》本（臺北：藝文印書館），頁71。

潛刃」（僖公元年），亦曰：「傳或失之」，而別引江熙之說以解之。於「南季之聘」（隱公九年），傳云非正，范氏則別引《周禮》以釋之。是皆能捨傳之所滯，而求理之至當，擇善而從者也。

其後，中唐之啖助、趙匡、陸淳，及有宋諸儒之治《春秋》，能考覈三傳，捨短取長，以通經爲意，庶乎尼父經世之志，不因三傳之疑滯而流失者，豈非有晉諸儒開啓之功耶！

七、作僞經以亂眞

經書之有僞作，漢時已然。蓋漢承秦皇焚書阬儒之後，道術缺廢。漢興，始除挾書之律，廣開獻書之路。如：獻王之「修學好古，實是求是，從民間得善書，必爲好寫與之，而留其眞本，加金帛賜以招之」。由是，四方舊籍，紛紛出焉。〔註36〕然獻書既可得金帛之賜，逐利好名之徒，既不得先王舊典，乃作僞以邀之，僞經於是出焉。

考《漢書・儒林傳》，謂「世所傳百二篇《尚書》者，出東萊張霸，分析合二十九篇，以爲數十。又采《左氏傳》、〈書敘〉爲作首尾，凡百二篇。篇或數簡，文意淺陋。」蓋即僞經之始見於載籍者也。

唯「成帝時求爲古文者，霸以能爲百兩徵。以中書校之，非是。……迺黜其書。」是霸之僞百兩篇《尚書》，猶如曇花一現，未旋踵即遭罷黜，其於經學之影響，幸未深遠也。

洎魏、晉之世，僞經之作，先有王肅之僞孔安國《尚書傳》、《論語》、《孝經》注，《孔子家語》，《孔叢子》等。〔註37〕後有梅賾之獻僞古文《尚書》。《隋書・經籍志》云：

> 晉世秘府所存有古文《尚書》經文，今無有傳者。及永嘉之亂，歐陽、大小夏侯《尚書》並亡。至東晉，豫章內史梅賾，始得安國之傳，奏之。時又闕〈舜典〉一篇。齊建武中，吳、姚方興於大桁市得其書，奏上，比馬、鄭所注，多二十八字，於是，始列國學。

按：所謂「安國之傳」者，即今十三經本之〈孔安國傳〉。所謂「比馬、鄭所注多二十八字」者蓋分舊〈堯典〉自「愼徽五典」以下爲〈舜典〉，並於「愼徽五典」上加「曰若稽古帝舜，曰重華，協于帝，叡哲文明，溫恭允塞，玄

〔註36〕《漢書・河間獻王傳》（臺北：鼎文書局），頁2410。
〔註37〕見丁晏《尚書餘論》（臺北：世界書局）。

德升聞，乃命以位」等二十八字是也。

今本〈孔傳〉五十八篇，蓋析伏生之二十九篇爲三十三篇，又僞造〈大禹謨〉、〈五子之歌〉、〈胤征〉、〈仲虺之誥〉、〈湯誥〉、〈伊訓〉、〈太甲〉（三篇）、〈咸有一德〉、〈說命〉（三篇）、〈泰誓〉（三篇）、〈武成〉、〈旅獒〉、〈微子之命〉、〈蔡仲之命〉、〈周官〉、〈君陳〉、〈畢命〉、〈君牙〉、〈冏命〉等二十五篇而成者。〔註38〕

唯二十五篇之《書》，前有吳棫《書稗傳》、朱熹《語類》、梅鷟《尚書考異》之疑，後有閻若璩《尚書古文疏證》、惠棟《古文尚書考》之辨，其爲僞作，雖已鐵證如山，不可撼動，然猶有爲其辨冤者。〔註39〕且千餘年來，學者讀之，官家用以取士，其欺世盜名，惑亂正經之巧，亦可謂至矣。

至於孔安國《尚書傳》，經唐儒孔穎達等爲之作正義，遂定於一尊，流傳迄今，仍爲皓首窮經之士，無不捧讀之寶典。然孔安國雖傳《古文尚書》，是否曾作傳注，史無明文；而所謂孔安國傳者，《漢志》亦未著錄。有宋大儒朱夫子之讀《尚書》也，嘗謂「此恐是魏、晉間人所作，托安國爲名。」「〈書序〉、《孔叢子》亦然，皆是那一時人所爲。」〔註40〕及清儒丁晏作《尚書餘論》，乃考證《孔傳》、《論語》《孝經》注、《孔子家語》、《孔叢子》等書，並爲王肅所僞作。蓋王氏欲奪鄭學之宗祧，學術又不如鄭君之篤實，乃僞作諸書，一以譏短鄭君，再以立己經說之有得於夫子也。故陳澧《東塾讀書記》，

〔註38〕見屈萬里先生《尚書釋義·敍錄》。

〔註39〕程發軔先生曰：「梅本之《古文尚書》，非孔安國之眞《古文》，業經閻、惠諸氏，剖辨明析。此二十五篇之存廢，頗有問題。毛奇齡氏以梅氏《古文》，仍本眞《古文》之精言賸簡，補輯成篇。今案〈大禹謨〉：如『戒之用休，董之用威』，見《左傳·文公七年》所引之《夏書》；『皋陶邁種德，德乃降。』見〈莊公八年〉所引之《夏書》；『洚水儆予』見《孟子》所引之『《書》曰』；『眾非元后何戴？』見《國語》内史過所引之《夏書》；『濟濟有眾，咸聽朕言。』見《墨子》所引之〈禹誓〉。孔安國之眞本既亡，由經籍援引之文，證明梅本補輯有據。王先謙謂『《今文》無完本，反藉僞《傳》而存。』意謂若非梅氏於東晉元帝時，奏上孔《傳》，則《今文》亦隨永嘉之亂而失傳矣。莊存與力主僞《古文》不可廢，其言曰：『〈大禹謨〉廢，人心道心之旨，殺不辜寧失不經之誠亡矣；〈太甲〉篇廢，儉德永圖之訓墜矣；〈仲虺之誥〉廢，謂人莫己若之誡亡矣；〈說命〉廢，股肱良臣啓沃之誼喪矣；〈旅獒〉廢，不寶異物賤用物之誡亡矣；〈冏命〉廢，左右前後皆正人之美失矣。』莊氏爲《今文》家，本傳閻氏之學，乃力言僞《古文》不可廢，是爲持平之論。」見所著《國學概論·上冊》，第二章，〈經學〉（臺北：正中書局），頁61。

〔註40〕見《朱子語類》，卷四十二。

嘗論王肅之用心。謂：

> 王肅為《尚書》、《詩》、《論語》、《三禮》、《左氏解》及撰定父朗所
> 作《易傳》，皆列於學官，其所論駁朝廷典制、郊祀、宗廟、喪紀、
> 輕重、凡百餘篇。又集《聖證論》，以譏短康成，其僞作《孔子家語》，
> 自為序云，鄭氏學行五十載矣，義理不安，違錯者多，是以奪而易
> 之。劉知幾云，王肅注書，好發鄭短，凡有小失，皆在聖證。澧按：
> 魏之典制，多因於漢，鄭君注《禮》，亦多用漢制，王肅幼為鄭學，
> 其後，乃欲奪而易之，實欲併奪漢魏典制而易之，使經義朝章，皆
> 出於己也。小失皆發鄭短，可見其不遺餘力矣。〔註41〕

按：漢、魏之際，天下言學術，「咸言先儒多闕，鄭氏道備」。當「鄭學之勢
幾奔走天下」〔註42〕之時，王肅勇於向權威挑戰，自立新說，其讀經之勤奮，
膽識之磅礴，固未嘗不可大書特書者。蓋人人俯仰於鄭學，則經術之生命必
窒息矣。肅能不屈於鄭氏，自亦一豪士也。其自出新義，於學術自由之風，
未嘗非一大貢獻。然小失皆發鄭短，必欲取而代之，則其心術之不正，自不
待言；況又僞造群籍以亂聖經，則功不足以補過，惜哉！若梅賾之獻僞古文
《尚書》，則又在王肅之下矣。

八、結　語

　　兩漢經學，至魏、晉，體質為之轉換，故魏、晉經學之面目，固非兩漢
經學之舊貌。然由是為經學之研究開一新途轍，則未嘗非魏、晉經學之一大
貢獻也。

　　若魏、晉之際，今文學統既泯滅，緣附於今文經學之讖緯、災異諸說遂息。
於是，經學之迷障既除，其內聖外王之學，人倫日用之踐履，乃可得而理。

　　兩漢經師談辯經義之高下是非，沿波及魏、晉，遂有名理玄論之學。王弼、
何晏以《老》義釋經，范寧雖謂「罪深於桀、紂」，〔註43〕然於釋「曰若稽古」
四字為三萬言，〔註44〕經學生命已奄奄一息之時，擴經義談辯為名理玄論，及

〔註41〕見卷十六〈三國〉（臺北：臺灣商務印書館《人人文庫》本），頁239。
〔註42〕見馬宗霍《中國經學史》，第七篇，〈魏晉之經學〉（臺北：臺灣商務印書館），
　　　　頁61。
〔註43〕《晉書・范寧傳》：「時以浮虛相扇，儒雅日替，寧以為其原始於王弼、何晏，
　　　　二人之罪深於桀、紂。」（臺北：鼎文書局），頁2410。
〔註44〕朱彝尊《經義考》，卷七十六引桓譚曰：「秦延君能說〈堯典〉篇目兩字之說，

以《老》義闡經術，於僵化、窒息之經學，豈非開啓一新生之途轍與？

若王肅、虞翻、李譔之反鄭學，雖有爭勝炫名之嫌，然於鄭學既定一尊，天下同聲一氣之時；其勇於向權威挑戰，未嘗無啓開自由研究之功。而范寧「凡傳以通經爲主，經以必當爲理」之讜論，則爲中唐、兩宋諸儒治經之圭臬，其開創宋、元學術新領域之功，自應大書特書者。

王肅之私心自用，造僞經以亂聖經，斯則治經家之大蠹，其不足以訓，讀者自當了然於心。

綜前所述，知魏、晉諸儒之治經，其功視兩漢諸儒不多讓焉。然自來爲玄風清談所淹沒，而不得彰顯，惜哉？今特略疏其梗概如前。幸大雅君子，有以教之。

（原載於：《魏晉南北朝文學與思想學術研討會論文集》，台北：文史哲出版社印行，頁 373～394，1991 年 8 月）

至十餘萬言，但說『曰若稽古』三萬言。」（臺北：臺灣中華書局《四部備要》本），頁 10。

陸、尙書蔡傳初探

一、導 論

夫有宋一代，論《尙書》學之研究，自王荊公安石之《書經新義》始。厥後，潛心聖人之經典，以發皇《書》學之奧旨，著有成書，卓然自立，成一家之言，以名於世者夥矣。如：眉山蘇軾有《東坡書傳》十三卷，侯官林之奇有《尙書全解》四十卷，永嘉鄭伯熊有《敷文書說》一卷，鄞縣史浩有《尙書講義》二十卷，龍游夏僎有《尙書詳解》二十六卷，金華呂祖謙有《書說》三十五卷，新昌黃度有《尙書說》七卷，慈谿楊簡有《五誥解》四卷，鄞縣袁燮有《絜齋家塾書鈔》十二卷，三山黃倫有《尙書精義》五十卷，安福陳經有《尙書詳解》五十卷，淳安錢時有《融堂書解》二十卷，鶴山魏了翁有《尙書要義》十七卷，東陽陳大猷有《尙書集傳或問》二卷，廬陵胡士行有《尙書詳解》十三卷。若夫單篇專論，則有毛晃之《禹貢指南》，程大昌之《禹貢論》，傅寅之《禹貢說斷》，趙善湘之《洪範統一》等等。由此觀之，宋儒之《書》學研究，亦漪哉盛矣！

然諸作之中，能成一代之主流，使後儒傳述不絕，進而奪偽孔安國《傳》、孔穎達《疏》，代之以主盟科場者，厥惟建陽蔡仲默沈所著《書經集傳》一書而已。

考仲默於寧宗慶元己未秉朱文公之命作傳，〔註1〕遂因其師之大要宏綱，

〔註1〕 蔡沈《書經集傳・序》：「慶元己未冬，先生文公令沈作《書集傳》。」眞德秀《眞文忠公文集・九峰先生蔡君墓表》云：「（公）入則服膺父教，出則從文公游。文公晚年訓傳諸經略備，獨《書》未及爲，環眠門下生，求可付者，

與微辭奧旨，沈潛其義，參考眾說，妥爲折衷，越十年（嘉定二年己巳）而書克成。是其淵源有自，用功殊勤可知。故其書既出，儒者或以爲視漢、唐爲精；〔註2〕或以爲二帝三王之大經大法，自此得以粲然於世矣。〔註3〕故元仁宗延祐二（西元1315）年定經疑、經義取士條格，《書》用古註疏及蔡氏《集傳》，非偶然也。殆明永樂中，胡廣等《書傳大全》出，蔡《傳》遂因《大全》而定於一尊。於是，古註疏頹然廢矣。

特「周誥殷盤」，韓昌黎氏猶以爲「詰屈聱牙」（見〈進學解〉）。故朱文公亦每謂「難曉」、「難讀」，〔註4〕或謂「錯簡脫文處，多不可強通」。〔註5〕而仲默一一詳釋之，故儒者不能無疑也。於是，宋末元初，詰難迭起，時有張葆舒作《尚書蔡傳訂誤》，黃景昌作《尚書蔡氏傳正誤》，程直方作《蔡傳辨疑》，余苞舒作《讀蔡傳疑》。洎有明一代，馬明衡作《尚書疑義》，王樵作《尚書日記》，袁仁作《尚書砭蔡編》，陳泰交作《尚書注考》。於仲默之《集傳》，多所匡正與駁義。波漸及清，皓首窮經之士，其讀《尚書》也，於蔡氏《集傳》竟不寓目矣。此雖云漢、宋門戶本殊，豈蔡氏《集傳》亦有所短乎？

余昔讀蔡氏《集傳》，頗喜仲默之簡明疏暢，於洞見聖心，闡明經世奧旨處，每心折服之。而於其疏陋、齟齬處，則分條摘記，以作他日讀書治學之箴銘。一得之愚，未敢自矜，爰成斯篇，以就正於大雅君子云。

二、源出朱子而多立異說

蔡沈《書傳》自序云：「二典禹謨，先生蓋嘗是正。」又云：「《集傳》本先生所命，故凡引用師說，不復識別。」今考朱文公於《書》雖無訓解，但於《文集》、《語錄》中，則頗多討論。故仲默每師文公之成說。然亦有與師立異，別創新說，而見譏於後儒者。茲略述於后，以見梗概焉。如：〈堯典〉：

遂以屬君。」

〔註2〕 黃震云：「經解惟《書》最多，至蔡九峰參合諸儒要說，嘗經朱文公訂正，其釋文義既視漢、唐爲精，其發指趣又視諸家爲的，《書經》至是而大明，如揭日月矣。」（朱彝尊《經義考》卷八十二引）。

〔註3〕 何喬新云：「自漢以來，《書傳》非一，安國之注，類多穿鑿；穎達之疏，惟詳制度。朱子所取四家，而王安石傷於鑿，呂祖謙傷於巧，蘇軾傷於略，林之奇傷於繁。至蔡氏《集傳》出，別古文之有無，辨大序、小序之訛舛。而後二帝三王之大經大法，粲然於世焉。」（同註2）。

〔註4〕 見《五經語類》卷四十一。

〔註5〕 見朱彝尊《經義考》卷八十二引陳振孫語。

「象以典刑。」《集傳》云：

　　象，如天之垂象以示人也。

按：朱子《五經語類》卷四十四云：「象、如懸象魏之象，或謂畫爲五刑之狀亦可。」考漢詔云：「有虞氏之時，畫衣冠、異章服以爲戮而民弗犯。」伏生《大傳》亦云：「唐、虞象刑而民不敢犯。上刑、赭衣不純，中刑雜屨，下刑墨幪。」又云：「犯黥者蒙布，犯臏者以墨蒙臏處而畫之；犯大辟者，布衣無領。」由此觀之，朱說固有所本矣，而仲默則別立新說。

〈舜典〉：「而難任人。」《集傳》云：

　　難、拒絕也。古文作壬。包藏凶惡之人也。

按：朱子《五經語類》卷四十四云：「難字，只作平聲。任如字。難任人，言不可輕易任用人也。」考王荊公於〈皋陶謨〉：「巧言，令色，孔壬。」訓「孔壬」二字爲「包藏禍心」。是仲默先入於荊公之成說，而棄師說於不顧也。然荊公之說，先儒固以爲「將以腹誹罪人」（王樵《尚書日記》卷四引）者矣，似不足採信也。若《書傳大全》以蔡序有「二典禹謨，先生蓋嘗是正」之語，遂以爲二說皆通，則不免強作調人也。

〈益稷〉：「明庶以功。」《集傳》云：

　　明庶者，明其眾庶也。

按：朱子《五經語類》卷四十五云：「恐庶字誤，只是試字。」考《左傳》僖公二十七年，趙衰引《夏書》曰：「賦納以言，明試以功。」「庶」正做「試」字。則朱說固有所本矣。而仲默謂「明其眾庶」，是不免望文生義矣。

〈洪範〉：「天乃錫禹洪範九疇，彝倫攸敘。」《集傳》云：

　　孔氏曰：天與禹神龜，負文而出，列於背，有數至九，禹遂因而第
　　之以成九類。《易》言河出圖，洛出書，聖人則之。蓋治水功成，洛
　　龜呈瑞，如蕭韶奏而鳳儀，《春秋》作而麟至，亦其理也。世傳戴九
　　履一，左三右七，二四爲肩，六八爲足。即洛書之數也。

按：漢儒劉歆、馬融以「初一曰五行」下六十五字爲洛書本文。然皆漢儒傅會之說也。王禕、歸有光辨之詳矣。《朱子語類》云：「問〈洪範〉之書，林氏以爲洛出書之說不可深信。又帝乃震怒，不畀洪範九疇，猶言天奪之監也。

天乃錫禹洪範九疇，猶言天誘其衷也。」又曰：「〈洪範〉之書，大抵發明彝倫之敘，本非由數而起。」由此觀之，朱說本甚平易，而仲默反多傅會，故丁晏曰：「案朱子此說最精，蔡傳不主師說何也。」（見《書蔡傳附釋》）。

〈金縢〉：「若爾三王，是有丕子之責于天。」《集傳》云：

> 蓋武王爲天元子，三王當任保護之則于天，不可令其死也。如欲其死，則請以旦代武王之身。「于天」之下，疑有缺文。

按：新安陳氏曰：蔡氏謂任保護之責于天，未然。惟不用師說，所以疑「于天」之下有缺文。朱子《語錄》云：此一段先儒多錯了，只有晁以道說得好，他解「丕子之責」，如史傳中責其侍子之責，蓋言上帝責三王之侍子。侍子、謂武王也。上帝責其來服侍左右，故周公乞代其死。言如有三王是侍子之責于天，則不如以我代之。（袁仁《尚書砭蔡篇》引）

〈康誥〉：「惟弔茲。」《集傳》云：

> 至於如此。

按：丁晏《書蔡傳附釋》云：「蔡傳依古文孔傳，以弔爲至。朱子《語錄》云：音如字，言痛憫此得罪之人也。蔡傳不從。」

〈康王之誥〉：「王釋冕反喪服。」《集傳》云：

> 蘇氏云：成王崩，未葬，君臣皆冕服，禮歟？曰：非禮也。謂之變禮可乎？曰：不可。禮變於不得已。嫂非溺，終不可援也。三年之喪既成服，釋之而即吉，無時而可者。曰：成王顧命不可以不傳，既傳，不可以喪服受也。曰：何爲其不可也。孔子曰：將冠，子未及期日而有齊衰、大功之喪，則因喪服而冠。冠、吉禮也。猶可以喪服行之。受顧命，見諸侯，獨不可以喪服乎？太保使太史奉冊，受王于次，諸侯入哭於路寢，而見王於次，王喪服受教戒諫，哭踴答拜，聖人復起，不易斯言矣。……今康王既以嘉服見諸侯，而又受乘黃玉帛之幣，使周公在，必不爲此。然則孔子何取此書也？曰：至矣！其父子君臣之間，教戒深切著明，足以爲後世法。孔子何爲不取哉！然其失禮，則不可不辨。

按：朱文公謂天子諸侯之禮，與士庶人不同。故《孟子》有吾未之學之語。

如〈伊訓〉元祀十二月朔，奉嗣王祇見厥祖，固不可用凶服矣。漢、唐即位冊禮，君臣亦皆吉服，追述先帝之命，以告嗣君。蓋易世傳授，國之大事，當嚴其禮也。蔡氏《書傳》，取蘇氏而不用文公說。（王應麟《困學紀聞》）。

綜前所述，知仲默奉師命而作《書傳》，但其秉筆述作之際，或標舉己意，或參考眾說，未必一一折衷於文公。然仲默之沈潛有得，而立異於文公者，後儒皆以爲未然，惜哉？

三、因先儒成說而不明所由來

仲默《書傳》自序雖云：「凡引用師說，不復識別。」然考《集傳》全書，其因襲先儒之成說者，雖屢云：劉侍講曰、程子曰、林氏曰、吳氏曰等等，不下數十家。然其不復識別者，朱文公外，爲數甚多，讀者不知，每以爲係仲默之新義，而不知其來有自也。此豈非仲默之瑕疵乎？茲略述如下。如：〈堯典〉：「肇十有二州。」《集傳》云：

> 十有二州，冀、兗、青、徐、荊、揚、豫、梁、雍、幽、并、營也。中古之地，但爲九州，曰：冀、兗、青、徐、荊、揚、豫、梁、雍。禹治水作貢，亦因其舊。及舜即位，以冀、青地廣，始分冀東恒山之地爲并州，其東北醫無閭之地爲幽州。又分青之東北遼東等處爲營州。而冀州止有河內之地，今河東一路是也。

按：馬融云：「禹平水土，置九州。舜以冀州之北廣大，分置并州，燕、齊、遼東，分燕置幽州，分齊爲營州。於是爲十二州。」（《史記·五帝本紀·集解》）是仲默之傳，蓋本諸馬融也。

〈高宗肜日〉：「典祀無豐於昵。」《集傳》云：

> 昵者，禰廟也。

按：馬融曰：「昵、考也，謂禰廟也。」（見《釋文》）是仲默之傳，固本之馬融也。

〈洛誥〉「我二人其貞。」《集傳》云：

> 貞猶當也。

按：馬融云：「貞、當也。」（見《釋文》）是仲默之傳，蓋本諸馬融也明矣。

前述三例，乃仲默《集傳》因襲馬融成說，但未敘明所由來者也。

〈堯典〉:「群后四朝。」《集傳》云:

> 五載之內,天子巡狩者一,諸侯來朝者四。蓋巡狩之明年,則東方
> 諸侯來朝于天子之國,又明年則南方之諸侯來朝,又明年則西方之
> 諸侯來朝,又明年則北方之諸侯來朝。又明年,則天子復巡授。

按:馬融云:「四面朝於方岳之下。」(見《釋文》)鄭康成云:「巡授之年,
諸侯見于方岳之下,其間四年,四方諸侯,分來朝于京師也。」(《史記·五
帝本紀·集解》)是仲默之傳,固依康成之成說也。

〈堯典〉:「黎民阻飢。」《集傳》云:

> 阻、厄也。

按:司馬遷、馬融,皆以「阻」為「始」。而鄭康成以「阻」讀曰俎,阻、厄
也。是仲默固本鄭君之說也。

〈皋陶謨〉:「惇敘九族,庶明勵翼,邇可遠在茲。」《集傳》云:

> 厚敘九族,則親思親篤而家齊矣;庶明勵翼,則群哲勉輔而國治矣。
> 邇、近,茲、此也。言近而可推之遠者,在此道也。蓋身修、家齊、
> 國治、而天下平矣。

按:鄭康成云:「惇、厚也,庶、眾也,勵、作也,敘、序也。次序九族,而
親之以眾明,作羽翼之臣,此政由近可以及遠也。」(孫星衍《尚書今古文注
疏》)是仲默固本之康成也。

〈益稷〉:「鳥獸蹌蹌。」《集傳》云:

> 蹌蹌,行動貌。言樂音不獨感神人,至於鳥獸無知,亦且相率而舞
> 蹌蹌也。

按:司馬遷以「蹌蹌」為翔舞。鄭康成云:「鳥獸蹌蹌者,謂飛鳥走獸,蹌蹌
然而舞也。」(孫星衍《尚書今古文注疏》)是仲默本之史遷、康成也。

〈呂刑〉:「苗民弗用靈,制以刑。」《集傳》云:

> 苗民承蚩尤之暴,不用善而制以刑。

按:鄭康成云:「苗民,謂九黎之君也。九黎之君,于少昊氏衰而棄善道,上

效蚩尤，重刑必變。」又《詩》箋云：「靈、善也」。（孫星衍《尚書今古文注疏》）是仲默以「善」釋「靈」，義本康成也。

〈文侯之命〉：「王若曰父義和。」《集傳》云：

文侯名仇，義和其字。

按：鄭康成云：「義讀爲儀，儀、仇皆匹也。故名仇、字儀。義一作誼。」（《書》疏）是仲默之義本之鄭君也。

上述六例，乃仲默因襲鄭君成說，而未明言所自出者也。

〈堯典〉：「共工方鳩僝功。」《集傳》云：

方、且，鳩、聚，僝、見也。言共工方且鳩聚而見其功也。

按：《史記》方作旁，鳩作聚，僝作布。馬融云：「僝、具也。」僞孔《傳》則云：「鳩、聚，僝、見也。歎共工能方聚見其功。」是仲默固根源於僞孔也。

〈大誥〉：「爽邦由哲。」《集傳》云：

爽、明也，爽厥師之爽。桀昏德，湯伐之，故曰：爽師。受昏德，
武王伐之，故曰：爽邦。言昔武王之明天命於邦，皆由明智之士，
亦惟象臣十人，蹈知天命及天輔武王之誠，以克商受爾。

按：僞孔《傳》云：「言其故有明國事，用智道。」知仲默之說，本之僞孔也。

〈梓材〉：「懷爲夾。」《集傳》云：

夾、近也。懷遠爲近也。

按：僞孔《傳》云：「言文、武已勤用明德，懷遠爲近。」仲默以「夾」爲「近」，固本之僞孔也。

上述三例，皆仲默根源僞孔成說，而不明所由來者也。

〈堯典〉：「申命羲仲，宅南交。」《集傳》云：

南交、南方交趾之地。

按：僞孔《傳》云：「夏與春交也。」司馬貞《史記索隱》云：「孔註未是。然則冬與秋交何故？下無其文。且東嵎夷，西昧谷，北幽都，三方皆言地，而夏獨不言地，乃云與春交，斯不例之甚也。然南方地有名交趾者，或古交

略舉一字名地，南交則交趾不疑也。」然則，以「南交」爲「交趾」之地，本司馬貞之說，而仲默因之也。

此例蓋本之司馬貞也。

〈堯典〉：「愼徽五典，五典克從。」《集傳》云：

> 五典、五常也。父子有親，君臣有義，夫婦有別，長幼有序，朋友
> 有信是也。

按：僞孔《傳》以「五典」爲「五常之教，父義、母慈、兄友、弟恭、子孝。」而伊川非之，曰：「五典謂：父子有親，君臣有義，夫婦有別，長幼有序，朋友有信也。五者、人倫也。言長幼則兄弟尊卑備矣，言朋友則鄉黨賓客備矣。孔氏謂父義，母慈，兄友，弟恭，子孝。烏能盡人倫哉！」〔註6〕是仲默固本之伊川先生也。

〈堯典〉：「封十有二山。」《集傳》云：

> 封，表也。封十二山者，每州封表一山，以爲一州之鎮。

按：僞孔《傳》：「封，大也。」而伊川非之，曰：「必非以人力增大其山，使大也。蓋表其山爲一州之鎮也。」（《書解》）是仲默本之伊川也。

〈康誥〉：「弘于天。」《集傳》云：

> 弘者，廓而大之也。天者，理之所從出也。康叔博學以聚之，集義
> 以生之，眞積力久，眾理該通，此心之天理之所從出者，始恢廓而
> 有餘用矣。

按：王樵云：「宏于天之說，蔡氏實本《易傳》之意。《易》曰：天在山中，大畜君子，以多識前言往行，以畜其德。程子曰：天爲至大而在山之中，有畜至大之象，君子觀象以大其蘊畜，人之蘊畜由學問，而大在多聞前古聖賢之言與行，考迹以觀其用，察言以求其心，識而得之，以畜成其德，乃大畜之義也。」（《尚書日記》，卷十一）。是仲默固根源於伊川先生也。〔註7〕

前述三例，是《集傳》本之洛陽程夫子者也。

〔註6〕 見《河南程氏經說》，卷第二，〈書解〉。下同。
〔註7〕 程氏說見《周易程氏易傳》（《四部刊要》本），卷第二。

〈堯典〉:「放勳。」《集傳》云:

> 放,至也。猶《孟子》言放乎四海是也。勳,功也。言堯之功大而
> 無所不至也。

按:史遷、馬融及《孟子》趙注,皆以放勳爲堯名。獨林之奇《尚書全解》
引李校書云:「放者,大而無所不至也。《禮記》曰:夫孝置之而塞乎天地,
溥之而橫乎四海,施諸後世而無朝夕,推而放諸東海而準,推而放諸西海而
準,推而放諸南海而準,推而放諸北海而準。鄭玄云:放猶至也。謂堯有大
功也。」是仲默固本之林少穎也。

〈湯誓〉:「有夏多罪,天命殛之。」《集傳》云:

> 以天命言之,則所謂天吏,非稱亂也。

按:陳櫟《纂疏》引林氏曰:「非天吏而伐有罪,猶不爲士師而擅殺人也。爲
天吏而不伐有罪,猶爲士師而故縱罪人也。」〔註8〕所引林氏,即林少穎也。
是仲默亦從林少穎說也。

前述二例,是仲默本諸林少穎之成說以釋經,而不明所從出者也。

考蔡仲默《書經集傳》一書,類此者甚多,今但舉數例,以明其梗概,
其餘不具述焉。

四、資料應用之疏舛

蔡仲默之解《尚書》也,博極群書,亦云富矣。然資料之應用,則頗多
疏舛。或云出自某書,而某書未載其文;或雖載其文,而文字各異。或前儒
所云,而後儒述之,注乃因述以爲作。茲略與舉數例以明之。如:〈堯典〉:「釐
降二女于嬀汭。」《集傳》云:

> 《爾雅》曰:水北曰汭。

按:王夫之《書經稗疏》云:「蔡注引《爾雅》曰:水北曰汭。今案《爾雅》
並無此文。」考《爾雅》原書,王說是也。

〈堯典〉:「同律度量衡。」《集傳》云:

> 十龠爲合。

〔註8〕 林說見《尚書全解》,卷十四。

按：《書傳會選》云：「鄒氏曰：合龠爲合。舊作十龠爲合。按蔡西山《律呂新書》云：合龠爲合。註云：兩龠也。又云：十合爲升。註云：二十龠也。《漢書·律歷志》亦云：合龠爲合。然則作十龠爲合者，非矣。」考西山《律呂新書》，乃仲默本家之學，況《漢書·律歷志》又有明文，皆不當有誤也。

〈堯典〉：「汝作朕虞。」《集傳》云：

　虞，掌山澤之官。《周禮》分爲虞衡，屬於夏官。

按：考之《周禮》，虞衡在〈地官〉，非〈夏官〉也。

〈堯典〉：「宅南郊。」《集傳》云：

　南郊，南方交趾之地。陳氏曰：南郊下當有曰明都三字。

按：鄭康成云：「夏不言曰明都三字，摩滅也。」（《書疏》引）是以南郊下有「曰明都」三字者，當始自康成，非陳氏也。故梅鷟云：「以康成注爲陳氏，而不考其所由來……不公不明，眞小黠而大癡者歟！」（《尚書考異》，卷六）。

〈堯典〉：「夔曰：於、予擊石拊石，百獸率舞。」《集傳》云：

　夔曰以下，蘇氏曰：舜方命九官，濟濟相讓，無緣夔於此獨言其功。
　此〈益稷〉之文，簡編脫誤，復見于此耳。

按：劉原父《七經小傳》上，謂：〈舜典〉之末，衍一簡也。何以知之？方舜之命二十二人，莫不讓者。惟夔、龍爲否，則亦已矣。又自贊其能，夔必不爲也。且爾時始命典樂，不應遂已有百獸率舞之事，是今日適越而昔至也。（見王應麟《困學紀聞》）。考仲默《集傳》每引劉侍講曰者，劉侍講即劉原父敞也，且原父在東坡之前。

綜前所述，知仲默《集傳》引前人之說處，多有舛誤者。

〈禹貢〉：「既修太原，至于岳陽。」《集傳》云：

　岳，太岳也。……蓋汾水出於太原，經於太岳，東入於海。

按：丁晏《書蔡傳附釋》云：「案《山海經》，管涔之山，汾水出焉，而西注於河。郭注：至汾陰縣西入河。蔡氏謂東入河，誤。」

〈禹貢〉：「大陸既作。」《集傳》云：

隋改趙之昭慶，以爲大陸縣。

按：丁晏《書蔡傳附釋》云：「案《魏書・地理志》，殷州治廣阿。劉昫《舊唐書》曰：北齊改爲趙州，隋改廣阿爲大陸。唐天寶三年，改爲昭慶。蔡謂隋改昭慶爲大陸。誤甚。」

〈禹貢〉：「九河既導。」《集傳》云：

　　九河、《爾雅》：一曰徒駭，二曰太史，三曰馬頰，四曰覆鬴，五曰胡蘇，六曰簡潔，七曰鈎盤，八曰鬲津，其一則河之經流也。先儒不知河之經流，遂分簡潔爲二。

按：王樵《尚書日記》卷五云：「按《爾雅》：九河，徒駭一，太史二，馬頰三，覆釜四，胡蘇五，簡六，潔七，鈎盤八，鬲津九。朱子注《孟子》亦引之。又《楚辭集註》云：禹治河至兗州，分爲九道，以殺其溢，其間相去二百餘里，徒駭最北，鬲津最南。蓋徒駭是河之本道，東出分爲八枝也。蔡《傳》合簡、潔爲一，而謂經流在外，殊誤。今南皮縣明有潔河，未聞與簡河爲一也。」然則，蔡氏以《爾雅》簡、潔爲一者，誤矣。

〈禹貢〉：「淮沂其乂。」《集傳》云：

　　沂水、地志云：出泰山郡蓋縣艾山，今沂州沂水縣也。

按：丁晏《書蔡傳附釋》云：「案《左傳》隱六年，公會齊侯盟于艾。杜注：泰山牟縣東南有艾山。《漢書・地理志》：泰山蓋縣，沂水南至下邳，入泗。蓋縣無艾山。蔡謂艾山在蓋縣，沂水所出。失之。」

〈禹貢〉：「導河積石，至於龍門。」《集傳》云：

　　漢〈西域傳〉，張騫所窮河源，云河有兩源，一出蔥嶺，一出于闐。……又唐長慶中，薛元鼎使吐番，自隴西成紀縣西南出塞二千餘里，得河源於莫賀延磧尾曰悶磨黎山。其山，中高四下，所謂崑崙也。……二說，恐薛說爲是。

按：丁晏《書蔡傳附釋》云：「案《唐書・吐番傳》，長慶元年以大理卿劉元鼎爲盟會，使踰湟水至龍泉谷，得河源於悶磨黎山，東距長安五千里。元鼎乃劉氏，蔡以爲薛氏，大誤。」

〈洪範〉：「月之從星，則以風雨。」《集傳》云：

> 《漢志》言軫星亦好雨。……月行東北入於箕，則多風。月行西南
> 入於畢，則多雨。

按：丁晏《書蔡傳附釋》云：「案雨乃風之譌。《旁通》云：風，陽中之陰，
其星軫也。」是軫星當好風，非好雨也。又云：「《漢‧天文志》云：月去中
道，移而東北入箕，若東南入軫則多風。月失中道，移而西入畢，則多雨。
蔡作西南，增南字亦誤。」

〈召誥〉：「周公乃朝用書。」《集傳》云：

> 書，役書也。《春秋傳》曰：士彌牟營成周，計丈數，揣高低，度厚
> 薄，仞溝洫，物土方，議遠近，量事期，計徒庸，慮材用，書餱糧，
> 以令役於諸侯，亦此意。

按：考《左氏傳》作「揣高卑」，蔡氏作「高低」，亦誤也。

五、以後代之典制例前代之典制

　　儒者解經，有以後代之典制釋前代之典制者。雖殷因於夏，周因於殷，
其典制從可知也。然五帝不相襲禮，三王不相沿樂。則一代之典制，固非全
可以後代之典制例之也。儒者不察，時有齟齬者，此蔡仲默《集傳》亦不能
免也。茲略述於后：

〈堯典〉：「肆類于上帝，禋于六宗，望于山川，徧于群神。」《集傳》云：

> 肆，遂也。類、禋、望，皆祭名。《周禮‧肆師》，類造於上帝。註
> 云：郊祀者，祭昊天之常祭，非常祀而祭告于天，其禮依郊祀爲之，
> 故曰類。如〈泰誓〉武王伐商，〈王制〉言天子將出，皆云類于上帝
> 是也。禋、精意以享之謂。

按：王夫之《書經稗疏》云：「類之爲祭，在周爲祈，太祝掌六祈，一曰類。
《詩》云：是類是禡。《爾雅》曰：師祭者是已。又小宗伯兆五帝於郊，四望、
四類亦如之。鄭師農衆以四類爲三皇、五帝、九皇、六十四代。鄭康成以爲
日月星辰。蓋以事類祈告，而非歲祀之經祀也。周之郊祀，一曰禋祀，以祀
昊天上帝。蔡邕《獨斷》云：昊天有成命，郊祀之所歌也。桓講武，類禡之
所歌也。時邁，巡狩、告祭、柴望之所歌也。此周禮類告祭之別也。今考之
經傳，陶唐無郊祀之文。其曰有虞氏禘黃帝而郊嚳者，舜即位以後之事。攝

政之初，自當一循堯制，故此於上帝言類，六宗言禋。然則周之禋非唐之禋，周之類非唐之類矣。類於上帝者，即陶唐郊祀之名。文質異制，名實異稱，五禮之沿革蓋多有之，不但禋類爲然也。」考之「五帝不相襲禮，三王不相沿樂」之精神，王說是也。以周制訓陶唐之典，固有不能盡者。

〈皋陶謨〉：「五服五章哉！」《集傳》云：

　　五服、五等之服，自九章以至一章是也。

按：王夫之《書經稗疏》云：「蔡元度以公九章，侯伯七，子男五，孤三，卿大夫一爲五服。蔡氏用之。今按公之服自袞冕以下至卿大夫玄冕而下者，周制也。王之服則有大裘而冕。〈益稷〉篇有十二章，蓋日月星辰，自周以上登於衣裳，至周始畫於旟，爲大常殊。天子以大裘而不殊之以十章也。若唐、虞則三辰在衣，其登降之數，必有不同者。孔氏謂天子服日月而下，諸侯自龍袞而下至黼黻，士服藻火，大夫加粉米。自周以上，諸侯之爵三，大夫士二，故有十二牧，胤侯、崇伯之稱。《周官》亦云：外有州牧侯伯，是無公與子男而有牧也。卿之號始見於〈商書〉，則九官者亦大夫而已。百僚、百工則士也。以降殺以兩之義度之，蓋牧九章、侯七、伯五、大夫三、士二。而天子之升以三者，取其益隆也。若以牧於天子降殺以三準之，則牧九、侯六、伯三、大夫二、士一，卑者數而尊者疏也。二說既無可定，要必居一於此。兩蔡以周例虞，不足爲徵。」王氏考徵詳實，而其「以周例虞，不足爲徵」之語，尤爲儒者求古徵實者所當知也。

〈甘誓〉：「大戰于甘，乃召六卿。」《集傳》云：

　　六卿、六鄉之卿也。按《周禮・鄉大夫》：每鄉卿一人，六鄉六卿。
　　平居無事則各掌其鄉之政教禁令而屬於大司徒。有事出征則各率其
　　鄉之一萬二千五百人而屬於大司馬。所謂軍將皆卿者是也。意夏制
　　亦如此。

按：王樵《尚書日記》云：「夏之官制，與成周同異，不可知。」（卷六）是仲默又以周制例夏制也，亦不足爲徵可知。且不爲詳證，而但云「意」，是以意度之詞爲訓也。

〈甘誓〉：「不用命戮于社，予則孥戮汝。」《集傳》云：

戮，殺也，……言若不用命，不但戮及汝身，將併汝妻子而戮之。
戰，危事也。不重其法則無以整肅其眾而使赴功也。或曰：戮，辱
也。孥戮猶〈秋官司厲〉孥男子以爲罪隸之孥。古人以辱爲戮，謂
戮辱之以爲孥耳。

按：《爾雅·釋詁》：「戮，辱也。」《周禮·司厲》鄭司農注：今之奴婢，古
之罪人也。引《書》「予則奴戮汝。」〈湯誓〉「孥戮」。鄭注引《周禮》，其孥
男子入于罪隸，女子入于舂槀。《史記》作「帑僇」。《漢書·季布傳》：奴僇
苟活，謂奴隸戮辱之也。由是觀之，蔡傳當以後說爲是。若夫前說，丁晏云：
「是秦、漢族誅之刑，殷湯時，無是酷虐也。」（《書蔡傳附釋》）。殷湯既無
是酷虐，又況有夏之初乎！

〈洪範〉：「日月之行，則有冬有夏。」《集傳》云：
　　日有中道，月有九行。中道者，黃道也。北至東井去極近，南至牽
　　牛去極遠，東至角，西至婁，去極中是也。九行者，黑道二，出黃
　　道北；赤道二，出黃道南；白道二，出黃道西；青道二，出黃道東。
　　并黃道爲九行也。日極南至牽牛，則爲冬至，極北至於東井，則爲
　　夏至。南北中，東至角，西至婁，則爲春秋分月。立春春分從青道，
　　立秋秋分從白道，立冬冬至從黑道，立夏夏至從赤道。所謂日月之
　　行，則有冬有夏也。

按：袁仁《尚書砭蔡篇》云：「註稱極北至于牽牛則行黑道，極南至東井則行
赤道。夫黑道、赤道乃後人所抹以紀天行之度者，不宜以之訓經。況宋時冬
至日在牛，今已在虛矣。當殷、周時，其行度亦有異。」而丁晏《書蔡傳附
釋》亦云：「袁黃曰：蔡注引九道，乃漢人所推以紀七政之出入者，箕子何從
知之。日至牽牛爲冬至，至東井爲夏至，此推宋曆爲然。箕子之時，冬至日
在虛，今時冬至日在箕，皆與注不合。」由袁、丁二氏之言，知以後世之法
度，訓古經典之不當也明矣。

〈洛誥〉：「予小子其退即辟于周，命公後。」《集傳》云：
　　成王言我退即居于周，命周公留後治洛。……謂之後者，先成王之
　　辭。猶後世留守、留後之義。先儒謂封伯禽以爲魯後者，非是。

按：朱子《五經語類》卷四十二云：「史丞相說《書》亦有好處，如命公後，

眾說皆云命伯禽為周公之後。史云：成王既歸，周公在後，看公定，予往已一言，便見得周公且在後之意。」故丁晏《書蔡傳附釋》云：「蔡傳亦從師說。惟留守、留後之語，乃後世之蔽政，不可以釋經義也。」又下文：「王命作冊，逸祝冊，惟告周公其後。」《集傳》云：「告周公留守其後之意。」朱鶴齡《尚書稗傳》亦云：「留守、留後，起於唐之中葉，安可以例成周盛時邪？」是仲默以後世之制律成周，前儒固洞如觀火矣。

〈洛誥〉：「亂為四輔。」《集傳》云：

　　周之四輔也。漢三輔，蓋本諸此。

按：四輔之名，始見於〈洛誥〉，而〈益稷〉篇之四鄰，《史記》亦作四輔。是四鄰即四輔也。伏生《尚書大傳》云：「古者天子必有四鄰，前曰疑，後曰丞，左曰輔，右曰弼。」袁仁《尚書砭蔡篇》以為漢之三輔乃指地，謂京兆、馮翊、扶風三郡也。而周之四輔乃指人也。考伏生之說，未必有確據，然仲默以漢律周，則未必有當也。

綜前所述，蔡仲默以後代法制以律前代之法制者，是治經家之所宜避免。然前儒如馬、鄭諸大儒亦不能免，固非自仲默始耳。

六、疏於文字之考證

宋儒之治經，多善於體會前人之語氣，故能發前人所未發之精義。然宋儒於文字之考證，則又多所疏誤，尤不知文字通叚之理，故不免望文生義，見譏於後人。而勤勉博學如仲默者，亦未能免，甚為可惜。今略述數例以明之。

〈堯典〉：「寅賓出日。」《集傳》云：

　　寅，敬也。賓，禮接之如賓客也。

按：寅賓，《史記》作敬道。偽孔《傳》云：賓，道也。《爾雅‧釋詁》：賓，道也。《說文》及《廣雅‧釋詁》：儐，道也。儐與賓通，是古訓「賓」皆作「道」。

「道」者，導也。屈萬里先生謂：「晨時，向日敬禮，以導其出」（《尚書釋義》）是也。而仲默作「賓客」解，於古訓無據，亦望文生義耳。

〈堯典〉：「方命圮族。」《集傳》云：

　　方命者，逆命而不行也。王氏曰：圓則行，方則止。

按：方，馬融云：方、放也。（《釋文》）鄭康成云：方、放，謂放棄教命（《書疏》）。蓋方、放二字，古通用也。故《蜀志》、《晉書》引古文《尚書》，並作「放命圯族」。今仲默不用馬融、鄭玄，反引王安石「圓則行，方則止」，蓋先入於王氏《字說》故也。故袁仁《尚書砭蔡篇》譏其「太穿鑿」是矣。

〈堯典〉：「在璿璣玉衡。」《集傳》云：
> 美珠謂之璿。

按：馬融云：璿、美玉也。《說文》：璿、赤玉也。偽孔《傳》：璿、美玉。是古訓未有以璿為美珠者。故王樵《尚書日記》云：「蔡傳，美珠謂之璿，誤。」然考林少穎《尚書全解》卷二，知「美珠謂之璿」者，亦王氏之說也。

〈皋陶謨〉：「亦行有九德。」《集傳》云：
> 亦、總也。總言德之見於行者。

按：字書無以「亦」為「總」者。仲默蓋以意釋之也。先儒於「亦」字，皆無訓釋。獨孔《疏》云：「亦當考察其所行。」則以本字為義。知仲默亦望文生義耳。近儒屈萬里《尚書釋義》以為「語詞」。

〈益稷〉云：「簫韶九成。」《集傳》云：
> 簫、古文作箾，舞者所執之物。《說文》：樂名箾韶，季札觀周樂見舞箾韶者。則箾韶者，蓋舜樂之總名也。今文作簫，故先儒誤以簫管釋之。

按：《書傳會選》云：「按箾音簫，為舜樂名。音朔，乃為舞竿。蔡傳兼取二義，似未當也。」《會選》之辨極是，蓋仲默不知音異義殊之理也。

〈禹貢〉：「淮夷蠙珠。」《集傳》云：
> 蠙、蚌之別名也。

按：王夫之《書經稗疏》云：「蠙，《說文》作玭，宋弘云：淮水出玭珠，即此。古之珠，皆以玉為之。後世南粵既通，中國合蒲之珠，始登服飾而謂之真珠。真云者，言其不假琢而圓也。若以蚌甲為珠，則物賤而色黯，古謂之蜃，以備器物，所在有之，不必淮夷。按：《說文》，玭即瑌也。琢美石以為珠，赤者曰瑂，白者曰瑌。《大戴禮》所謂玭珠以納其間。蓋佩玉之一也。佩

以象德，而有玭珠。豈佩蚌甲而可以象德乎？蠙珠之貢，蓋以供佩，玭之爲
蠙，借用也。」王氏考徵詳實，知仲默以不知蠙、玭之通假，故以爲蚌也。

〈盤庚〉：「于今五邦。」《集傳》云：
> 五邦，漢孔氏謂：湯遷亳，仲丁遷囂，河亶甲居相，祖伊居耿，並
> 盤庚殷爲五邦。然以下文「今不承于古」文勢考之，則盤庚之前，
> 當自有五遷。《史記》言祖乙遷邢，或祖乙兩遷也。

按：仲默辨僞孔五邦之說甚是。然五邦之說，儒者異論難詳。特仲默於祖乙
居耿，合《史記》祖乙遷邢，謂祖乙兩遷，則不通古文通叚之理，有以致之
也。朱緒曾《開有益齋經說》云：「蔡傳既駁僞孔，惜不能遵馬、鄭舊說，又
誤據《史記》祖乙遷邢，或祖乙兩遷，蓋不知邢即耿之異文。如果祖乙兩遷，
則史當云：祖乙遷於邢，復遷於耿。或云遷於耿，又遷於邢。何以僅有遷邢
之文，不復云耿。司馬貞《索隱》曰：邢音耿。近代本亦作耿。」〔註9〕由此
觀之，邢、耿乃同音通叚，而仲默疏於考證，致有兩遷之說。惜哉！

〈立政〉：「克由繹之。」《集傳》云：
> 克由繹之者，能紬繹用之而盡其才也。

按：《爾雅・釋詁》：由、用也。僞孔《傳》亦訓由爲用。仲默獨以紬繹訓之。
朱鶴齡《尚書埤傳》引陳啓源云：「蔡氏……雖本《漢書》燕見紬繹注，紬讀抽
之語。然紬可通于抽，由不可通于紬、抽也。考字書，由並無音抽者。」〔註10〕
然則，仲默亦因不知文字通叚之理，致有此誤也。

綜前所述，則蔡氏《集傳》，疏於文字之考證，可見一斑矣。

七、其 它

（一）釋義之齟齬

昔陳泰交氏嘗作《尚書註考》，考訂《集傳》之譌。嘗謂有引經注經不照
應者三條，又有同字異解者三百二十三條。其引經注經不照應者，《四庫提要》
以爲「誠蔡氏之疏略」。其同字異解者，《提要》雖云：「未免過嚴」。然今檢
蔡氏《集傳》之釋「百姓」二字，可見其齟齬之梗概焉。

〔註9〕 見《皇清經解續編》第十四冊（臺北：藝文印書館）。
〔註10〕 見朱鶴齡《尚書埤傳》，卷十三（臺北：臺灣商務印書館《四庫全書》本）。

〈堯典〉：「平章百姓。」《集傳》云：

　畿內民庶也。

〈盤庚〉：「歷告爾百姓。」《集傳》云：

　百姓，畿內民庶，百官族姓亦在其中。

〈君奭〉：「百姓王人。」《集傳》云：

　百官族姓，與夫王臣之微者。

按：朱緒曾《開有益齋經說》云：蔡傳於〈堯典〉「平章百姓」，言畿內民庶，不用注疏百官之說。於〈盤庚〉「汝不和吉，言于百姓」，〈呂刑〉「制百姓」皆無注。獨「歷告百姓」注云：「畿內民庶，百官族姓亦在其中。」已屬依違兩可。獨〈君奭〉專解為「百官族姓」。故王樵《尚書日記》云：「蔡氏訓百姓，含糊兩義，亦屬未妥也。」由此知仲默之前後齟齬之甚也。

〈堯典〉：「殛鯀于羽山。」《集傳》云：

　殛則拘囚困苦之。

〈甘誓〉：「威侮五行。」《集傳》云：

　鯀汩五行而殛死，況於威侮之者乎？

按：由〈堯典〉之注觀之，鯀但拘囚而困苦之而已。由〈甘誓〉之注觀之，則鯀殛為死刑矣。蔡氏前後之矛盾可知。

〈泰誓〉：「郊社不修。」《集傳》云：

　郊，所以祭天；社，所以祭地。

〈召誥〉：「用牲于郊，牛二。」《集傳》云：

　郊，祭天地也。故用二牛。

按：蔡氏《集傳》，前後不相應如此。丁晏《書蔡傳附釋》云：「古天地不合祭。至漢匡衡乃有南北郊之說，新莽始有合祭天地之議，非禮經所有也。」

（二）淺陋

儒者釋經，於其所不知則闕如，蓋慎之至也。蔡氏《集傳》，於其所不知，屢云未詳，蓋深得聖人存闕疑之教也。然有本可察考，而謂之絕無；或常典可考，而謂不知所據，則不免輕忽。故為後儒所譏誚者，為數亦夥矣。

〈堯典〉：「在璿璣玉衡，以齊七政。」《集傳》云：

　按渾天儀者，〈天文志〉云：言天體者三家，一曰周髀，二曰宣夜，

三曰渾天。宣夜絕無師說，不知其狀若何？

按：袁仁《尚書砭蔡篇》云：「宣夜，孔《疏》云：宣、明也。夜、幽也。幽明之數，其術兼之。按漢秘書郎郗萌曾傳其術，記其師說云：天無質，仰而瞻之，高遠無極，眼瞀精絕，故蒼蒼然也。譬之旁望遠道之黃山而皆青，俯察千仞之深谷而窈黑。夫青非眞色，而黑非有體也。日月眾星浮生虛空之中，其行其止，皆須氣焉。是以七曜或逝或住，或順或逆，伏現無常，進退不同，由乎無所根繫也。故辰極常居其所，不與眾居西沒也。攝提塡星皆東行，日行一度，月行十三度，遲連任情，無所繫著。《晉志》載之甚詳。今曰宣夜絕無師說。不知其狀如何？則淺陋甚矣。」袁仁之說，論證詳實，以仲默之博學，似不可能不知，蓋一時輕忽耳。

〈堯典〉：「月正元日，舜格于文祖。」《集傳》云：

　孔氏云喪畢之明年，不知何所據也。

按：劉三吾《書傳會選》云：「按《孟子》，堯崩，三年喪畢，舜避堯之子，天下歸之而後踐天子位。孔《傳》本此。」蔡氏非不知《孟子》者，而云不知何所據？

〈禹貢〉：「導渭自鳥鼠同穴。」《集傳》云：

　孔氏曰：鳥鼠共爲雌雄，同穴而處，其說怪誕不經，不足信也。

按：王樵《尚書日記》引岳季方學士云：「〈禹貢〉鳥鼠同穴。孔《疏》云云，而蔡仲默不信。予戍甘時過莊浪，親見之。鳥形色似雀而稍大，頂出毛角，飛即崖穴，穴口有鼠，狀如人家常鼠，但唇缺似兔，蓬尾似鼬，與鳥皆入，彼此狎昵，有類雌雄者。問之，土人皆孔說也。」由此觀之，鳥鼠同穴，非不可能，仲默以己之未見而疑孔《疏》之非，似亦失之輕忽也。

（三）援宋入經

〈康王之誥〉：「張皇六師。」《集傳》云：

　按召公此言，若導王以尚威武者。然守成之世，多溺宴安而無立志，

　苟不詰爾戎兵，奮揚武烈，則廢弛怠惰，而陵遲之漸見矣。成康之時，

　病正在此。故周公立政，亦懇懇言之，後世墜先王之業，忘祖父之讎，

　上下苟安，甚至於口不言兵，亦異於召公之見矣。可勝歎哉！

按：王樵《尚書日記》云：「張皇六師，亦本畢協賞罰之意而言。蔡仲默謂守

成之主，多溺宴安而無立志，甚至忘祖父之讎，以兵爲諱，其意似爲宋事而發。」考仲默，南宋人也。徽、欽二宗之北擄，南宋君臣之宴安喪志，忘親事讎，至以兵爲諱，終不能無所感。然牽繫時事以釋經，似未爲當也。

〈文侯之命〉：「王曰：父義和，其歸視爾師寧爾邦，用賚爾秬鬯一卣，彤弓一，彤矢百，盧弓一，盧矢百，馬四匹。父往哉！柔遠能邇，惠康小民，無荒寧，簡恤爾都，用成爾顯德。」《集傳》云：

> 平王以申侯立己爲有德，而忘其弑父爲當誅，方將以復讎討賊之眾，而爲戍申、戍許之舉，其忘親背義得罪於天已甚矣，何怪其委靡頹墮而不自振也哉！然則是命也，孔子以其猶能言文、武之舊而存之歟？抑以示戒於天下後世而存之歟？

按：「其忘親背義得罪於天已甚矣，何怪其委靡頹墮而不自振也哉！」其爲「宋事而發」亦甚明。「孔子以其猶能言文、武之舊而存之歟？抑以示戒於天下後世而存之歟？」則藉孔子「示戒後世」爲宋王室醒腦貫頂矣。〔註11〕

八、結　語

蔡仲默《書經集傳》，其發明二帝三王之道，以爲經世垂法者，比比皆是。業師程先生旨雲以爲自來說《尚書》之大義，未有精於蔡氏者。〔註12〕清儒

〔註11〕宋儒解經之作，皆有「爲宋事而發」者，筆者名之曰「寓作於述」是也。請參閱拙著《春秋胡氏學》（臺北：萬卷樓圖書有限公司），第四章，〈春秋寓宋說〉，頁149～212。及〈宋儒尚書學之寓作於述說〉，《成功大學學報》，第二十卷，〈人文社會篇〉，P.23～48。

〔註12〕程發軔先生《國學概論・上》，第二章：〈大禹謨〉有：「人心惟危，道心惟微。惟精惟一，允執厥中。」十六字。宋儒蔡沈《書經集註》序謂：爲堯、舜、禹、湯、文、武相授相傳之心法。後世講心性之學者，皆推崇之。蓋《書經》有「善無常主，協於克一」（〈咸有一德〉），「式敷民德，永肩一心」（〈盤庚〉），及「王懋昭大德，建中於民」（〈仲虺之誥〉），「惟君陳克和厥中」（〈畢命〉）等語，皆爲闡明精一執中之說。而《易經》「貞一」，孔子之「一貫」，孟子之「道一」，以及《論語》之「允執其中」，《中庸》「用其中於民」，《孟子》之「湯執中」，《荀子》之「精於道，一於道」，均與精一執中之旨相發明。故《書經集註》蔡氏序曰：「精一執中，堯、舜、禹相授之心法也。建中立極，湯、武相傳之心法也。曰德，曰敬，曰誠，言雖殊而理則一，無非明此心之妙也。言天，則嚴其心之所自出。言民，則謹其心之所由施。禮樂教化，心之發也。典章文物，心之著也，家齊、國治而天下平，心之推也。心之德盛矣乎！」自來說《尚書》大義者，未有精於蔡氏也。

丁晏亦以爲蔡《傳》之經世名言，後儒不可企及。明儒王樵氏甚至以爲蔡《傳》意透而辭健。〔註13〕伏讀全書，知諸家之美辭，非虛語也。

　　筆者孜孜探尋，欲以發蔡氏經世之宏緒。有意撰述蔡氏《書經》學一書，構思有年，雖搜檢之資料亦已盈篋，惟迄今未能成篇。今以學報截稿在即，匆促綜理《集傳》之疏誤、譌舛諸端付梓。用窺儒者立言之難，以明有志著述者知所慎耳，非敢妄議蔡《傳》也。

附：重要引用書目

尚書注疏	漢孔安國傳	唐孔穎達疏
東坡書傳	宋蘇　軾撰	
尚書全解	宋林之奇撰	
書經集傳	宋蔡　沈撰	
尚書集傳纂疏	元陳　櫟撰	
書傳會選	明劉三吾等撰	
尚書考異	明梅　鷟撰	
尚書日記	明王　樵撰	
尚書砭蔡篇	明袁　仁撰	
尚書注考	明陳泰交撰	
書經稗疏	清王夫之撰	
尚書埤傳	清朱鶴齡撰	
書蔡傳附釋	清丁　晏撰	
尚書今古文註疏	清孫星衍撰	
尚書釋義	民國屈萬里撰	
朱子五經語類	明程　川編	
開有益齋經說	清朱緒曾撰	
經義考	清朱彝尊編	
四庫全書總目提要	清紀昀等撰	

　　（本文原刊於：《成功大學學報》，第十四卷，〈人文篇〉，頁99～122，1997年5月）

〔註13〕《尚書日記》，卷六，〈五子之歌〉於「其一曰：皇祖有訓，至本固邦寧」云：「蔡傳此一段，發得意透，而辭亦警健。說到民爲邦本處，用一且字，見得上是大概說，下是究竟說。」

柒、宋儒尙書學之寓作於述說

摘　要

　　夫有宋一代，治《尙書》之學者，要皆不囿古訓，而自陳新義。如：以戡黎爲武王，謂周公未嘗踐阼等，均一反漢儒之舊說。故論者或謂過於疑古，或謂流於主觀，因置之高閣而不讀。然筆者伏讀《尙書》諸經義，以爲宋儒於考古史、辨章句之際，皆能折衷於鄒魯，而有合於洙泗之高明也。是以不揣謭陋，就天水一朝，儒者之所謂疑古、主觀者，條其論理之大端，區爲五目。一曰：崇經以護教，二曰：尊君以一統，三曰：獎忠以勵俗，四曰：修武以自強是也。又王荊公之《新義》，則爲新政行權之據依，亦寓作於述之一端，因名曰：藉經以變法。

　　考有宋一代，辨僞之風雖萌，然轉精猶待後出，故時儒於〈書序〉、《古文尙書》等，後儒定著爲僞者，並多讞論，此蓋時代使然，故本文多引用之。若假經以寓政治、人事之哲理者，撫卷皆是。今以學報截稿在即，不克一一論述，唯待他日續成之耳。

一、緒　說

　　嘗讀周大同《群經概論》，敘《書》宋學派，略謂：以主觀妄測古文，幾爲宋代《書》學之通病。如：〈西伯戡黎〉，舊說以西伯指文王，但蔡傳依薛季宣《書古文訓》說，以爲武王；如〈康誥〉舊說以爲周公踐位稱王，封康叔於衛，故有「朕其弟」之言，然蔡傳則堅持周公未代王，又無解於「朕其

弟」，於是移為武王。甚者，如：元儒王柏作《書疑》，移易經文，以〈大誥〉、〈洛誥〉等篇，為不足信。遂使經學有治絲益棼之病矣。〔註1〕

考周氏於宋儒疑古之弊，可謂能發其覆矣，然其不探求宋儒疑古之理，終不足以知宋儒也。而清儒皮錫瑞之作《經學歷史》，雖知宋儒以義理懸斷數千年以前之事實，〔註2〕然語焉不詳，學者欲就皮書以求端訊末，固難矣。

筆者年來，伏讀《尚書》，於宋儒妄測古史之理，屢有契於心者，故不揣譾陋，試為條分縷析於后，名曰：宋儒《尚書》學之寓作於述說，以就正於大方之家云。

二、崇聖以護教

昔堯、舜之於大禹，並以中道相授受，〔註3〕故孔子曰：「唯天為大，唯堯則之。」曰：「巍巍乎！舜、禹之有天下也，而不與焉。」又曰：「禹，吾無閒然矣，菲飲食而致孝乎鬼神，惡衣服而致美乎黻冕，卑宮室而盡力乎溝洫。禹，吾無閒然矣。」〔註4〕是三聖者，乃孔子之所嚮往，故其頌美有如此者。若夫文王、周公，則孔子之所私淑者。故於文王，則曰：「文王既沒，文不在茲乎！天之將喪斯文也，後死者不得與於斯文也；天之未喪斯文也，匡人其如予何？」〔註5〕於周公，則曰：「甚矣，吾衰矣；久矣，吾不復夢見周公！」〔註6〕是其一身獨任文、武、周公之道，又有如是者。此韓文公述道統之傳承，所以有「堯以是傳之舜，舜以是傳之禹，禹以是傳之湯，湯以是傳之文、武、周公，文、武、周公傳之孔子」〔註7〕之說是也。

然漢、唐儒者，其解《書》義也，於文、武、周公之事，每多悖理誣聖之言，姦人用之，遂使孔子手訂——行之百世而不悖，放諸四海而皆準——之常典，一變而為機械巧詐之書矣。宋儒涵養義理，既光明俊偉，洞澈人天，乃知曲義之足以害道，邪說之足以惑世誣民，因起而辨證之，其護教衛道之

〔註1〕 〈本論二·尚書〉（臺北：臺灣商務印書館《人人文庫》本）。
〔註2〕 見氏著《經學歷史·八、經學變古時代》（臺北：臺灣商務印書館），頁216。
〔註3〕 《論語·堯曰》：「堯曰：咨爾舜，天之曆數在爾躬，允執其中，四海困窮，天祿永終。舜亦以命禹。」
〔註4〕 《論語·泰伯》。
〔註5〕 《論語·子罕》。
〔註6〕 《論語·述而》。
〔註7〕 《韓昌黎集》，卷一，〈原道〉。

苦心，固非曲士俗儒所能知也。今試舉例說明於后。如：〈西伯戡黎〉云：「西伯既戡黎，祖伊恐，奔告于王，曰：天子，天既訖我殷命。」孔傳云：

> 文王率諸侯以事紂，內秉王心，紂不能制，今又克有黎國，迫近王圻，故知天已畢訖殷之王命，言將化為周。〔註8〕

按：考之經文，戡黎之事或有之。若「文王率諸侯以事紂，內秉王心」之事，則不知孔傳何所據而言之也。而孔穎達之作《正義》，又本「疏不悖注」之原則，巧為敷陳，謂：「襄四年《左傳》云：文王率殷之叛國以事紂。是率諸侯共事紂也。貌雖事紂，內秉王心，布德行威，有將王之意，而紂不能制，日益強大。今復克有黎國，近在王圻，似有天助。」〔註9〕若二孔所言不差，則文王乃言行不一，心貌殊致之姦徒，若曹操、司馬懿者然，何足以副聖王之稱哉。然考之《史記・周本紀》，太史公亦有「西伯陰行善」之說。由此觀之，漢、唐儒者，欲尊文王而不知所以尊，是以進退失據如此。故宋儒林少穎駁之，曰：

> 漢孔氏曰：文王率諸侯以事紂，內秉王心，紂不能制。此說大害理。
> 夫文王之所以為至德者，惟其未嘗有欲王之心也。使其內秉王心，
> 而陽率諸侯以事紂，則其與曹操、司馬懿，果何以異哉！〔註10〕

旨哉！斯言也。昔夫子有言，「三分天下有其二，以服事殷，周之盛德，可謂至德也已矣。」〔註11〕由此觀之，文王固盡「臣事君」之禮，而紂亦未嘗有疑也。不然，何以謂之「至德」。由此言之，《左氏》所謂「文王率殷之叛國以事紂」者，乃文王三分天下有其二，猶服事殷而不叛之盛德耳。豈可以為「貌雖事紂，內秉王心」哉！故伊川先生云：「韓退之作〈羑里操〉，云：臣罪當誅兮，天子聖明。道得文王心出來，此文王之至德處也。」〔註12〕而王氏應麟，亦以為「孔注云：文王貌雖事紂，內秉王心，豈知文王之心哉？文王之德之純，心與貌異乎？」〔註13〕善夫，宋儒之別具慧眼，能直探聖人之本心也。

考宋儒之所以異乎二孔、史遷者，蓋二孔、史遷要在考史，而史文多闕，故不免傳聞失實也。若夫宋儒則論其理，理宜高明俊偉，正直而善美，故一

〔註8〕見《尚書注疏》（臺北：藝文印書館，《十三經注疏》本），卷第十，頁144。
　　　下文引《孔傳》者同此，不再注明。
〔註9〕見《尚書注疏》卷第十，頁144。
〔註10〕見氏著《尚書全解》，卷二十一。
〔註11〕《論語・泰伯》。
〔註12〕《河南程氏遺書》，第十八。
〔註13〕氏著《困學紀聞》，卷二。

切折衷於聖。此林少穎以漢孔氏之說，爲「大害理」者以此。

〈湯誓〉，序云：「伊尹相湯伐桀，升自陑。」孔《傳》云：

> 桀都安邑，湯升道從陑，出其不意。陑在河曲之南。

按：古今地名道路，有改易者，有已不可知者。安知陑、鳴條之必在安邑之西耶？而曰「出其不意」，何足據哉？乃孔穎達之作《正義》，既知孔《傳》之不通，又從而爲之辭，謂：「湯以至聖伐暴，當顯行用師，而出其不意，掩其不備者，湯承禪代之後，嘗爲桀臣，慙而且懼，故出其不意。」考穎達既以湯爲「至聖」，又謂「湯慙且懼」。考人之所以「慙且懼」者，蓋良心有所虧也。孰謂良心有虧者，得爲聖人乎？此穎達拘於「疏不悖注」之例，故矛盾若此。

《泰誓上》，序云：「惟十有一年，武王伐殷。」孔《傳》云：

> 武王三年服畢，觀兵孟津，以卜諸侯伐紂之心，諸侯僉同，乃退以
> 示弱。

考《史記・周本紀》，史遷云：「是時，諸侯不期而會盟津者，八百諸侯。諸侯皆曰：紂可伐矣。」而武王曰：「女未知天命，未可也。乃還師而歸居。二年，聞紂昏亂，暴虐滋甚。」於是，「武王遍告諸侯曰：殷有重罪，不可不畢伐。」是武王之伐紂與不伐紂，自有「天命」決定。而紂之沉緬酒色，敢行暴虐，而喪好生之德，此其所以喪棄「天命」者也。武王又何「退以示弱」之有。按：孔《傳》所謂：湯之「出其不意」，與武王之「退以示弱」，而後伐桀、伐紂之說，要皆春秋霸者，若齊桓、晉文，楚莊、秦穆等譎詐之徒之所爲，而謂大聖如湯、武者爲之乎？故蘇東坡云：

> 孔安國以謂桀都安邑，陑在河曲之南，安邑之西。湯自亳往，當由
> 東行，故以升自陑爲出其不意。又言武王觀兵孟津，以卜諸侯之心，
> 而退以示弱。其言湯、武皆陋甚。〔註14〕

考蘇氏所謂「陋甚」者，蓋指孔氏以後世雄猜詐僞之行，量度古聖賢之心者也。〔註15〕故朱文公亦以爲「湯、武之興，決不爲後世之譎詐」〔註16〕是也。

若武王觀兵之事，漢、唐先儒言之鑿鑿者，伊川先生亦以爲未然。嘗謂：

〔註14〕見氏著《東坡書傳》，卷七。
〔註15〕袁燮齋《絜齋家塾書鈔》，卷八，云：「如退以示弱之語，亦不然。是以後世
　　　　之心，量度古聖人之心也。」
〔註16〕見《朱子語類》，卷七十九。

> 只是〈太誓〉一篇，前序云十有一年，後面正經便說，惟十有三年。
> 先儒誤妄，遂轉爲觀兵之說，先王無觀兵之事，不是前序錯却一字，
> 便是後面正經三字錯却。〔註17〕

按：《尙書》家本起於太古，歷代轉相傳授，固不免錯却。況序文之僞，今儒
已定論焉。然伊川之非〈泰誓〉觀兵說，其要著在論理之是非，而不在考史
之眞僞也。故又云：

> 介甫以武王觀兵爲九四，大無義理，兼觀兵之說亦自無此事。如今
> 日天命絕，則今日便是獨夫，豈容更留之三年？今日天命未絕，便
> 是君也，爲人臣子，豈可以兵脅其君？安有此義？〔註18〕

按：「爲人臣子，豈可以兵脅其君。」即所謂「義理」也。蓋大聖如武王者，
豈肯以兵脅其君哉！若以兵脅君而可爲，則孟子「五霸者，三王之罪人也。」
（〈告子篇〉），非聖人之言歟？而王安石亦襲其誤，惜哉！故其後，時瀾《增
修東萊書說》，亦云：

> 使紂天命未絕，人心未離，武王觀兵，乃與後世僭亂之人同。即天命
> 已絕，人心已離，紂自不可一朝居於位，豈待三年而後伐哉！〔註19〕

綜前文所述觀之，知觀兵一事，史文本闕，漢、唐諸儒之詁訓，於史實之考
證未必有功，而於義理之善，則不免有過。故宋儒乃本義理以明經，要在正
人心，以補世道之闕耳。

〈金縢篇〉云：「王有疾，弗豫。二公曰：我其爲王穆卜。公曰：未可以
戚我先王。」鄭康成云：

> 二公就文王廟卜，戚、憂也。未可憂怖我先王也。周公既內知武王
> 有九齡之命，又有文王曰吾與耳三之期，今必瘳，不以此終，故止
> 二公之卜。〔註20〕

按：〈金縢〉於「未可以戚我先王」下云：「公乃自爲功，爲三壇同墠，爲壇於
南方北面，周公立焉，植璧秉珪，乃告太王、王季、文王。史乃冊祝，曰：惟
爾元孫某，遘厲瘧疾，若爾三王，是有丕子之責于天，以旦代某之身。」云云。

若如鄭君所說，則周公知武王之疾必瘳，乃既拒二公之爲王穆卜，又自

〔註17〕見《河南程氏遺書》，第十九。
〔註18〕同註17。
〔註19〕見《增修東萊書說》，卷十四。
〔註20〕見孫星衍《尚書今古文注疏》，卷十三。

以爲功，爲三壇同墠，以告太王、王季、文王，欲以己身代武王者，豈非獨邀其名，以盜名欺世，謀利邀功者比也。故林少穎駁之，云：

> 信如此言，則是周公自知必不至於代王以死，而挾詐爲之也。〔註21〕

考孔穎達《疏》，已知鄭氏之不通，故云：「周公知王不死，先王豈不知乎？而慮先王憂也。」讀此，知孔《疏》固足以駁鄭君之非，要不如林少穎之明白痛快，且得義理之正也。然宋儒之義，固不止於此，故史浩云：

> 周公是時已起忘身殉國之心矣，既不敢率二公，亦不敢告二公，第
> 以身任武王之疾，必欲其有瘳，吾有死而已。〔註22〕

按：必如史氏所論，而後周公爲國忘身之聖心始明，且無愧作於三聖之列矣。

〈金縢〉又曰：「武王既喪，管叔及其群弟，乃流言於國。曰：公將不利於孺子。周公乃告二公曰：我之弗辟，我無以告我先王，周公居東二年，罪人斯得。于後，公乃爲詩以貽王，名之曰鴟鴞。」

按：《史記·魯世家》云：「周公乃告太公望、召公奭，曰：我之所以弗辟，而攝行政者，恐天下畔周，無以告我先王。於是，卒相成王。」據此，則「弗辟」者，乃指周公恐天下之畔周，故攝行政事而不辟也。史遷又云：「管、蔡、武庚等，果率淮夷而反。周公奉成王，命興師東伐。遂誅管叔，殺武庚，放蔡叔。」據此，則「居東」者，乃興兵東伐也。而「罪人斯得」，則指誅管叔、殺武庚、放蔡叔耳。考諸孔《傳》，若合符契。唯鄭康成獨以「我之弗辟」，爲：「我今不辟孺子而去，我先王以謙讓爲德，我反有欲位之謗，無以告于先王，言媿無辭也。」以「居東」爲：「出處東國待罪，以須君之察己。」以「罪人斯得」之「罪人」，爲：「周公之屬黨，與知居攝者，周公出奔，皆奔。」「今二年，盡爲成王所得。」若「公乃爲詩以貽王，名之曰鴟鴞」者，孔《傳》以爲「周公既誅三監而作詩，解所以宜誅之意。」乃康成又以爲「周公傷其黨屬，無罪將死，恐其刑濫，又破其家，而不敢正言，故作鴟鴞之詩以貽王。」〔註23〕按：鄭君之說，考之於史，既兩不相得，又與周公爲大聖之說，多所迕逆。故歐陽脩以爲「臆說」，云：

> 周公誅管、蔡，前世說者多同。而成王誅周公官屬，六經諸史皆無

〔註21〕氏著《尚書全解》，卷二十六。
〔註22〕氏著《尚書講義》，卷十三。
〔註23〕同註20。

之，可知其臆說也。〔註24〕

按：百家雜說，必折衷於經史。今鄭君之說與〈金縢〉、史遷，既兩不相契，則其爲臆說，或不誣也。且周公繼踵文、武，以成「制禮作樂」之盛，必無「欲位之謗」，與爲詩救屬之逆節明矣。故三山林少穎斥鄭義，謂「足見其說之陋」〔註25〕是也。若周公不待成王之覺悟，遽伐三監，林氏以爲「蓋機不可失」。尤爲明時勢，識大體之見也。今成王既幼，不能臨政，三監流言，舉國洶洶，周公若「出處東都待罪，以須君之察己」，如鄭君說者，則適與逆黨可乘之機，而國不可爲矣。孰謂大聖如周公者，猶不識本末如此。

自韓文公〈原道〉出，堯、舜、禹、湯，文、武、周公、孔子之授受，儒者無異論矣。而勉齋黃氏之作〈聖賢道統傳授總敘說〉，尤能探得聖聖相傳之心法，要不外時時以「窮理致知，克己滅私，存誠著實」存心，〔註26〕故能道明教行也。惜乎！漢、唐諸儒，雖聞見雜博，而於聖賢危微精一之道，則未之嘗聞，故多叛道誣聖之言，幸宋儒出漢、唐之後，故能廓而清之，則其有功於聖教亦不少矣。

三、尊君以一統

昔者夫子有言，曰：「天下有道，則禮樂征伐自天子出，天下無道則禮樂征伐自諸侯出；自諸侯出，蓋十世希不失矣，自大夫出，五世希不失矣；陪臣執國命，三世希不失矣。」〔註27〕由此觀之，非居天子之位，不得議禮制，專征伐。蓋天無二日，土無二王，家無二主，尊無二上，所以示民有君臣之別故也。〔註28〕此夫子之作《春秋》，所以特標尊王之大義者以此。〔註29〕然考漢、唐儒者之解《書》也，於此大義，皆未加闡明，必待宋儒之興，而尊王之義始著。今略述於后。如：

〈湯誓〉云：「王曰：格爾眾庶，悉聽朕言。」孔《傳》云：

湯稱王，則比桀於一夫。

〔註24〕見氏著《詩本義》，卷五。
〔註25〕見氏著《尚書全解》，卷二十六。
〔註26〕見《宋元學案》，卷六十三。
〔註27〕見《論語·季氏篇》。
〔註28〕見《禮記·坊記篇》。
〔註29〕有關孔子《春秋》尊王之大義，請參閱拙著《春秋宋學發微》，第五章，〈宋儒《春秋》尊王說〉。

按：堯、舜、禹、湯，史臣記言而已。則「王曰」者，豈非史臣之所記。而孔《傳》乃謂湯自稱王，所以比桀於一夫。豈非望文生義也。乃孔穎達《疏》，又曲爲之說，曰：

> 〈泰誓〉云：獨夫受。此湯稱爲王，則比桀於一夫。桀既同於一夫，故湯可以稱王矣。是言湯於伐桀之時，始稱王也。〈周書・泰誓〉稱王，則亦伐紂之時，始稱王也。

考諸載籍，天子在上，而臣自稱王之說，非二孔之所獨創，蓋有所受也。《詩・長發》：「武王載旆，有虔秉鉞。」毛《傳》以爲「武王、湯也。」而《史記・殷本紀》，史遷於湯作誓下，云：「湯曰：吾甚武，號曰武王。」然則，湯之伐桀，已自稱王，漢、唐諸儒，似無異辭矣。及宋儒，乃能力辨其非。林少穎云：

> 漢孔氏曰：湯稱王而誓師矣。據下文，湯之稱桀，曰夏王，率遏眾力。則是湯猶以王稱桀也，而謂比桀於一夫，可乎？湯既稱王，而又稱桀爲王，是二王也。湯之所爲，必不如此也。此事涉於君臣之分，不可不辨也。〔註30〕

按：林氏考之經，得湯之稱桀，曰夏王，正矣。且本經載湯之自稱，則曰：台小子。與《禮》經，所謂「天無二日，民無二主，尊無二上」之說，正合。然則，漢、唐諸儒，置聖經於不顧，而唯誣聖離道是言者何耶？故蔡仲默秉文公之命而作《集傳》，但曰：「王曰者，史臣追述之稱也。」〔註31〕辭無所費，而君臣之大分明矣。

> 〈西伯戡黎〉，伏生《大傳》云：
>
> 文王一年質虞、芮，二年伐于，三年伐密須，四年伐畎夷，紂乃囚之，四友獻寶，乃得免於虎口，出而伐者。

五年之初，得散宜生等獻寶，而釋文王。文王出則克耆，六年伐崇，則稱王。〔註32〕

> 〈泰誓〉序云：「惟十有一年，武王伐殷。」孔《傳》云：
>
> 周自虞、芮質厥成，諸侯並附，以爲受命之年，至九年而文王卒，武王三年服畢，觀兵孟津。

〔註30〕見氏著《尚書全解》，卷十四。
〔註31〕見氏著《尚書集傳》，卷三。
〔註32〕陳壽祺《尚書大傳集校一》（臺北：藝文印書館，《皇清經解續編》，冊六）。

按：《史記·周本紀》，史遷於「虞、芮決獄，皆讓而去」，下云：「諸侯聞之，曰：西伯蓋受命之君。」又曰：「西伯蓋受命之年稱王，而斷虞、芮之訟，後七年而崩。」〔註33〕由此觀之，西伯於斷虞、芮之訟，即受命稱王，《大傳》、《孔傳》與《史記》，並無異説矣。唯紂在上爲天子，而文王又受命稱王。豈非「地有二王，民有二主」矣。漢、唐儒者之不通，由此可知。故歐陽脩《泰誓論》，首破其謬，曰：

> 以紂之雄猜暴虐，嘗醢九侯而脯鄂侯矣。西伯聞之竊歎，遂執而囚之，幾不免死。至其叛己不臣而自王，乃反優容而不問者十年，此豈近於人情邪？由是言之，謂西伯受命稱王十年者，妄説也。孔子曰：三分天下有其二，以服事殷，使西伯不稱臣而稱王，安能服事於商乎？……伯夷、叔齊，古之知義之士也。方其讓國而去，顧天下皆莫可歸，聞西伯之賢，共往歸之。當是時，紂雖無道，天子也。天子在上，諸侯不稱臣而稱王，是僭叛之國也。然二子不以爲非，依之久而不去。至武王伐紂，始以爲非而棄去。彼二子者，始顧天下莫可歸，卒依僭叛之國而不去，不非其父而非其子，此其近於人情邪！〔註34〕

按：考諸《史記·周本紀》，伯夷、叔齊聞西伯善養老，往歸之。大顛、閎夭、散宜生、鬻子、辛甲大夫之徒，皆往歸之。崇侯虎以「西伯積善累德，諸侯皆嚮之」，而譖於紂，紂遂囚西伯於羑里。由此觀之，紂之暴可知也。今謂西伯受命，伐犬戎、伐密須、伐耆國，祖伊以告，紂反不以爲意，但謂「不有天命乎！是何能爲。」不近人情如是，由此知歐陽公之論史，固獨具隻眼也。

然歐陽公之所以能獨具隻眼者，蓋本乎道也。而所謂「道」，即「紂雖無道，天子也。天子在上，諸侯不稱臣而稱王，是僭叛之國」是也。其後，宋儒之治《書》家，莫不本此義而發明之。〔註35〕於是，文王之本心，君臣之

〔註33〕按：文王自受命訖崩，《大傳》與《史記》，並謂七年，而孔《傳》以爲九年者。蓋〈武成〉云：「我文考文王，誕膺天命，以撫方夏，惟九年，大統未集。」故《史記正義》，以爲「七當爲九」之誤也。
〔註34〕見氏著《歐陽脩全集·居士集一》。
〔註35〕如：《河南程氏遺書》，第十九，伊川先生云：「韓退之作〈羑里操〉云：『臣罪當誅兮，天王聖明』。道得文王心出來，此文王至德處。」史浩《尚書講義》，卷十一，云：「文王三分天下有其二，非文王取而有之，民之從化，然猶不肯有貳於紂。故曰：有君人之大德，有事君之小心。《詩》亦云：維此文王，想心翼翼，厥德不回，以受方國。文王未嘗受命，亦未嘗有伐紂之心。後世惑於〈太誓〉之辭，乃取諸侯歸西伯之時爲受命，又有修德以傾商政之説，漢

大義，彰彰於後世矣。

若夫周公之代王，亦猶是也。〈大誥〉：「王若曰：猷，大誥爾多方，越爾御事。」鄭康成云：

> 王謂攝也，周公居攝，命大事，則權代王也。〔註36〕

按：周武王崩，成王幼，周公踐祚代王之說，自《荀子》〔註37〕、《禮記》〔註38〕以來，其說不絕。漢儒繼之，如：《尚書大傳》即云：「武王死，成王幼，周公盛養成王，使召公奭爲傅，周公身居位，聽天下爲政。」〔註39〕而《史記·周本紀》、〈魯周公世家〉等並同。〔註40〕由此觀之，鄭君以「周公居攝，權代成王」者，固有所本矣。

唯孔《傳》於諸載籍中，異議獨樹，曰：「周公稱成王命，順大道以告天下眾國，及於御治事者。」至孔穎達作《疏》，遂以鄭君之說爲「不臣」。曰：「惟名與器，不可假人，周公自稱爲王，則是不爲臣矣。大聖作則，豈爲是乎？」洎夫宋儒，乃右二孔而左鄭君。故有問於伊川先生曰：「世傳成王幼，周公攝政。荀卿亦曰：履天下之籍，聽天下之斷。周公果踐天子之位，行天子之事乎？」伊川曰：

> 非也。周公位冢宰，百官總己以聽之而已。安得踐天子之位。〔註41〕

又問：「君薨，百官聽於冢宰者，三年爾，公乃至於七年，何也？」伊川曰：

> 三年，謂嗣君居憂之時也。七年，爲成王幼故也。

按：伊川先生博通群經，非不讀《禮》經與《大傳》者，而以周公之代王爲非。

儒傳疑，合爲一談。唯唐韓愈作〈文王操〉，敍羑里之厄，曰：嗚呼！臣罪當誅兮，天王聖明。此足以白文王之志矣。」又袁燮《絜齋家塾書鈔》，卷八云：「或者以爲文王受命，稱王九年，天無二日，民無二王，紂既在上，文王安有自稱王之理，此俗儒之論，理決不然。」

〔註36〕見孫星衍著《尚書今古文注疏》，卷十四。

〔註37〕〈儒效篇〉：「武王崩，成王幼，周公屏成王而及武王以屬天下，惡天下之倍周也。履天子之籍，聽天下之斷，偃然如故有之，而天下不稱貪焉。」

〔註38〕〈明堂位〉云：「昔者周公，朝諸侯于明堂之位，天子負斧依南鄉而立。……武王崩，成王幼，周公踐天子之位，以治天下。六年，朝諸侯於明堂，制禮作樂，頒度量，而天下大服。七年，致政於成王。」

〔註39〕陳壽祺《尚書大傳集校二》。

〔註40〕〈周本紀〉云：「武王有瘳，後而崩，太子誦代立，是爲成王。成王少，周初定天下，周公恐諸侯畔。周公乃攝行政當國。」又《魯周公世家》：「武王既崩，成王少，在強褓之中，周公恐天下聞武王崩而畔，周公乃踐祚代成王攝行政當國。」

〔註41〕按：程氏師徒之問答，並見於《河南程氏遺書》，第十八。

豈非以父死子繼，周制也。今成王既立，周公將緣何而代？故曰：「位冢宰，百官總己以聽而已。」其時，有蘇東坡者，作〈周公論〉，駁難尤為明暢。曰：

> 《書》曰：周公位冢宰，正百工。群叔流言（宗按：見〈蔡仲之命〉）。
> 又曰：召公為保，周公為師，相成王為左右，召公不悅（宗按：見〈君奭〉）。又曰：周公曰，王若曰（宗按：見〈多方〉）。則周公未嘗踐天子之位而稱王也。周公稱王，則成王宜何稱？將亦稱王耶？將不稱王耶？不稱則是廢耶！稱王則是二王耶？而周公何以安之。
> 〔註42〕

按：東坡依經以論道，言而有據，不知史遷、鄭君何所辯之。然宋儒之治《書》學者，自是以降，莫不以程、蘇之義以發明之。〔註43〕而周公「權代成王」說之害教，亦大明於世矣。

宋儒既不以「周公權代成王」為是，則〈洛誥〉：「朕復子明辟。」自非「周公還政於成王」矣。〔註44〕故王安石首破漢孔氏之陋說於前，而林少穎表王氏之功於后，云：

> 漢孔氏曰：言我復還明君之政於子。而王氏破其說曰：先儒謂成王幼，周公代王為辟，至是乃反政於成王。故曰：復子明辟。荀卿曰：以枝代王而非越也，君臣易位而非不順也。以《書》考之，周公位冢宰，正百工而已，未嘗為辟，則何君臣易位，復辟之有哉！……則王氏之破先儒之說，可謂明於君臣之大分，而有功於名教矣。〔註45〕

〔註42〕見氏著《蘇東坡全集・應詔集》，卷八。
〔註43〕林少穎《尚書全解》，卷二十七：「政雖總於周公，而成王在上為天子，號令雖由己出，而必稱王命以告之，此經所以稱『王若曰』，而序則言周公相成王，以相發明也。鄭康成曰：王、周公也。周公居攝，命大事，則權稱王，此言實害教之大者。」黃度《尚書說》，卷五曰：「周公位冢宰，總百官，其號令天下，則必以王命。」時瀾《增修東萊書說》，卷二十八曰：「先曰周公曰，而後曰『王若曰』，何也？明周公傳王命，而非周公之命也。」袁燮《絜齋家塾書鈔》，卷十曰：「夫此書皆周公之所作，而以『王若曰』為言者，體成王之意以作誥也。」由此觀之，宋儒之《書》解，於君臣大義，名教之大坊，尤拳拳焉。
〔註44〕按：「復子明辟」，先儒皆以為「周公致政成王」。如：《禮記・明堂位》：「七年，致政於成王。」鄭註云：「致政，以王事歸授之。」《尚書大傳》：「周公攝政，一年救亂，二年克殷，三年踐奄，四年建侯衛，五年營成周，六年制禮作樂，七年致政成王。」（《輯校》二）孔《傳》云：「周公盡禮致敬，言我復還明君之政於子。子、成王。年二十成人，故必歸政而退老。」
〔註45〕見林少穎《尚書全解》，卷三十一。

按：王氏既破先儒舊說，以扶名教。因釋「復」字之義，謂「復、如復逆之復，成王命周公往營成周，周公得卜，復命於成王。」其後，宋儒治《書》之家，若史浩、呂東萊、蔡仲默等，莫不本王氏之說以立義也。〔註 46〕然林少穎之表章王氏，及諸儒之本王氏義立說，豈非荊公斯說，能「明君臣之大分，而有功於名教」耶？

太甲之事，亦是也。序云：「太甲既立，不明，伊尹放諸桐。」孔《傳》云：

> 不知朝政，故曰：放。

按：《孟子·萬章篇》載，太甲顛覆湯之典型，伊尹放之於桐。〈盡心〉篇亦載伊尹之言，曰：予不狎于不順，放太甲於桐。其事《史記》亦盛言之。三年，太甲悔過，伊尹乃迎之亳，而授之政。尤為史家之盛事，而市井之美談也。然宋儒之治《書》學者，於伊尹立朝之節，則不能盡契於心。故史浩云：

> 雖然，以臣放君可乎？惟伊尹知太甲必能改過，故其廢放之際，自信不疑。然則，伊尹豈可以尋常受命大臣擬議哉！向使太甲無可教之質，放而不反，伊尹之罪大矣。〔註 47〕

考《孟子·盡心篇》，以為「有伊尹之志則可，無伊尹之志則篡也。」是就伊尹之存心而言之。若史氏則以太甲終能改過之事功言之，二者立言之基礎不同。由孟子言之，伊尹雖有志，然太甲若不悔過遷善，則放而不反，非篡也；由史氏言之，則幸太甲之悔過遷善，處仁居義，而復歸於亳，不然，伊尹放而不反，雖能足以肩負天下之重，而以太甲不知悔過為辯辭，然終不改逆節之篡臣也。由此觀之，孟子所重在民，而史氏所重在君，即所謂「君臣之分，不可改」者此也。是以，袁絜齋亦云：「臣子而擯君于遠，不可以訓，

〔註 46〕史浩《尚書講義》，卷十五：「復子明辟，自孔氏以為周公居攝而還位於成王之辭，其後，諸儒無有異論。惟王安石以為復者，告也。明辟、君也。周公以應洛告成王，非攝位而還之也。復者，若〈說命〉所謂說復于王。孟子所謂有復于王是也。若謂周公作是書而還位於成王，則召公為保，周公為師，相成王為左右，是成王自即位，已為君在上，不知周公昔何受而今還之也。漢儒不達復字之義，乃以為還位，後世紛紛，遂有復辟之論，以事理考之，當以王說為然也。」時瀾《增修東萊書說》，卷二十三：「世儒復辟之說，蓋生於此語，抑不知有失，然後有復。武王崩，成王立，未嘗一日不居王位，何復之有哉！」若蔡仲默《集傳》，其釋「復」字本王氏，釋「復辟」則全用東萊之語，文繁，今不備引。

〔註 47〕見氏著《尚書講義》，卷八。

故聖人筆之，曰放，所以著伊尹之過也。」〔註48〕嗚呼！以「聖者之任」之伊尹，終不能一逃宋儒之筆伐口誅者，蓋別有所在也。

　　按：自有唐中葉，安、史之亂以降，武夫悍將，桀驁不馴，朝廷號令，不行於諸鎭，權柄下移，官箴掃地。洎夫五季，胡塵遍野，幾至冠履倒置之勢。故宋太祖趙匡胤，既混一區宇，遂收權柄，立官箴，以彊人主之勢爲務，期禮樂征伐自天子出。而時儒之潛心經術者，亦痛五季之崩裂，知統一之可貴。於是，於秉筆著述之際，屢師趙氏之家法，爲尊君之制張目，此治《書》之家，所以多君臣大義名分之讜論也。

四、獎忠以勵俗

　　昔者商之亡也，王子比干諫而死，箕子雖佯狂爲奴，及武王之定天下也，遂爲之陳〈洪範〉九疇之道焉。若微子者，則持祭器，造於軍門，肉袒面縛，左牽羊，右把茅，以見武王，以續聖湯之祀。孔子曰：「殷有三仁人焉」。〔註49〕豈非以三子之行，同出於至誠、惻然之意，而有以全其心之德也。故後人凡言人臣之高潔特行者，莫不以三子爲典範。然考諸有宋一代治《書》之家，於比干之諫而死，固無閒然矣。若箕子之陳〈洪範〉大法，微子之肉袒面縛，亦特爲表章，以爲人臣事君之大義也。如：蘇東坡之論箕子，嘗曰：

> 武王殺受立武庚，非所以問〈洪範〉者，而孔子於此言之，明武王之得箕子蓋師而不臣也。箕子之言曰：殷其淪喪，我罔爲臣僕。殷亡則箕子無復仕之道。以此表正萬世爲君臣之法，如伯夷、叔齊之志也。箕子之道德，賢於微子，而況武庚乎？武王將立殷後，必以箕子爲首，微子次之，而卒立武庚者，必二子辭焉。武庚死而立微子，則是箕子固辭而不可立也。太史公曰：武王封箕子朝鮮而不臣也。非五服之外，賓客之國，則箕子不可得而庶也。然則曷爲爲武

〔註48〕見氏著《絜齋家塾書鈔》，卷五。

〔註49〕《論語·微子》：「微子去之，箕子爲之奴，比干諫而死。孔子曰：殷有三仁焉。」《春秋左氏傳·僖公六年》：「蔡穆侯將許僖公以見楚子於武城。許男面縛銜璧，大夫衰絰，士輿櫬。楚子問諸逢伯。對曰：昔武王克殷，微子啓如是。武王親釋其縛，受其璧而祓之，焚其櫬，禮而命之，使復其所。楚子從之。」《史記·宋微子世家》，既謂：「箕子者，紂親戚也。……紂爲淫汰，箕子諫不聽。……乃被髮佯狂而爲奴。……武王既克殷，訪問箕子。」又謂：「周武王伐紂克殷，微子乃持其祭器，造於軍門，肉袒面縛，左牽羊，右把茅，膝行而前，以告。於是，武王乃釋微子，復其位如故。」

王陳〈洪範〉也？天以是道畀禹，而傳至于箕子，不可使自我而絕
也。以武王而不傳，則天下無復可傳者矣。故為箕子之道者，傳道
則可，仕則不可，此孔子敘書之意也。〔註50〕

按：蘇氏論箕子、微子之賢否，不免於文士之巧。若論箕子之仕不仕，道之傳
不傳，則亙古不易之封建價值也。蓋國亡君死，為箕子者，即不能死，又何面
目立於姬氏君臣之廟堂。故曰仕則不可，蓋靦顏事仇，徒為一時之名利，而終
壞天下萬世為臣事君以忠之大坊。非至不仁，何忍為之。若傳〈洪範〉九疇之
大法，則繫國族存亡之重，非一己去就之輕也。豈可以武王之亡殷而不傳乎？
偉哉！東坡，一言而於國家興廢，天下存亡並得矣。〔註51〕是以治《書》之家，
多從之者。〔註52〕而史浩之論微子，亦猶東坡之論箕子。其言曰：

當紂之亂，微子痛宗廟之祀將絕，乃抱祭器而逃于荒野，以俟有君，
然後求續，故孔子止云微子去之，而戰國之士，遂以為抱祭器而適
周，非知微子者也。使微子懷適周之念，是二其心者也，是違其君
者也。烏得三仁之列呼？武王有天下，釋箕子囚，封比干墓，式商
容閭，當時微子儻在豐、鎬之間，武王豈不待之如商容乎？然而未
聞，是微子猶未歸周明矣。〔註53〕

〔註50〕 見蘇軾《書傳》，卷十。

〔註51〕 顧炎武《日知錄》，卷十七，〈正始〉條云：「有亡國有亡天下。亡國與亡天下
奚辨？曰：易姓改號，謂之亡國；仁義充塞，而至於率獸食人，人將相食，
謂之亡天下。」又云：「保國者，其君其臣，肉食者謀之。保天下者，匹夫之
賤，與有責焉耳矣。」由此觀之，箕子之不仕，亡國之臣也，為武王陳〈洪
範〉九疇，懼天下之亡，而盡匹夫之責者也。

〔註52〕 如：史浩《尚書講義》，卷十二，云：「箕子在商，佯狂為奴。及周有天下，
乃不肯為臣僕。其封之朝鮮，朝鮮乃遼東化外之夷，逃於朝鮮，因而封之也。
其實二子皆痛商之亡也。嗚呼！二子立人臣之大節，萬世之下，其名若此炳
燿。」黃度《尚書說》，卷四云：「箕子本欲為紂臣僕，紂誅，不得行其志，
武王尊禮之，強以歸周，行武王之義也。箕子終不臣周，受地於朝鮮而君之，
行箕子之義也。箕子傳〈洛書〉，武王有天命，故箕子以其學傳武王，而作〈洪
範〉。道之大公，非一人之私也。九疇之錫，彝倫之敘，箕子不敢廢斯道也。」
時瀾《重修東萊書說》，卷十七云：「箕子言商其淪喪，我罔為臣僕，義不為
異代之臣矣。道統在身，不得不為武王陳〈洪範〉。」袁燮《絜齋家塾書鈔》，
卷九云：「曰十三者、記武王之十三年，曰祀者、記商家之所稱也。此一句兼
商周而言，謂純于商則天命已墜矣，純于周，則此書固箕子之書，箕子未嘗
臣周也。」按：諸儒所論，雖不免有過鑿處，然於箕子之不事二姓，又繫道
統之重而陳〈洪範〉，使道統得以相續不絕二者，並無異論也。

〔註53〕 見氏著《尚書講義》，卷十三。

按：考諸《論語》，孔子但云微子去之。洎夫《左氏》，乃有「面縛銜璧」之說。而《史記》又載「持祭器，左牽羊，右把茅」諸事，是時愈後而事愈詳。史氏疑爲戰國之士之說，或不誣也。至孔《傳》，且以爲「啓知紂必亡，而奔周，爲宋公，爲湯後。」若如此，則微子啓者，固一僥倖名爵，苟且封國之徒而已，何足道哉！幸有史氏之辨，不然，微子啓且將冤沉而莫白矣。然史氏之所以不惜辭費，累牘而辨者，其主意所在，要在「是其二心者也，是違其君者也」之臣節耳。

蓋有宋一朝，承唐末、五季之蔽政，士大夫忠義之氣，變化怠盡。若張全義、馮道、溫韜之流，厚顏無恥，以歷仕數朝爲榮。〔註54〕故《五代史‧雜臣傳‧論》云：「當此之時，爲國者不過十餘年，短者三四年至一二年，天下之人，視其上易君代國，如更戍長無異，蓋其輕如此，況其下者乎！」〔註55〕痛哉！斯言也。於是，通經致用之士，乃緣經立義，期對症下藥，以導士風之逆流，而勵人臣之大節也。

五、修武以自彊

昔孔子之仕魯也，於內有墮三都之業，〔註56〕於外有退齊師之勇。〔註57〕然其答衛靈公問陳，則曰：「俎豆之事，則嘗聞之矣；軍旅之事，未之學也。」〔註58〕答子貢問、兵與食二者，必不得已而去，奚先？則曰去兵。〔註59〕此蓋直探爲政之大本，欲治國平天下者，固在德而不在兵也。然「有文事者，必有武備」，〔註60〕兵又豈可盡廢哉？乃漢、唐儒者，不明斯意，故其釋《書》也，義多齟齬。如：〈武成〉云：「乃偃武修文，歸馬于華山之陽，放牛于桃林之野，示天下弗服。」孔《傳》云：

〔註54〕 見趙翼《廿二史劄記》，卷廿二「張全義、馮道」條。按：張、馮、溫等事迹具見《新五代史》。溫韜見〈雜傳第二十八〉、張全義見〈雜傳第三十三〉、馮道見〈雜傳第四十二〉。

〔註55〕 《五代史‧雜傳》第三十七，〈王進傳〉。又趙翼《廿二史劄記》，卷廿二：「張全義、馮道」條云：「至於歷仕數姓，有玷臣節，則五代之仕宦者，皆習以爲固然，無足怪。」

〔註56〕 見《左氏傳‧定公十二年》。

〔註57〕 見《左氏傳‧定公十年》。

〔註58〕 《論語‧衛靈公篇》。

〔註59〕 《論語‧顏淵篇》。

〔註60〕 《穀梁傳‧定公十年》。

倒載干戈，包以虎皮，示不用。行禮射，設庠序，修文教。山陽曰
南，桃林在華山東，皆非長養牛馬之地，欲使自生自死，示天下不
復乘用。

按：孔《傳》所謂「行禮射，設庠序，修文教」者，此人主建國君民之首務，
不可須臾離者也。若謂使牛馬自生自死，示天下不復乘用，則大乖聖人「有
文事者，必有武備」之教矣。乃孔穎達作《疏》，既不闡明聖人之訓，又從而
為之辭，曰：「華山之旁，尤乏水草，非長養牛馬之地，欲使自生自死，此是
戰時牛馬，故放之，示天下不復用。」嗚呼！如二孔斯說，姬周之亡國滅種，
不旋踵矣。蓋紂雖授首，而殷之頑民猶存。故「兵」者，示之弗用則可；使
自生自死，壞亂不修則誤矣。故東坡以「兵不可去」駁之，其言云：

《春秋傳》曰：天生五材，民並用之，闕一不可，誰能去兵。兵不
可去，則牛馬不可無；雖堯、舜之世，牛馬之政，不可不修。而武
王歸馬休牛，倒載干戈，包之虎皮，示不復用者，蓋勢有不得不然
者也。〔註61〕

詳味斯傳，知東坡之隻眼獨具，既善讀古經，又妙得聖人之心意。蓋武
王伐紂而代之，雖云盛德所在，然懼者甚眾矣。若必以兵雄天下，而不示以
「偃武修文」，則血流漂杵，將非虛語也。〔註62〕且「示」之云者，亦「示」
之而已，非盡去其兵也。此東萊呂氏所謂：

示天下不復事武之意。然牛馬非盡歸放也。所謂天子十有二閑，與
丘甸軍賦之法，自不可廢，但歸放當時伐紂之役，所興調者耳。使
武王盡歸馬放牛，則異時四征弗庭，以至管、蔡之誅，將何所用？
〔註63〕

考呂氏之言，可謂明時勢，知屈伸之讜論也。然考蘇、呂二家之高論，雖曰
解經，實寓有宋之故事也。蓋五季之末，宋祖既黃袍加身，代周有天下，因
懲唐末、五季，武人亂政，兵革不息，生民塗炭之禍。及天下既定，乃思息
天下之兵，建長久之計。是以，從容盃酒之間，盡釋諸將之兵權。於是，重
文輕武，遂為趙氏一代之家法。然立國之初，燕雲之險已失，而契丹、女眞

〔註61〕見蘇軾《書傳》，卷九。
〔註62〕《孟子‧盡心下》云：「孟子曰：盡信書，不如無書；吾於〈武成〉取二三策
而已矣。仁人無敵於天下，以至仁伐至不仁，而何其血之流杵也。」是孟子
以「血之流杵」為虛語也。
〔註63〕見時瀾《增修東萊書說》，卷十六。

諸外夷，又恃強為患。由是天水一朝，遂成積弱不振之國。明此，則知二家之《書》解，其意固在此不在彼也。然治軍之道，要在平素之備豫不虞，必涵養於中而後能肆於外。故史浩云：

> 淮夷既叛，徐戎並興，魯公倉卒之間處之，若無難者，蓋軍旅之興，所當備而取勝者，不過利器械，畜牛馬，嚴軍律，禁竊盜，積糇糧，築營壘，備芻茭，惟此七事，於行軍用師，闕一不可。魯公於此，皆備豫不虞，可謂得治軍之要矣。……嗟乎！後世不知彼己，不恤備之未具，讙讙然以殺伐為說，昧者何知？第聞其語，莫不以為正論，一人唱之，眾人和之，及一敗塗地，則鉗口結舌，不復言兵。聞魯公之風亦可少媿矣。向非魯公得乃父之緒餘，何以有此。讀書者，知其成功，自有所本，則思過半矣。〔註64〕

按：史氏所謂：後世不知彼己，讙讙然以殺伐為說，及一敗塗地，則鉗口結舌，不復言兵者，蓋指南宋張浚未能量力度時，一意北伐，及一敗塗地，和議又起而言。然言魯公之備豫不虞，所以有成功，在深得治軍之道者，則誠中有宋一代之蔽政也。〔註65〕由此觀之，史氏之《講義》，雖謂解經，要在論時也。

然自靖康之變，欽、徽二帝北狩，趙王構南渡自立以降，儒者之經義，則不僅陳治軍、立志之道，進而以復讎為標的矣。如：史浩之論〈文侯之命〉云：

> 惜乎！平王不能側身修行，勤於政事以自治，修車備器，薄伐玁狁以復讎，如宣王之中興，是以〈黍離〉降而為〈國風〉也。〔註66〕

按：當張浚之北伐也，史氏獨持異議，時人多責其沮恢復之大業，孰知其志切復讎如此。是時，復讎之議，已蔚為一時之風尚，已非史氏可得而專。故東萊呂氏之責平王，較之史氏尤為激切。其言曰：

> 平王之失，大抵所求於人者重，而所自任者輕，延頸企踵以望諸侯之拯救，而不思自反，以進疆君德。燕昭王、小國之君也，慨然有

〔註64〕見氏著《尚書講義》，卷二十。
〔註65〕按：東萊呂氏《書說》言治軍之道，亦與史氏合。其言曰：「禹之家學，見於〈甘誓〉，周公之家學，見於〈費誓〉。啟初嗣位，而驟當有扈之變；伯禽初就封，而驟當徐夷之變，一日誓師，左右攻伐之節，戈矛馬牛之利病，曲折纖悉，若老於行陣者，孰謂其長於深宮之中，而黍於膏梁一養邪？是以知大禹、周公之家學，蓋本末具舉，而無所遺也。」蓋史氏重外在之軍備，而呂氏重內在之武裝，二者相輔相成也。
〔註66〕見氏著《尚書講義》，卷二十。

復讎之心，而士爭趨燕；樂毅自魏往，劇辛自趙往。燕始未嘗有一
士也，苟有是心，則千里之外應之。平王豈可以罔或耆壽俊在厥服，
而但已哉！〔註67〕

考宋高宗之南渡也，非無北復中原之機。〔註68〕而宋之所以終無能北復者，因循畏縮有以致之耳。然則，東萊固別具隻眼，能探得宋高之至隱者也。

　　按：時儒蓋有感於天下興亡之重責大任，有不可旁貸者，故於著書立說之際，於人主之心存偏安，無志於匡復，多慷慨陳辭，期能箴砭時政，以開張聖治也。於《書》義言之，史浩、東萊外，如蔡仲默之作《書集傳》，亦云：「平王以申侯立己爲有德，而忘其弑父爲當誅，方將以復讎討賊之眾，而爲戍申、戍許之舉，其忘親背義，得罪於天已甚矣。何怪其委靡頹墮而不自振也哉！」〔註69〕而陳氏鵬飛之《書》解，則以爲「平王感申侯之立己，而不知其德之不足以償怨。鄭桓公死於難，而武公復取於申，君臣如此，而望其振國恥，難矣！」〔註70〕若張九成之作《書傳統論》，於〈君牙〉、〈冏命〉、〈文侯之命〉諸篇，其言之峻厲激越，使人讀之憤惋。〔註71〕孰非有感於靖康之國恥耶！？

六、藉經以變法

　　神宗朝，王安石爲相，乃相繼推出「農田水利、青苗、均輸、保甲、免役、市場、保馬、方田」等新政，號曰「新法」，此即王安石變法之梗概。

　　安石、字介甫，宋撫州臨川人。少好讀書，一過目終身不忘。議論高奇，能以博辨濟其說。嘗釋《詩》、《書》、《周禮》，號曰《三經新義》。及其「變風俗，立法度」，遂以《三經新義》，以濟其新法之說。今《三經新義》，除《周

〔註67〕見時瀾《增修東萊書說》，卷三十五。
〔註68〕趙翼《廿二史劄記》，卷二十六，〈和議〉：「按宋南渡後，亦未嘗無可乘之機。其一在金廢劉豫，以地予宋，而烏珠又興兵來取之時。宋則劉錡有順昌之捷，韓世忠圍淮陽，有泇口鎮、潭城、千秋湖之捷。且曰兵勢最重處，臣請當之。岳飛有郾城之捷，穎昌之捷，已進軍至朱仙鎮，遣將經略京東西，汝、穎、陳、蔡諸郡，且曰直搗黃龍府，與諸君痛飲耳。吳璘在蜀，亦有石壁砦、百通坊、剡家灣、臘家城之捷，使乘此勢，策勵諸將進兵，河以北雖不可知，而陝西、河南地，未必不可得。乃當時君相方急於求成，遽令班師，遂成畫淮之局，此一失也。……」
〔註69〕見《尚書集傳》，卷六，〈文侯之命〉。
〔註70〕見陳振孫《直齋書錄解題》。
〔註71〕朱彝尊《經義考》，卷八十引王應麟語。

禮新義》猶存外，餘《詩》、《書》二義，均已亡佚，不可得讀，甚為可惜。

唯考諸有宋《書》家之著述，則安石之《書經新義》，猶可略窺其梗概，要皆為其「新法」文說，故時儒多非議者。今略舉數例以明之。如〈盤庚〉：「盤庚斅于民，由乃在位，以常舊服，正法度，曰無或敢伏小人之攸箴。」王氏曰：

> 治形之疾以箴，治性之疾以言。小人之箴，雖不可伏，然亦不可受
> 人之妄言。妄言適足以亂性，有至於亡國敗家者，猶受人之妄刺，
> 非特傷形，有至於殺身者矣。故古之人聖讒說，放淫辭，使邪說者
> 不得作，而所不伏者，嘉言而已。〔註72〕

按：所謂嘉言，與讒言、淫辭、邪說之間，若無客觀之準的，則必以非己者為讒說、為淫辭，而是己者為嘉言矣。由此觀之，王氏斯解，蓋欲藉經以沮論新法為不便者之口耳。是以，時儒蘇東坡嘗曰：

> 矇誦工諫，士傳言，庶人謗于市，此先王之舊服正法也。今民敢相
> 聚怨誹，疑當立新法，行權政，以一切之威治之。盤庚、仁人也，
> 其下教于民者，乃以常舊事而已，言不造新令也。以正法度而已，
> 言不立權政也。曰無或敢伏小人之攸箴者，憂百官有司逆探其意，
> 而禁民言也。〔註73〕

按：所謂以舊事而已，以正法度而已，不造新令，不立權政者，蓋指治國安民之政，不必背祖先之成法而造為新令也。所謂憂百官有司逆探其意，而禁民言者，蓋百官逆探君意，則擾民之事必興矣，且宣而成，隱而敗，不變之理也。是以子產不毀鄉校，欲使矇誦工諫，士傳言，庶人謗於市。蓋必如是，而後知政治之得失，民心之向背耳。仁乎？東坡！其言之也，豈非因王氏之新政而發乎？故林少穎曰：

> 此論（指東坡之論）甚善，亦有為而發也。當時王介甫變更祖宗之
> 制度，立青苗、免役等法，而當朝公卿，下而小民，皆以為不便，
> 而介甫決意行之，其意與盤庚遷都相類，故介甫以此藉口，謂臣民
> 之言，皆不足恤。〔註74〕

由此觀之，王介甫假經義以為新政據依之姦，時儒固已洞燭於機先矣。本傳云：「至議變法，而在廷交執不可，安石傅經義，出己意，辯論輒數百言，眾

〔註72〕林之奇《尚書全解》，卷十八引。
〔註73〕見蘇軾《書傳》，卷八。
〔註74〕同註72。

不能屈。」〔註75〕非虛語也。

又如：「今汝聒聒，起信險膚，予弗知乃所訟。」王氏云：

> 不夷之謂險，不衷之謂膚。造險膚者，所不待教而誅。〔註76〕

按：王氏前文，但云使讒說、淫辭不得作。若行之以正，猶得拒邪說，辨淫辭之教。然此謂：「不待教而誅」者，豈非將置異議之士於死地乎？此則不仁之甚者也。故林少穎斥之以「機深而智巧」。其言曰：

> 此言大害義理，夫盤庚斅于民，由乃在位，則是為險膚之言者皆教之，
> 而不忍誅也。今曰造險膚者，不待教而誅。則是盤庚之時，必誅其造
> 險膚者。此蓋王氏借此言，簧鼓以惑天下，欲快意於一時，老成人
> 之言新法之不便者，皆欲指為造險膚之人而悉誅也。不仁之禍，至六
> 經而止；王氏乃借六經之言，欲以肆其不仁之禍，是可歎也。〔註77〕

按：古之執政者，欲施法於老成人，民必有言法之未當者。今緣飾以經義，折衷於聖人之義理，而以為當誅，則天下之民，孰能以為不可殺哉！由此可知介甫之「機深而智巧」也，亦幸少穎之能揭其姦也。

又如〈大誥〉：「率寧人有指疆土，知今卜並吉，肆朕誕以爾東征，天命不僭，卜陳惟若茲。」王氏曰：

> 武庚，所擇以為商臣，三叔、周所任以商事者。其材似非庸人。方主
> 幼國疑之時，相率而為亂，非周公往征，則國家安危存亡，殆未可知。
> 然承文、武之後，賢人眾多，而迪知上帝，以決此議者十夫而已。況
> 後世之末流，欲大有為者，乃欲取同於圬俗之眾人乎！〔註78〕

按：王氏斯言，蓋以周公自任，而以諸說新法之不便者，皆末流圬俗之人，不足以有為者。故東坡以為「〈盤庚〉、〈大誥〉，皆違眾自用者，所以藉口也。」〔註79〕而林少穎亦以為「王氏此言，假之以為新法之地也。故每以盤庚遷都、周公東征，以傅會其說而私言之，以寓其意焉。」〔註80〕考盤庚違眾而遷都，周公不待成王之悟而東征，介甫引之，以為「天變不足畏，祖宗不足法，人

〔註75〕《宋史》，卷三百二十七，〈王安石〉。
〔註76〕同註72。
〔註77〕同註72。
〔註78〕林之奇《尚書全解》，卷二十七引。
〔註79〕蘇軾《書傳》，卷十一。
〔註80〕同註78。

言不足恤」之依據，而儒者亦能識其僞也如此。

又如〈康誥〉：「王曰：嗚呼！封，敬明乃罰。」王氏云：

> 敬明乃罰者，教康叔以作新民之道也。民習舊俗，小大好草竊姦宄，
> 卿士師師非度，而一日欲作而新之，其變詐強梗，將無所不爲，非
> 有以懲之，則不知所畏，故當敬乃罰也。〔註81〕

按：介甫斯言，蓋以爲當變法以革除舊俗之際，而民習舊俗，不知變法革新
之利，有變詐強梗，無所不爲。若是者必敬明乃罰以懲處之，不然則不知畏
也。此蓋欲假威刑以行新法，庶使小民、卿士，不敢議新法之不便而沮之也。

又如〈梓材〉：「肆往姦宄，殺人歷人宥，肆亦見厥君事，戕敗人宥。」
王氏云：

> 三卿尹旅見姦宄，殺人歷人不肯以法治之，反宥而縱之者，亦見其
> 君於戕敗人爲事者，宥而不治者也。〔註82〕

按：王氏斯言，蓋假之以爲凡干犯新法者，盡誅而不赦之意。故林少穎云：「其
（指介甫）意蓋謂此等麗于刑之人，皆當勿宥之。〈康誥〉之言，曰：乃其速
由，文王作罰，刑茲無赦，不率大戛。戒康叔以爲不可殺，而王氏則以爲當
殺。此則戒康叔以爲可宥，而王氏則以爲當勿宥。王氏之心術，大抵如此。」
〔註83〕由此觀之，王安石多假借《書》義以行新政亦明矣。然則，袁絜齋以
爲「王荊公當時謂之賢人君子，然亦只是口辨，前輩謂其議論人主之前，出
入古今，貫穿經史，是以神宗聽信之，率至於盡改祖宗法度。」〔註84〕不誣
也。要之，經者、常道也，其爲經世濟民之大法，未之改也。然神宗信之，
遂至於盡改祖宗之法度以亂政擾民者，王氏心術之害也。

七、結　語

昔應劭有言，儒者、區也。言其區別古今，居則玩聖哲之詞，動則行典
籍之道；稽先王之制，立當時之事，此通儒也。〔註85〕考宋儒之治《書》學

〔註81〕林之奇《尚書全解》，卷二十八引。
〔註82〕前揭書，卷二十九引。
〔註83〕同註82。
〔註84〕見氏著《絜齋家塾書鈔》，卷五。
〔註85〕見《後漢書·杜林傳》注引《風俗通》。

者，沉潛於經術之中，既能求端訊末，而得義理之指歸；又心繫道統與國運，故發爲經義，皆足以扶名教而箴時蔽。豈若清儒之討生活於故紙堆中，而考證於一字一句以求破碎支離之心得，無視群夷之變夏，與國家社會之沉淪者比。然則，有宋治《書》之家，果不負通儒之典型矣。若王荊公緣經害道，誤國病民者，則今日皓首窮經之士，可以有懼矣。

（本文原發表於：《成功大學學報》，第二十卷，《人文・社會篇》，1985年7月，頁23～48）

捌、春秋「微言大義」試釋

　　《孟子》敘孔子之作《春秋》，謂：「世衰道微，邪說暴行有作，臣弒其君者有之，子弒其父者有之。孔子懼，作《春秋》。《春秋》者，天子之事也。是故孔子曰：知我者，其惟《春秋》乎！罪我者，其惟《春秋》乎！」〔註1〕又曰：「王者之迹熄，而《詩》亡，《詩》亡然後《春秋》作。晉之《乘》，楚之《檮杌》，魯之《春秋》，一也。其文則史，其事則齊桓、晉文。孔子曰：其義，則丘竊取之矣。」〔註2〕按：孔子既曰：「知我者，其惟《春秋》乎！罪我者，其惟《春秋》乎！」又曰：「其義，則丘竊取之矣。」則吾人可以斷言，孔子之「知我、罪我」之關鍵，要在「丘竊取」之「義」甚明。

　　班固於《漢書‧楚元王傳》載劉歆之言，曰：「夫子歿而微言絕，七十子終而大義乖。」於〈藝文志〉又曰：「昔仲尼歿而微言絕，七十子喪而大義乖。故《春秋》分為五。《詩》分為四，《易》有數家之傳。」按：《孟子》但言《春秋》有「丘竊取」之「義」而已，及乎劉歆、班固，遂向前一推，謂《春秋》、《詩》《易》，皆有「微言大義」。《詩》、《易》是否有「微言大義」，且置而不論。

　　漢京以降，治《春秋》之家，堅信孔子之作《春秋》，有所謂「微言大義」。而研究《春秋》之重要工作，則在探求孔子之「微言大義」。然所謂「微言大義」是單一命題?或分「微言」與「大義」為二命題，則言人人殊，莫衷一是。筆者不敏，試釋如下。

〔註1〕　見〈滕文公章句〉下。
〔註2〕　見〈離婁章句〉下。

一、大義在誅討亂賊・微言在改立法制

　　清代今文經學大家皮錫瑞氏，著《經學通論》，於《春秋》之部，據《孟子》「世衰道微，邪說暴行又作，臣弒其君者有之，子弒其父者有之，孔子懼，作《春秋》。《春秋》，天子之事也。是故，孔子曰：知我者其爲《春秋》乎！罪我者其爲《春秋》乎！」及「王者之跡熄而《詩》亡，《詩》亡然後《春秋》作，晉之《乘》，楚之《檮杌》，魯之《春秋》，一也。其事則齊桓、晉文，其文則史。孔子曰，其義則丘竊取之矣。」等文獻，而論定「《春秋》大義，在誅討亂賊；微言，在改立法制。」〔註3〕

　　近人胡楚生教授根據皮氏之卓見，撰成論文，於中山大學中文系主辦之「清代學術研討會」上發表，於皮氏學說，力加發揚。謂「《春秋》大義，深入人心，形成人人心中之是非標準，成爲人人口中之清議輿論，是非長在，清議長存，自然使得意欲爲非作惡之亂臣賊子，心有所懼，即此，便是孔子成《春秋》，能使後世亂臣賊子畏懼的緣由。」又謂「皮氏以爲，改制立法，爲後世致太平，是《春秋》中的微言，所謂改制立法，是指孔子晚年，見道不行，故作《春秋》，將自己的政治理想制度，寄託其中，盼望後世，對此一理想制度，能見之實行。……證諸孔子『其或繼周者，雖百世可知』的言論，皮氏對於《春秋》中微言的看法，是可以採信的。」。〔註4〕胡教授是一位好學深思，潛心學術之篤實君子，其立身、治學皆令筆者敬仰。

　　然《春秋》眞有「微言大義」?而「大義」即「誅討亂賊」耶？「微言」即「改立法制」乎？皮氏之說，恐未必能滿足學界「求眞、求是」之好奇心耶！

二、皮氏說之反省

　　皮錫瑞爲今文經學家，其「大義在誅討亂賊・微言在改立法制」之說，或有得於《公羊》之啓發，而自成體系，爲一家之言。然皮氏此一之主張，是否即《孟子》：「其義則丘竊取之」之「義」。似乎頗有討論之必要。近人蕭公權教授在所著《中國政治思想史》一書，謂：

〔註3〕　見氏著《經學通論》，第四冊，《春秋》第一條：「論《春秋》大義在誅討亂賊微言在改立法制《孟子》之言與《公羊》合朱子之注深得《孟子》之旨」。

〔註4〕　見氏著：皮錫瑞《春秋通論》析評。收入國立中山大學清代學術中心《清代學術論叢》，第三輯。

《公羊傳》稱定、哀多微辭，董仲舒解之，謂世愈近則言愈謹，爲安身之義。何氏亦謂，孔子畏時君，上以諱尊隆恩，下以辟害容身。然則《春秋》定、哀之筆削大義，爲文致太平乎?抑邦無道，危行言遜乎?此又矛盾之說也。以今人之眼光，公羊家之稱微言，跡近欺人。其言太平，則意在阿世。〔註5〕

按：蕭教授考諸董仲舒、何休之言，得所謂「世愈近則言愈謹，爲安身之義。」及「孔子畏時君，上以諱尊隆恩，下以辟害容身。」等《公羊》師說。則董、何等《公羊》先師，並無所謂「微言」與「大義」；若孔子之作《春秋》，爲顧及個人生命安全，於行文之際，「世愈近、言愈謹」、或「上以諱尊隆恩，下以辟害容身」則有之。蓋「抑邦無道，危行言遜」，如此而已。乃何休又以昭、定、哀之所見世爲「著治太平」，〔註6〕與「辟害容身」說相矛盾。故蕭教授以爲「以今人之眼光，公羊家之稱微言，跡近欺人。其言太平，則意在阿世。」

中國學者呂紹綱於〈董仲舒與春秋公羊學〉一文，則針對皮錫瑞之主張，加以駁斥，謂：「清人皮錫瑞的《春秋通論》說『大義』是誅討亂臣賊子，『微言』是改制立科。這是不對的。因爲誅討亂賊是孔子作《春秋》的目的。」又謂：「實際上，《孟子》書並未涉及《春秋》大義問題。」呂氏不僅直斥皮錫瑞說法之不對，且拔本塞源，說「《孟子》書並未涉及《春秋》大義問題」。

按：蕭氏「公羊家之稱微言，跡近欺人」、呂氏「《孟子》書並未涉及《春秋》大義問題。」二氏之說，不僅破除《公羊》家之阿世媚俗。更直指皮錫瑞立論之未妥。

蕭、呂二氏之言，於《公羊》之迷障，固有廓清之功，然《孟子》所謂「其義則丘竊取之矣」之「義」，則不可不加以探討。然欲討論《春秋》大義，似宜先了解何謂「微言」?

三、「微言」試釋

何謂「微言」?《漢書‧藝文志》顏師古注引李奇曰：「隱微不顯之言也。」而顏師古則謂曰：「精微要妙之言。」由李、顏二氏之言觀之，「微言」一詞，似爲行文之技巧，或表現方法，而無其他精意存乎其中。

〔註5〕 見《中國政治思想史》，第二章，〈孔子〉，第六節：「大同小康與三世」。
〔註6〕 何休之言，見《公羊解詁》，卷一，「公子益師卒」條。

考先秦典籍中，如：《韓非子‧五蠹篇》載「所謂智者，微妙之言也；上智者，所難知也。」《呂氏春秋‧精諭篇》、《淮南子‧道應篇》皆有「白公與孔子微言」之記錄。《史記‧田完世家》亦有「淳于髡與鄒衍微言」之書寫。《後漢書‧楚王英傳》則謂英「誦黃、老之微言」。可見「微言」一詞，百家異說通用之，並非《春秋》學之專用詞。故顧實先生於《漢書藝文志講疏》以「蓋其意恆在言外，所以微妙難知也。」釋「微言」，應得其實。

《論語讖》嘗謂：「子夏六十四人共撰仲尼微言」。自《論語》之角度觀之，則所謂「仲尼微言」，即是《論語》。如今，仲尼已歿，無法繼續記錄仲尼口授之「微言」，故《漢志》言「絕矣」。然《論語》既紀錄成書，則仲尼之大義已有文字可據以研究矣。由此觀之，「微言」乃孔子口授時之修辭技巧，或表達方法；而「大義」則是內在之精髓。即《史記‧十二諸侯年表》所謂「七十子之徒口受其傳指，為有所刺譏褒諱挹損之文辭不可以書見也。魯君子左丘明懼弟子人人異端，各安其意，失其真。」是也。而顏淵所謂「仰之彌高，鑽之彌堅，瞻之在前，忽焉在後」者，〔註7〕要皆「意恆在言外」故也。

上述之理解，若是正確，則「仲尼歿而微言絕，七十子喪而大義乖。」正確之解釋，似乎是：孔子死後，那「意在言外，微妙難知」之語言就斷了（所幸「微言」所要表達的「大義」，已由文字紀錄，七十子得以傳承了。所以，得於不支離乖亂。）；等到七十弟子相繼去世，「大義」就支離破碎，扭曲亂道了。就《春秋》言，孔子的「微言」，只有一種，但弟子的領會卻各異。如今則分成《公羊》、《穀梁》、《左氏》、《鄒氏》、《夾氏》五家的大義，既相歧異，又互為角力；雖各擅勝場，然距離孔子的本意，或將南適越而北其轅。

四、《春秋》的大義

至於《春秋》之「大義」為何？呂紹綱氏在〈董仲舒與春秋公羊學〉一文中，以為歷史上第一個觸及《春秋》大義之人是董仲舒。並以為所謂《春秋》大義，其實即是《春秋》書法。而《春秋》書法主要表現在：

1. 成公十五年：「內其國而外諸夏，內諸夏而外夷狄。」此為「立足本國，胸懷諸夏，放眼天下」之史學觀。呂氏說「《春秋》大義，其實也就是《春秋》書法，書法亦就是寫書時遵循的原則。」那麼，孔子就是本著這個史學觀來

〔註7〕 見《論語‧子罕篇》。

書寫《春秋》。

2. 隱公元年：「所見異辭，所聞異辭，所傳聞異辭。」董仲舒云：「於所見微其辭，於所聞痛其禍，於所傳聞殺其恩。」案：微其辭、痛其禍、殺其恩，即時間遠近不同，用辭殊別。董氏曰：「義不訕上，智不危身。故遠者以義諱，近者以智畏，畏與義兼，則世逾近而言逾謹矣。」所以，呂氏說：「遠的事情有所諱避，近的事情有所畏忌。總的說來，時間越近，說話越小心謹慎。」這是孔子作《春秋》的重要書寫筆法。

3. 《孟子》說：「《春秋》，天子之事也。⋯⋯」呂氏認為「王者之事」，即《春秋》站在王者之高度，用王道的標準衡量，評說二百四十二年的歷史。至於所謂「吾因其行事而加王心焉。」呂氏以為「王心」不是別的，即孔子之「王道思想」。

按：以上呂氏所謂的《春秋》書法三項，乃研讀《春秋》不可不知之原則，讀者應會同意。

若說《春秋》大義，則蕭公權先生之說，或較得其實。蕭氏云：

> 孟子謂孔子成《春秋》而亂臣賊子懼，莊子稱《春秋》以道名分。

> 是皆以《春秋》為孔子正名思想之所托，最能得其實。

案：《莊子》：「《春秋》經世」。〔註8〕又曰：「《春秋》以道名分」。〔註9〕知「經世」當自「名分」始。考《論語》載：「子路曰：衛君待子而為政，子將奚先？子曰：必也正名乎！」〔註10〕孔子「經世」之志，從「正名」入手，孔子明言之。然所謂「正名」思想，其內蘊如何？李耀仙先生云：

> 孔子「正名」思想要「正」的「名」，就是「名分」。所謂「名正」，就是要求現實中的君臣、父子與他們的「名分」能相符合；「名不正」，就是不相符合。

又云：

> 孔子的「正名」主張表述了一種「名正則治，名不正則亂」的政治思想，因此，他把這一思想取來做《春秋》之「義」，確是具有「撥亂反正」的目的；經過他的弟子游、夏之徒的宣傳，這個《春秋》之「義」就傳到了各國封建統治階級的上層人士，迫使他們的行事

〔註8〕見〈齊物論篇〉。
〔註9〕見〈天下篇〉。
〔註10〕見〈子路篇〉。

不能不加以考慮，也就表明它也確是收到了一定的效果。〔註11〕
按：所謂「《春秋》大義」即「正名分」，蕭、李二先生所見略同。即經世要
務，首先要求現實社會之「君、臣、父、子」，必須名實相符。蓋「君、臣、
父、子」，名實相符，則亂臣賊子，將無所遂行其姦是也。

五、結　語

　　考《論語・子路篇》載：「子路曰：衛君待子而為政，子將奚先？子曰：
必也正名乎！」而子路以夫子為迂。孔子因之大談「正名」之重要，曰：「名
不正，則言不順；言不順，則事不成；事不成，則禮樂不興；禮樂不興，則
刑罰不中；刑罰不中，則民無所措手足。」由此知：社會上民人百姓，有所
措手足，要在政務之名實相符。故「齊景公問政於孔子。孔子對曰：君君，
臣臣，父父，子子。」景公遂大有領會，曰：「善哉！信如君不君，臣不臣，
父不父，子不子，雖有粟，吾得而食諸？」〔註12〕蓋一國之政務，若「君不
君，臣不臣，父不父，子不子。」則必天下大亂矣。故曰：「雖有粟，吾得而
食諸？」由此觀之，「正名分」為《春秋》之大義，不誣也。若「微言」，則
「隱微不顯」、「意內言外」得之。

〔註11〕見氏著《先秦儒學新論・六經與孔子》（成都：巴蜀書社）。
〔註12〕見〈顏淵篇〉。

玖、李總統「巧遇」蘇哈托

一、前　言

　　一九九四年農曆春節的除夕，李總統登輝先生率領隨從人員搭乘華航專機，飛往亮麗多姿的東南亞 —— 菲律賓、印尼及泰國等地渡假。總統府對外發布消息說，李總統利用春節假期到東南亞三國進行「非正式訪問」。國內的媒體與部分政論學者，有些說是「渡假外交」，有些說是「破冰之旅」。雖稱呼不盡相同，但大致體現臺灣在設法突破外交困境的努力則一。

　　在李總統這一趟「非正式訪問」的過程中，最精彩的是：當李總統駐進印尼峇里島觀光飯店的次日，印尼總統蘇哈托將軍也剛好到峇里島渡假，兩國元首就這樣「不期而遇」。於是，雙方就藉渡假之便，進行餐敘，進而並就臺、印兩國發展實質的經貿關係，交換意見。結果是成果豐碩，舉國振奮。

　　其實，類似這種「不期而遇」的外交活動，並不是李總統個人的「創意」，更不是總統府的智囊團們腦力激盪後的「新猷」。而是兩千多年前，老祖宗們就屢加運用的老戲碼，如今只是將它稍事翻新一下而已。不信，且讓我們翻開泛黃的史頁來讀讀吧！

二、《春秋》書「遇」

　　在兩千多年前的春秋末期，孔子手著的《春秋》一書，在列國諸侯之間的外交活動中，除會、盟、聘、問之外，就有所謂的「遇」禮。如果我們細心翻檢，至少可以找到如下的記錄：隱公四年：「夏，公及宋公遇于清。」八

年：「春，宋公、衛侯遇于垂。」莊公四年：「夏，齊侯、陳侯、鄭伯遇于垂。」二十三年：「公及齊侯遇于穀。」三十年：「公及齊侯遇于魯濟。」三十二年：「夏，宋公、齊侯遇于梁丘。」計隱公二次，莊公四次，共有六次之多。

三、《左傳》釋「遇」

問題是怎樣的外交活動，才能名之曰「遇」？《左傳》於隱公四年「公及宋公遇于清。」是這樣解解釋的，「春，衛州吁弒桓公而立。公及宋公爲會，將尋宿之盟。未及期，衛人來告亂。夏，公及宋公遇於清。」原來魯國與宋國在魯隱公元年曾在宿地結盟，〔註1〕唯迄今已歷四年，雙方的情誼漸漸的淡了。因此，兩國準備再次舉行元首級的高峰會，以鞏固雙方的情誼及聯盟關係。幾經磋商，終於敲定了高峰會的日期。

只是高峰會的日期未到，鄰邦的衛國卻發生了內亂，庶出的公子州吁把衛國的國君桓公殺了，並取而代之。這真是一件驚天動地，駭人聽聞的國際大事。基於魯、衛二國的邦誼，衛國人將此不幸的內亂訊息告知了魯國。面對此一突如其來的變局，所可能引發的國際危機。爲了商量如何協助衛國快速的敉平此一事件，避免產生不良的政治效應。魯、宋二國的國君，無法從容的等待既定的高峰會日期的到來，遂匆匆忙忙的提前會面。因此不名曰「會」，而曰「遇」了。

隱公八年的「遇」，又是怎麼一回事？《左傳》的記載是：「齊侯將平宋、衛，有會期，宋公以幣請於衛，請先相見，衛侯許之，故遇於犬丘。」按：齊侯即齊僖公，春秋初期，有小霸主之稱。「平宋、衛」，杜預《春秋經傳集解》謂「平宋、衛於鄭。犬丘即垂，一地二名，衛地。」原來春秋初期，宋殤公即位時，其堂弟即先君穆公之子——公子馮，出奔於鄭。公子馮雖出奔，但不能忘情於國政，隨時有推翻殤公，取而代之之意。鄭人窺知公子馮之意圖，亦有意支持公子馮回國奪取政權，以製造宋國之內亂，以達擴充國際影響力之意圖。此一情勢之發展，令宋殤公寢食難安。

衛公子州吁弒桓公自立，爲使自己之政權能夠獲得國際的承認，知宋殤公之腹心之痛，乃拉攏宋國，藉口剷除公子馮，以去殤公腹心之大患爲由，討好宋殤公。於是，宋、衛遂聯合出兵以伐鄭。自此宋、衛與鄭國之間，戰

〔註1〕 隱公元年《左氏傳》：「惠公之季年，敗宋師于黃，公立，而求成焉。九月，及宋人盟于宿，始通也。」

亂不息，國際秩序也爲之不穩。時有小霸主之稱的齊僖公，乃運用自己的影響力，推動一次齊、鄭、宋、衛間的四國高峰會議，藉以化解宋、衛與鄭之間的恩怨情仇，敉平可能擴大的國際危機。但宋、衛本是小國，力量薄弱，籌碼有限，擔心在高峰會議中，成爲輸家；爲齊一步調，整合力量，遂在高峰會議前夕，匆忙舉行會前會，以應付變局。所以也不名爲「會」，而名曰「遇」了。

莊公三十二年「夏，宋公、齊侯遇於梁丘。」按：鄭國本周王朝的子孫，係中原族姓，皇家貴冑。今爲南蠻鴃舌的楚國所侵擾。齊桓身爲中原諸侯之霸主，乃出面邀請列國諸侯舉行高峰會議，整合中原力量，以做爲鄭國之後盾，對抗楚國的侵犯，既表現「諸夏親暱，不可棄」的情誼，同時也展現齊桓公「尊王攘夷」的霸略雄圖。但在高峰會議舉行前，宋公因事請求先會見齊桓公。於是，只名曰「遇」，而不名曰「會」了。

綜前所述，知《左傳》家之所謂「遇」，是指國際間在舉行高峰會議之前，當事國因事而請求與某與會國，提前見面之名。上述《左傳》家的說法，與《禮記·曲禮》所謂：「諸侯未及期相見曰遇」，正好互相印證。

至於莊公三十年「冬，公及齊侯遇于魯濟。」《左傳》以爲「謀山戎也，以其病燕故也。」蓋山戎乃北戎之一族，屬「非我族類」之四夷。今以夷狄而侵擾諸夏族姓的燕國。齊桓公既圖立霸業，自有責任爲「諸夏親暱」的燕國排難解紛，解決邊患問題。所以，竹添光鴻《左傳會箋》說「據經書，公一敗齊，兩敗宋，則公頗知兵。又〈猗嗟〉之詩，稱莊公有禦亂之才。故齊桓伐山戎，且就公謀。」是戎狄寇邊，硝煙四起，戰事一觸即發，自無充裕之時間，可以舉行外交之盛典，只能「草次相遇」了。

至於莊公四年及二十三年兩次之「遇」，《左傳》未有記載。大概是事蹟未備，無以成書。但其立意，應大體相似。

前文隱公四年「夏，公及宋公遇于清」，八年「春，宋公、衛侯遇于垂」，及莊公三十二年「夏，宋公、齊侯遇于梁丘」。據記史的《左氏傳》所載，都是已經敲定舉行高峰會之時間，因有其他突發事件，兩國國君被迫提前見面。故《春秋》不書「會」而書「遇」。這一書寫方式，與《禮記·曲禮》所謂：「諸侯未及期相見曰遇」之說，若合符契。

至於，爲什麼書「遇」不書「會」呢？杜預《春秋經傳集解》，說「遇者，草次之期，二國各簡其禮，若道路相遇也。」蓋因事出突然，情勢急迫，不及備辦高峰會之國際禮儀，一切簡單從事。如兩國國君在外旅行，卻在路上相遇，遂握手言歡，相互酬酢，進而交換國情，促進合作，甚或達成密約是也。

莊公三十年「冬，公及齊侯遇于魯濟。」兩國國君並無高峰會之期約，同樣曰「遇」，與〈曲禮〉之說，似有不同。但山戎侵擾華夏種姓之燕國，情勢迫人，軍事行動，若因外交禮儀而延誤，後果將不堪聞問。爲爭取時間，而「各簡其禮」，是可以理解的。

四、《公羊》釋「遇」

根據《左傳》家與《禮記‧曲禮》的記載，似乎所謂「遇」，必須建立在「諸侯未及期相見」的條件上，若如此，則李總統的「破冰之旅」，或「度假外交」就「於古無據」了嗎？其實不然。且看《春秋‧公羊傳》於隱公四年，「公及宋公遇于清。」所闡發的大義，就與《左傳》家不同，他說：「遇者何？不期也。一君出，一君要之也。」看看，二月九日，當李總統的座機飛抵菲律賓蘇比克灣機場時，菲國總統羅慕斯先生專程趕抵蘇灣接機。只是，歡迎的場面雖盛大熱情，卻少了二十一響禮礮，也沒有一起進行閱兵的盛典。更有趣的是：當李總統到達峇里島的同時，印尼總統蘇哈托也趕到島上度假。一切都心照不宣的，如：「草次相遇」，當然也「各簡其禮」。但是，「一君出，一君要之也」的歷史場景，不是鮮活地重現在我們的眼前嗎？

五、《穀梁》釋「遇」

尤其要緊的是，雖「一君出，一君要之也」，如「草次相遇」然。但也僅是「如」而已。實質上是歷經長時間外交折衝安排的成果。因此，《穀梁》家也說：「遇者，志相得也。」什麼是「志相得」呢？蓋志者，在心爲志；得者，兩相契合也。所謂「志相得」者，意指兩國之領袖，在內心意志上，本相契合，有共同完成某項工作的意願，如：舉行一次高峰會議，以期達到經貿互補，區域合作，甚至共同防衛等共同利益之意志或默契。但迫於客觀形勢，或外在壓力，無法風風光光的，行禮如儀的舉行高峰會。於是，退而求其次，不拘一切形式或禮儀，以達成實質的國家利益爲最高目標的外交活動，所以

說，不曰：「會」，而曰：「遇」。而「遇者，志相得也。」意正在此。

　　準此觀之，這次李總統的度假，能獲得菲國羅慕斯總統的接機，以及在峇里島、曼谷等地，能順利的會見印尼總統蘇哈托、泰國國王浦美蓬等重要政治領袖，都是由於雙方「志相得也」的關係。

六、結　語

　　李總統不能與菲、印、泰等國領袖，風風光光的舉行高峰會議，其主要的阻力，當然是與菲、印、泰等國領袖不敢得罪中共有關。但却能與彼等領袖舉行「志相得也」的「遇」（即非正式的訪問與會談），其主要的原因，當然是這些國家有求於臺灣的經貿資金。

　　問題是，當年「魯昭公逃亡到齊國，住在陽州。齊景公打算到平陰慰問昭公，而昭公却先到達野井等候。」《左傳》家的批評是：「將要有求於人，就要先居於人下，這是合禮的事。」〔註2〕然而今天，菲、印、泰諸國有求於臺灣，或者說，臺灣挾著龐大的經貿實力，在與菲、印、泰諸國打交道時，却不能贏得對方「先下之」的優勢。反而，李總統以一國領袖之尊，只得到「李博士」、「李教授」的稱呼！何其可悲！究其原因無它，要在臺灣少了一張「國際人格」的身分證！？

　　行文至此，特別有感於李總統返國記者會上說：「我們應該再努力，更團結」的呼籲，是何等的重要啊！

　　（本文原刊於：《成功大學校友會訊》，第三期，頁22～24，1994年6月24日。）

〔註2〕《春秋左氏傳・昭二十五年》：「公孫于齊，次于陽州。齊侯將唁公于平陰。公先至於野井。齊侯曰：寡人之罪也，使有司待于平陰，爲近故也。書曰：公孫于齊，次于陽州，齊侯唁公于野井，禮也。將求於人，則先下之，禮之善物也。」

拾、論語「夷狄之有君不如諸夏之亡」解

一

《論語・八佾》篇載孔子之言，云：

夷狄之有君，不如諸夏之亡也。

解家之說，漢、宋異慮，旨趣亦殊。何晏《集解》，引包氏之言，曰：

諸夏、中國，亡、無也。

宋、邢昺《正義》，爲之疏通證明。謂：

此章言中國禮義之邦盛，而夷狄無也。舉夷狄，則戎蠻可知。諸夏、
中國也，亡、無也。言夷狄雖有君長，而無禮；中國雖偶無君，若
周召共和之年，而禮義不廢。故曰：夷狄之有君，不如諸夏之亡也。

按：漢儒解經之說，蓋主中國禮義之盛，而傷夷狄之文化晦闇，不知禮義也。

泊宋，程子作《論語解》，則別立新義，謂：

夷狄之有君，夷狄且有君，不如諸夏之僭亂，無上下之分也。

又謂：

此孔子言當時天下大亂，無君之甚。若曰：四夷猶有君，不若是諸
夏之亡君也。」〔註3〕

其後，朱夫子作《論語集註》，不取漢儒舊注，而取伊川先生之新解。蓋意主
禮義所出之諸夏，曾幾何時，竟不如鳥獸之夷狄，猶有君臣、上下之分也。

夫孔聖一言，解家異慮，陳義亦各有所鍾，然何者得洙、泗經世之高義，

〔註3〕 見《河南程氏遺書》，第九。

則有待後儒加以辨明也。且二者立義之旨趣，其與時代之牽繫又若何，亦有推敲研究之必要。筆者自幼伏案研讀四書，雖翻檢甚勤，惜未見有達人通解，足以袪疑辨惑者。故不揣謭陋，試爲疏解於后，以就正於方家通人云。

二

　　檢《論語》其他篇章，言及夷狄者，如：〈子罕篇〉，云：

　　　子欲居九夷，或曰陋。子曰：君子居之，何陋之有？

是九夷者，蔽陋之域，夫子固知之矣。今以道不行於諸夏，乃萌隱居九夷之思，此實乃「乘桴浮於海」之意，非以爲九夷可以取代諸夏也。故有告以九夷乃蔽陋之域，孔子遂答以「君子居之，何陋之有」者，蓋聖人所居則化，所存則神，此其所以無入而不自得也。且窮通否泰，自有天命。然生命之豐盈，靈智之清純，要在自我之滋潤與灌溉，無關乎環境之文明與晦闇也。故九夷雖陋，於常人則不可居，於聖人，何不可居之有？

　　又樊遲問仁，子曰：

　　　居處恭，執事敬，與人忠，雖之夷狄，不可棄也。（〈子路篇〉）

按「居處恭，執事敬，與人忠」三者，乃人我之際，直指情性，明見心血，洞察肝膽，徹上徹下，晬面盎背之文化體現，固非闇於禮義教化之夷狄族類所能知者。

　　然孔子以爲「雖之夷狄，不可棄也」者，蓋緣夷狄雖乏人文化成之教，其同爲人類則一；既同爲人類，則必有與吾人相通者。人既有可以相通之性，則可「以夏變之」也。職是言之，子張問行，孔子答以「言忠信，行篤敬，雖蠻貊之邦行矣」（〈衛靈公篇〉）者，意亦同此。

　　綜前《論語》所載諸章觀之，孔子固以諸夏爲文明之上國，而夷狄爲殊俗異教之野邦。唯孔子乃金聲玉振之至聖，氣平意和，出語圓潤，故乏昂揚激盪之厲辭。然觀「雖之夷狄」、「雖蠻貊之邦」諸語，則其貶夷狄而褒諸夏之意，亦深切著明矣。然孔子之意，正不止於此，故子貢問「管仲非仁者與」？孔子答以「微管仲吾其被髮左衽矣。」（〈憲問篇〉）則由貶夷狄、褒諸夏，進而爲攘斥夷狄，維護華夏之深情矣。

　　且《論語》一書，「不如」二字之用法，論者以爲當作「不及」解。故〈雍也篇〉：「知之者，不如好之者」，意即「知而不好，『不及』知而又好也」。〈子路篇〉：「吾不如老農」，即孔子自言，「己於耕稼之知識，『不及』老農」。〈公

冶長篇）：「十室之邑，必有忠信如丘者焉，不如丘之好學也」。即十室之邑中之若干人，於好學之功夫，「不及」孔子也。而〈子罕篇〉：「焉知來者之不如今也」，意即後來之人，不必「不及」於今之人，甚或有勝於今之人者，亦未可知也。由以上諸語法觀之，則「夷狄之有君，不如諸夏之亡也」者，蓋即「夷狄雖有君，不及諸夏之無君」之意也，〔註4〕與上述孔子貶夷狄而褒諸夏諸章之大義，若合符契。

泊春秋替而戰國興，夷狄浸淫爲禍，日益熾盛。故孟子遂本孔子之大義，秉其泰山巖巖之力，直斥夷狄之禍，如洪水、猛獸。故以周公之兼夷狄、驅猛獸，功同大禹之治洪水。於是，「戎狄是膺，荊舒是懲」，遂爲諸夏百世不悖之教言矣。

三

孟子謂「孔子成《春秋》而亂臣賊子懼」。（〈滕文公篇〉）莊周則以爲「《春秋》以道名分」。（〈天下篇〉）是二子者，皆以《春秋》爲孔子正名之書。

今考《春秋》經文之所筆削，正名之要，首重夷夏之防。故桓公二年，蔡侯、鄭伯會于鄧。左氏云：「始懼楚也。」六年，楚武侵隨，僭號稱王，而經不書。泊莊公十年，楚敗蔡師于莘，經雖書之，但曰荊而已。蓋楚辟陋在夷，於此始通中國也。〔註5〕故十四年入蔡，十六年伐鄭，猶以荊書。其後，國勢日熾，經於僖公元年，遂改書楚，以著其彊。然於其凌犯中國也，則並致其貶辭，如：僖公四年，公羊云：「楚，有王者則後服，無王者則先叛，夷狄也。」吳於成公十有五年，始通上國，而經以殊會書。（按《公羊》：「曷爲殊會吳？外吳也。曷爲外也？《春秋》內其國，而外諸夏；內諸夏，而外夷狄。」）

其後，吳王夫差、越王勾踐，並僭稱大號，然終春秋之世，僅得子爵而已。故〈曲禮〉曰：「其在東夷、北狄、西戎、南蠻，雖大曰子。」得夫子尊夏攘夷之微旨矣。它若戎執凡伯，夫子書之，則曰戎伐凡伯，不與夷狄之執中國也。〔註6〕吳主會，而夫子先書晉，不與夷狄之主中國也。〔註7〕庸非尊夏攘夷之義乎？

〔註4〕陳大齊《論語臆解》（臺北：臺灣商務印書館，《人人文庫》本）。
〔註5〕杜預《春秋經傳集解》語。
〔註6〕隱公七年《公羊傳》語。
〔註7〕哀公十三年《公羊傳》語。

考夷狄之人，非我族類，其心必異；﹝註8﹞血氣不治，若禽獸焉。﹝註9﹞且戎狄豺狼，不可厭也；諸夏親暱，不可棄也。﹝註10﹞故有能治夷狄而救中國者，夫子必褒之。如：僖公四年，公會齊侯、宋公、陳侯、衛侯、鄭伯、許男、曹伯侵蔡。蔡潰，遂伐楚。《公羊》云：「桓公救中國，而攘夷狄，卒怗荊，以此為王者之事也。」蓋「裔不謀夏，夷不亂華」﹝註11﹞故也。

若定公四年，吳子救蔡，《公羊》曰：「吳何以稱子？夷狄也，而憂中國。」哀公十三年，魯會晉、吳。《穀梁》曰：「黃池之會，吳子進乎哉？遂子矣。吳、夷狄之國也，祝髮文身，欲因魯之禮，因晉之權，而請冠，端而襲，其籍於成周以尊天王，吳進矣。」此夫子善夷狄之慕上國文明，而著「用夏變夷」之道也。

綜前所述，知孔子之作《春秋》也，固特著尊諸夏而抑夷狄之大義。此公羊子所以有「《春秋》內其國而外諸夏，內諸夏而外夷狄」﹝註12﹞之教也。

四

《詩》、《書》，夫子手訂之經也。然於《詩‧閟宮》之篇，則曰：「戎狄是膺，荊舒是懲，則莫我敢承。」故「泰山巖巖，魯邦所詹，奄有龜蒙，遂荒大東，至于海邦，淮夷來同，莫不率從。」「保有鳧繹，遂荒徐宅，至于海邦，淮夷蠻貊，及彼南夷，莫不率從。」蓋美僖公能舉義兵以復周公之疆宇之詩也。

於《書》，則著〈費誓〉之篇，而曰：「善敹乃甲冑，敿乃干，無敢不弔，備乃弓矢，鍛乃戈矛，礪乃鋒刃，無敢不善。」蓋淮夷、徐戎並興，東郊不開，若非伯禽完其甲冑，備乃弓矢，磨礪兵刃以伐之，則周公將不得血食，而魯其不能國矣。以禮義之邦之魯，且不能國，則其它諸國可知。此孔子訂《詩》、《書》，所以特著「膺戎狄、懲荊舒」之教也。

又考《爾雅‧釋地》云：「九夷、八狄、七戎、六蠻，謂之四海。」孫炎注云：「海之言晦，晦闇於禮義也。」唯其「晦闇於禮義」，故不得與諸夏同。若「晦闇於禮義」之夷狄，得逞欲肆暴於諸夏，非膺之懲之，則我諸夏必有

﹝註8﹞ 成公四年《左傳》季文子引史佚之志語。
﹝註9﹞ 《國語‧周語二》定王告士季語。
﹝註10﹞ 閔公元年《左傳》管仲告齊桓公語。
﹝註11﹞ 定公十年《左氏傳》語。
﹝註12﹞ 成公十五年《傳》語。

「被髮左衽」之痛矣。此孔子所以有稱美於齊桓、管仲也。

綜前所述，則孔子所謂「夷狄之有君，不如諸夏之亡也」也者，固當以漢儒之經說爲正解，似無疑義矣。

五

程伊川之解《論語》，不採漢、魏先儒之舊說，而必自陳新義者，蓋又與程氏之《春秋說》相牽繫。考有問伊川《春秋》解者，伊川每曰：「已令劉絢去編集，俟其來。」一日，劉集成，呈於伊川。伊川曰：「當須自做也。」〔註13〕又評孫泰山復《春秋尊王發微》，云：「始隱，孫明復之說是也。孫大概唯解《春秋》之法，不見聖人所寓微意。若如是看，有何意味乎？」〔註14〕則伊川以爲《春秋》一書，除書法外，猶別具妙旨，要非常人所能知耳。惜自涪陵歸，始下筆，竟不能成書而卒。然崇寧二年所作〈春秋序〉一篇，遂爲時儒治《春秋》者之所宗。

今考其序文，云：「後世以史視《春秋》，謂褒善貶惡而已。至於經世大法，則不知也。《春秋》大義數十，其義甚大，炳如日星，乃易見也。惟其微辭隱義，時措從宜者爲難知也。」〔註15〕按：《春秋》大義，可炳見如日星者，蓋誅亂臣，討賊子，尊內攘外，貴王賤霸，扶陽抑陰之類是也。若其跡有所嫌，不得不微其辭，隱其義者，蓋或有功宜揚而反抑之，或有罪宜誅而反縱之，或功猶未就而先予之，或惡猶未著而先奪之，或本尊而故退之，或本卑而故進之之類是也。〔註16〕凡此之類，非獨具隻眼，妙得聖心者，何以明之。

今諸夏乃禮義之大國，本甚尊貴，而四夷乃闇於禮義之族類，本甚卑賤。此匹夫匹婦能知之。然雖貴爲華胄，一失禮義，則爲夷狄；再失禮義，則爲禽獸矣。反之，雖賤爲四夷，一學禮義，則可以爲諸夏；再明禮義，則近道矣。此韓愈氏所謂：「孔子之作《春秋》也，諸侯用夷禮則夷之，進於中國則中國之」〔註17〕之意也。

然則，伊川先生以「夷狄之有君，不如諸夏之僭亂，無上下之分」者，豈非自唐末、五代以來，華夏之不競，喪失禮義，至欲爲夷狄而不可得。故

〔註13〕見《河南程氏外書》，卷第十二。
〔註14〕前揭書，卷第九。
〔註15〕前揭書，卷第十二。
〔註16〕參閱張伯行撰《近思錄集解》，卷三。
〔註17〕《韓昌黎集》，卷一，〈原道〉。

假夫子之《春秋》筆法，行「本尊而故退，本卑而故進」之義，以垂教戒於後世。使我諸夏之子孫，夙興夜寐，朝夕乾乾，以求無疆之休乎！

六

余讀歷代經解，參稽史冊，以爲政治之隆污，國勢之興衰，與乎氣運之轉關，與經生之疏解經義，有密不可分之牽繫與乎其間。蓋經術創始於孔子，而昌明於兩漢。當東西京之際，雖北有匈奴，南有百越之寇邊。然自漢武北伐南撻之後，邊患雖未能即息，而大漢之聲名文物，已燦然遠播於海內外矣。四方殊俗異教之邦，亦莫不以漢家之天下爲宗。故時儒之釋經，亦以漢家爲天下之獨尊。故謂「夷狄雖有君長而無禮義，中國雖偶無君長，但禮義不廢。」以爲夷狄終不改鳥獸之種落，而中國始終爲文明之上國，天下四方之宗盟主也。考其所以自負如斯者，一則係出於對國族、文化之自信，二則欲諸夏子孫，日夜不忘自尊自重，以祈天永命耳。

泊東京之末，董、曹爲禍，故繼三分之鼎立，司馬氏之擾攘後，天下終爲諸胡所分裂。拓拔氏之入主中夏，劉淵、劉曜之橫行河、洛。眞是胡塵遍野，狼煙處處。凡胡騎所至，老幼健壯，盡遭殺戮，婦人女子，供其淫虐。而士大夫俯仰於其間，豈猶有生人之氣耶？故漢家血肉之流離崩殞，其不夷滅淪亡者幾希！

其後，楊堅雖能混一區宇，然二世旋滅。李唐繼統，雖有貞觀、永徽、開元之善政，然天寶一亂，幾不能國。而藩鎮之禍，延及五季。藩鎮幾皆胡產。胡性貪殘，人民受其荼毒凌虐者，天地同其不容，鬼神猶爲號泣。然悠悠天下，困辱於胡塵，周、漢以來之風教，掃蕩殆盡。〔註18〕而爲天下宗盟主之上國文明，如今安在哉！

宋儒承五季之衰運，痛血肉之崩離？知國族之再造，必自振奮人心始。因上追孔、孟精思力踐，特立獨行之精神，以承天下興亡之重任，而發爲振聾發聵之教言。故伊川之釋經，慨然以「夷狄且有君，不如諸夏之僭亂，無上下之分」爲言，而朱子引之者，蓋非儒者一家好惡之言，實乃一代國族命脈，爭存亡絕續之公言也。後嗣子孫，伏讀斯書，不能闡隱顯幽，上接先儒之肝膽血肉，瞿然興起，戒愼恐懼，思有以自強不息！但斷斷於漢、宋之異

〔註18〕參閱熊十力《讀經示要》。

解，而或抑或揚者，豈先儒著此書之意乎？

　　由斯觀之，夫子一言，而漢、宋異訓，初讀之，似有矛盾不通處；深思之，未嘗不殊途同歸，相輔相成也。

　　（本文原刊於：《中國國學》，第十六期，頁 235～239，1988 年 10 月。又蒙中華文化復興運動總會文藝研究促進委員會轉載於《文藝廣釋》之四，《中國古典散文賞析與研究》）。

拾壹、亞聖考徵

一、前　言

　　今日舉凡皓首窮經，深思好學之士，於阮刻十三經注疏，莫不人手一部；而十三經之最後一部，厥爲《孟子》。考《孟子》一書之體例、性質，略與孔子之《論語》同，故今人皆曰《論》《孟》。於是，孔子爲「至聖」，孟子爲「亞聖」，儒者無異論矣。然劉歆《七略》、班固《漢書・藝文志》，凡與六經有關之典籍，皆入於〈六藝略〉，而《孟子》則入於〈諸子略〉之「儒家者流」，與子思、曾子、孫卿子同。可知劉歆、班固皆以《孟子》屬「諸子」，不屬諸「經」也。〔註1〕考之歷代書志，如《隋書・經籍志》、《舊唐書・經籍志》及《新唐書・藝文志》等，莫不皆然，故曾文正公云：「秦、漢以來，《孟子》蓋與《莊》、《荀》並稱」〔註2〕是也。

　　考孟子學術之大端，儒者以爲源頭、第一義者，莫若性善論。〔註3〕然檢

〔註1〕　班固《漢書・藝文志》：「歆於是總群書而奏七略，故有輯略、有六藝略、有諸子略、有詩賦略、有兵書略、有術數略、有方技略，今刪其要，以備篇籍。」按所謂「今刪其要，以備篇籍」者，顏師古以爲「刪去浮冗，取其指要也。」由此可知，《漢志》之分類，多承襲於劉歆《七略》也。

〔註2〕　見〈聖哲畫像記〉。

〔註3〕　牟宗三《歷史哲學》，第二部，第二章：明儒羅近溪曰：「其後，却虧了孟子，是個豪傑，他只見著孔子幾句話頭，便耳目爽朗，親見如聖人在前，心思豁順，就與聖人吻合。一氣呵出，說道人性皆善。至點掇善處，惟是孩提之愛敬，達之天下，則曰道在邇，事在易，親親長長而天下平也。憑他在門高弟如何諍論，也不改一字；憑他列國君臣如何忿惡，也不動一毫。只是入孝出悌，守先王之道，以待後之學者。看他直養無害，即浩然塞乎天地，萬物皆

漢儒之論述，於性善之說，亦未嘗盡以爲安。故董子嘗云：「天生民有六經，言性者不當異。然其或曰性也善，或曰性未善，則所謂善者，各異意也。性有善端，動之愛父母，善於禽獸，則謂之善，此孟子之言。循三綱五紀、通八端之理，忠信而博愛，敦厚而好禮，乃可謂善，此聖人之善也。……質於禽獸之性，則萬民之性，善矣；質於人道之善，則民性弗及也。萬民之性善於禽獸者許之，聖人之所謂善者勿許。吾質之命性者異孟子，孟子下質於禽獸之所爲，故曰性已善；吾質於聖人之所善，故謂性未善。」〔註4〕又云：「性雖出善，而性未可謂善也。……故曰：性有善質，而未能爲善也。」〔註5〕揚子雲氏亦云：「人之性，善惡混。修其善則爲善人，修其惡則爲惡人。」〔註6〕其後，王充著《論衡》，亦云：「周人世碩以爲人性有善有惡，舉人之善性養而致之則善長，性惡養而致之則惡長。如此，則性各有陰陽，善惡在所養焉。故世子作《養書》一卷。孟子作〈性善〉之篇，以爲人性皆善。及其不善，物亂之也。……未爲實也。」〔註7〕由此觀之，孟軻氏之不得志於炎漢，可知矣。

　雖然，趙歧之作〈孟子題辭〉，嘗云：「孝文皇帝欲廣遊學之路，《論語》、《孝經》、《孟子》、《爾雅》，皆置博士。」據此，則《孟子》在漢世，嘗與《孝經》、《論語》並配相伴，且位在《莊》、《荀》之上矣。惟是說也，儒者或是之，〔註8〕或非之，〔註9〕不有定論也。使是說果眞，趙歧又云：「後罷

備，反身樂莫大焉。其氣象較之顏子又不知如何。予嘗竊謂孔子渾然是《易》，顏子庶幾乎〈復〉，而孟子庶幾乎〈乾〉。」（《盱壇直詮》）「說到人性皆善」，即是逆之而溯其源，徹底通透者。其所以「庶幾乎乾」，正因其把握性善，通體透出，恢復人之所以爲人而建體立極，故能壁立千仞，而爲「乾造大始」者也。程明道云：「顏子合下完具，只是小。要漸漸恢廓。孟子合下大，只是未粹。索學以充之。」（《二程語錄》，卷四）其「合下大」，正因其「一氣呵出，說道人性皆善」也。直下透體立極，故大。

〔註4〕　見《春秋繁露・深察名號》，第三十五。
〔註5〕　前揭書，〈實性〉，第三十六。
〔註6〕　見汪榮寶撰《法言義疏》，卷五，〈修身篇〉。
〔註7〕　見《論衡集解》，第三卷，〈本性篇〉。
〔註8〕　閻若璩《四書釋地三續》「孟子置博士」條，云：「趙歧序《孟子》，孝文皇帝欲廣遊學之路，《論語》、《孝經》、《孟子》、《爾雅》，皆置博士。後罷傳記博士，獨立五經。朱子謂此事在《漢書》並無可考。愚謂《漢書》固有是說，但未見〈儒林傳〉。不觀劉歆移書太常博士乎？書云：孝文世，《尚書》初出於屋壁，《詩》始萌芽，天下眾書，往往頗出，皆諸子傳說，猶廣立於學宮，爲置博士。諸子傳說，即《孟子》等書也。後罷之，則以董仲舒對策，專崇六藝云。」又周廣業《孟子四考》，卷三云：「中稱孝文皇帝廣遊學之路，《論語》、《孝經》、《孟子》、《爾雅》，皆置博士。後罷傳記博士，獨立五經而已。

傳記博士，獨立五經而已。」是《孟子》於斯時亦被目爲「傳記」而已，非「常道」之「經」也甚明。魏人作徐幹〈中論序〉，以爲「孟軻、荀卿，並懷亞聖之才」，〔註10〕將孟、荀二子相伴並配，但唐人皇甫湜卻謂「孟、荀皆一偏之論」，〔註11〕至杜牧，則以爲荀優孟劣，故謂「此於二子，荀得多矣」。〔註12〕由此看來，自漢、魏以降，以迄唐初，孟子之地位，猶與諸子同。

二、孟子升經之醞釀

孟子於李唐之世，雖見斥於皇甫湜、杜牧之諸子，然孟氏升格之醞釀，蓋亦始於唐之中葉。考肅宗寶應二年禮部侍郎楊綰，嘗請廢時文，改試經史策論，並請「《論語》、《孝經》、《孟子》兼爲一經。」〔註13〕懸爲功令。首開《孟子》升格之端緒。至懿宗咸通四年，又有進士皮日休請以《孟子》爲學科。〔註14〕其書云：

> 聖人之道，不過乎經；經之降者，不過乎史；史之降者，不過乎子。
> 子不異乎道者，《孟子》也。捨是子者，必戾乎經史，又率于子者，
> 則聖人之盜也。夫《孟子》之文，粲若經傳。天惜其道，不燼於秦。
> 自漢氏得之，嘗置博士，以專其學。故其文繼乎六藝，光乎百氏，眞

託今諸經通義，得引《孟子》以明事，謂之博文。按置博士不見於《漢書》，而劉歆移書讓太常博士云：孝文皇帝時，天下眾書，往往頗出，皆諸子傳記，猶廣立於學官，爲置博士，是其證也。王圻《續文獻通考》，乃謂《孟子》得博士，實自歧始，誤矣。博文之說，《玉海》〈藝文經解〉類，據呂東萊曰：謂課試者也。」

〔註9〕周予同《群經概論・本論》，九，〈孟子〉云：「據趙歧〈孟子題辭〉，以爲漢孝文帝時，曾置博士。然這事不見於《漢書》，說頗可疑。清閻若璩《四書釋地三續》，根據劉歆移讓太常博士書，以爲《孟子》博士的廢罷，當因董仲舒對策，專崇六藝之故。但這也是推測之辭，不足憑信。」

〔註10〕蔣伯潛《經與經學》，第十三章引魏人作徐幹《中論》序：「孟軻、荀卿，懷亞聖之才，著一家之法。」

〔註11〕陳澧《東塾讀書記》，卷三引皇甫持正〈孟子荀子言性論〉云：「《孟子》、《荀子》，皆一偏之論。」

〔註12〕陳澧《東塾讀書記》，卷三引杜牧之〈三子言性辨〉云：「荀言人之性惡，此於二子，荀得多矣。」

〔註13〕見《新唐書》，卷四十四，〈選舉志上〉。

〔註14〕見馬端臨《文獻通考》，卷二十九，〈選舉二〉。又見孫光憲《北夢瑣言》，卷二。

聖人之微旨也。若然者,何其道曄曄於前,其書汲汲於後,得非道拘乎正,文極乎奧,有好邪者,憚正而不舉,嗜淺者,鄙奧而無稱耶!蓋仲尼愛文王,嗜昌歜以取味;後之人將愛仲尼者,其嗜在《孟子》矣。嗚呼!古之士以湯、武爲逆取者,其不讀《孟子》乎?以楊、墨爲達智者,其不讀《孟子》乎?由是觀之,《孟子》之功,利於人亦不輕矣!今有司除茂才、明經外,其次有熟莊周、列子書者,亦登于科,其誘善也雖深,而懸科也未正。夫莊、列之文,荒唐之文也。讀之,可以爲方外之士;習之、可以爲鴻荒之民,有能汲汲以救時補教爲志者哉!伏請命有司去莊、列之書,以《孟子》爲主,有能精通其義者,其科選視明經。苟若是也,不謝漢之博士矣。〔註15〕

按:自東漢張道陵創爲道教以來,依附道家老、列、莊之典籍以爲經,並推老子爲教主。老子姓李,與唐之皇室同姓,故唐之人主,遂以道教爲國教,而莊、列之書,因得懸爲功令矣。皮氏之去莊、列而主《孟子》,亦去異端而扶正學之意也。惜當時朝廷,一如楊綰之議,未善加採納。不然,《孟子》之升格爲「經」、設科,當溯自李唐始矣。

然李唐之世,其尊《孟》之最,而影響至深且鉅者,當推楊綰之後,皮日休之前之韓文公愈也。今考《韓昌黎集》,其述《孟》、尊《孟》之作,不一而足。茲略述於后。如〈與孟尚書書〉云:

《孟子》云:今天下不之楊則之墨,楊、墨交亂,而聖賢之道不明,則三綱淪而九法斁,禮樂崩而夷狄橫,幾何其不爲禽獸也。故曰:能拒楊、墨者,皆聖人之徒也。揚子雲云:古者,楊、墨塞路,孟子辭而闢之廓如也。夫楊、墨行,正道廢,且將數百年,以至於秦,卒滅先王之法,燒除其經,坑殺學士,天下遂大亂。及秦滅,漢興且百年,尚未知修明先王之道,其后始除挾書之律,稍求亡書,招學士。經雖少得,尚皆殘缺,十亡二三,故學士多老死,新者不見全經,不能盡知先王之事,各以所見爲守,分離乖隔,不合不公,二帝三王,群聖人之道,於是大壞。後之學者,無所尋逐,以至於今泯泯也。其禍出於楊、墨肆行而莫之禁故也。孟子雖賢聖,不得位,空言無施,雖切何補?然賴其言,而今學者尚知宗孔氏,崇仁

〔註15〕見《四部叢刊初編‧集部‧皮子文藪》(臺北:臺灣商務印書館《四庫全書》本),卷九,〈請孟子爲學科書〉。

義，貴王賤霸而已。其大經大法，皆亡滅而不救，壞爛而不收，所存十一於千百，安在其能廓如也！然向無孟氏，則皆服左衽而言侏離矣。故愈嘗推尊孟氏以爲功不在禹下者，爲此也。〔註16〕

按：韓文公於此，推尊孟氏拒楊、墨，宗孔氏，崇仁義，貴王賤霸，以爲功不在禹下。蓋楊、墨之道不止，則孔子之道不著。且夫秦火之後，六經殘闕，時孟子列於子部，故得以保存；於是，孔子群聖之道亦因孟子而得廓如也。此孟子之功不在大禹治水之下也。故文公又較論孟、荀之高下，云：

始吾讀孟軻書，然後知孔子之道尊，聖人之道易行，王易王，霸易霸也。以爲孔子之徒沒，尊聖人者，孟氏而已。晚得揚雄書，益尊信孟氏，因雄書而孟氏益尊；則雄者，亦聖人之徒歟！聖人之道不傳于世，周之衰，好事者，各以其說干時君，紛紛藉藉相亂，六經與百家之說錯雜，然老師大儒猶在，火于秦，黃、老于漢，其存而醇者，孟軻氏而止耳，揚雄氏而止耳。及得荀氏書，於是，又知有荀氏者也。考其辭，時若不粹，要其歸，與孔子異者鮮矣。抑猶在軻、雄之間乎！孔子刪《詩》《書》，筆削《春秋》，合於道者著之，離於道者黜去之，故《詩》《書》《春秋》無疵。余欲削荀氏之不合者，附于聖人之籍，亦孔子之志矣！孟氏醇乎醇者也，荀與揚也，大醇而小疵。〔註17〕

按：韓文公既曰：「孟氏醇乎醇，荀與揚也，大醇小疵」，又曰：「（荀）抑猶在軻、雄之間」。同時又有「欲削荀氏之不合（聖人之道）者」。於是，孟軻、荀卿、揚雄三子高低軒輊之歷史位階遂定。而漢、魏以來，孟、荀並配相侔之說破矣。因此，欲求聖人之道，必自孟子始。〈送王秀才序〉云：

孟軻師子思，子思之學蓋出曾子，自孔子沒，群弟子莫不有書，獨孟氏之傳得其宗。……道於楊、墨、老、莊、佛之學，而欲之聖人之道，猶航、斷港絕潢，以望至於於海也。故求觀聖人之道，必自孟子始。〔註18〕

按：荀卿、揚雄，既「大醇小疵」，而「楊、墨、老、莊、佛之學，欲之聖人之道」，又如「斷港絕潢」之「望至於海」。則荀、揚（雄）、楊（朱）、墨、

〔註16〕見《韓昌黎集》，卷三，〈書〉。
〔註17〕前揭書，卷一，〈雜著·讀荀〉。
〔註18〕前揭書，卷四，〈序〉。

老、莊、佛之學,皆不得獨宗於聖學,唯孟氏能宗之。是孟氏之學固非荀、揚諸子可同日而語也。故韓氏又曰:

> 曰斯道也,何道也?曰:斯吾所謂道也,非向所謂老與佛之道也。
> 堯以是傳之舜,舜以是傳之禹,禹以是傳之湯,湯以是傳之文、武、
> 周公,文、武、周公傳之孔子,孔子傳之孟軻,軻之死不得其傳焉。
> 〔註19〕

按:此即後世所謂道統之說也。蓋楊、墨、老、莊、佛之書,固「方外之士,鴻荒之民」之書也。而荀、揚又「擇焉而不精,語焉而不詳」。獨孟氏能「宗孔氏,崇仁義,貴王賤霸」,故得獨傳「道統」也。自文公此論出,而皮氏升經之說起。是孟氏升經運動,其醞釀於李唐之概可知矣。〔註20〕

三、孟子升經之完成

孟子一書,於李唐之世,固未嘗以「經」名。然自韓文公「孔子傳之孟軻」之說出,學者遂以孔、孟並稱。於是,孟子之地位,遂非莊、荀、揚等諸子可同日而語矣。

於是,宋真宗大中祥符年間,命孫奭作《孟子音義》,學者咸以為是「尊信孟子之始」。〔註21〕洎仁宗嘉祐刻石,《孟子》遂得以與石經之列矣。丁晏〈北宋汴學二體石經記〉云:

〔註19〕 同註 17,〈原道〉。

〔註20〕 陳振孫《直齋書錄解題》,卷三,云:「自韓文公稱孔子傳之孟軻,軻死不得其傳,天下學者,咸曰孔孟。」又顧實《漢書藝文志講疏》,三,〈諸子略〉:「故唐以前,周公、孔子並稱,宋以後,孔子、孟子並稱,此中國文化一大升降之機也。」

〔註21〕 孫奭《孟子音義・序》云:「其書由炎漢之後,盛傳於世。為之注者,則有趙歧、陸善經;為之音者,則有張鎰、丁公著。自陸善經已降,其所訓說,雖小有異同,而共宗趙氏。今奉勅校定,仍據趙注為本。惟音義,宜在討論。臣今詳二家撰錄,俱未精當,張氏則徒章句,漏略頗多;丁氏則稍識指歸,偏謬時有。若非刊正,詎可通行。謹與尚書虞部員外郎同判國子監臣王旭、諸王府侍講太常博士國子監直講臣馬龜符、鎮寧軍節度推官國子監說書臣吳易直、前江陰軍江陰縣尉國子學說書臣馮元等,推究本文,參考舊注,采諸儒之善,削異說之煩,證以字書,質諸經訓,疏其疑滯,備其闕遺,集成音義二卷。」葉名灃〈北宋汴學二體石經跋〉:「蓋宋自大中祥符間,命孫奭作音義,為尊信《孟子》之始。」周予同《群經概論・本論》,九,云:「據近人陳漢章《經學通論》的考訂,宋大中祥符七(西元 1014)年,孫奭上新印《孟子音義》。」

南宋高宗御書石經，今在杭州府學，殘石尚列於門廡。至北宋忻學石經之佚久矣。顧亭林《石經考》列開封石經之目，實未之見。萬季野《石經考》云：宋石經集當時善篆隸者分書，出諸名人之手，乃後人皆不獲見，而今人亦鮮有語及者，豈此刻遭汴京之覆，竟毀壞無餘耶！是萬氏亦未之見也。《經義考》已云佚，竹垞謂沉于黃河淤泥之下。杭大宗《石經考異》云：石板之亡當在元末。吾鄉吳山夫先生《金石存》有宋二體石經搨本，祇《周易》、《尚書》、《周禮》共五碑。李芝齡先生案語云：碑在今陳留縣，僅存《周禮》卷一及第五中數行，餘經悉亡。蓋石經之亡佚有年矣。咸豐丁巳夏五月，余偶過書肆，見墨搨石經殘破一束，篆書一行，正書一行，此即《玉海・藝文》所云：仁宗命國子監取《易》、《詩》、《書》、《周禮》、《禮記》、《春秋》、《孝經》，為篆隸二體石經，刻石兩楹。周密《癸辛雜識》所云：汴梁太學九經石板，一行篆字，一行眞書是也。亟購以歸，黏綴為四大冊，紙墨極舊，乃元以前人拓本，汴石刻之塵有存者，洵人間之奇秘，重可寶也。……《宋史》及《玉海》載仁宗石經無《孟子》，而此殘石有之，足補史籍之闕。唐開成石經及《經典釋文》俱無《孟子》，汴學以《孟子》列於經，是表章《孟子》自北宋石經始也。

按：由丁儉卿前文所述，知《孟子》之有石經，蓋斷自仁宗嘉祐始〔註22〕也。厥後，宋神宗用王安石之言，「士各占治《易》、《詩》、《書》、《周禮》、《禮記》一經，兼《論語》、《孟子》。每試四場，初大經，次兼經。」〔註23〕由此觀之，《孟子》於北宋，不廑隸經，且立之學官矣。〔註24〕

〔註22〕 按：後蜀孟昶之廣政石經，亦有《孟子》。唯據張國淦《蜀石經考》云：「蜀石經刊始於後蜀孟昶廣政元年，畢工於宋宣和六年。《孝經》、《論語》、《爾雅》、《周易》、《毛詩》、《尚書》、《儀禮》、《禮記》、《周禮》、《春秋左氏傳》十七卷止，均蜀時刊。《左氏傳》十八卷至三十卷、《穀梁傳》、《公羊傳》、《孟子》，又《石經考異》，均宋時刊。」葉名澧〈北宋汴學二體石經跋〉：「至晁公武《郡齋讀書志》，謂宣和中，席旦知成都，刊《孟子》，以補孟蜀石經之缺，殆因汴學而踵行之者歟！」據張國淦《蜀石經考》自注，《孟子》之刊石在宣和六年。是廣政石經之刊《孟子》，固在汴學二體石經之後也。

〔註23〕 見《宋史》，卷一百五十五，〈選舉一〉。

〔註24〕 王應麟《玉海》，卷四十二：「國朝方以三傳合為一，又舍《儀禮》，而以《易》、《詩》、《書》、《周禮》、《禮記》、《春秋》為六經。又以《孟子》升經，《論語》、《孝經》為三小經，今所謂九經也。」顧炎武《日知錄》，卷十，「九經」條云：「《宋史》，神宗用王安石之言，士各占治《易》、《詩》、《書》、《周禮》、《禮

其時，雖有疑《孟》、詆《孟》者，如馮休作《刪孟》、司馬光作《疑孟》、李覯作《常語》、晁說之作《詆孟》、鄭叔厚作《藝圃折衷》等，以排斥《孟子》。〔註25〕

然哲宗元祐年間，既立經義、詩賦之科，遂以《孟子》為課士之科矣。《宋史》，卷一百五十五，〈選舉一〉云：

> 四年，乃立經義、詩賦兩科，罷試律義。凡詩、賦進士，於《易》、《詩》、《書》，《周禮》、《禮記》、《春秋左傳》內聽習一經。初試本經義二道，《語》、《孟》義各一道，次試賦及律詩各一首，次論一首，末試子、史、時務策二道，凡專經進士，須習兩經，以《詩》、《禮記》、《周禮》、《左氏春秋》為大經，《書》、《易》、《公羊》、《穀梁》、《儀禮》為中經。《左氏春秋》得兼《公羊》、《穀梁》、《書》，《周禮》得兼《儀禮》或《易》，《禮記》、《詩》並兼《書》，願習二大經者聽，不得偏占兩中經。初試本經義二道，《論語》義一道；次試本經義三道，《孟子》義一道；次論策，如詩、賦科。

按：元祐課士，詩賦進士，初試本經義二道，《語》《孟》義各一道；專經進士，初試本經義二道，《論語》義一道，次試本經義三道，《孟子》義一道。由此觀之，元祐取士，《論語》、《孟子》並重可知。

皇家且以一時名臣進講於經筵。《玉海》載元祐五臣解《孟子》，云：

> 范祖禹、孔武仲、吳安詩、豐稷、呂希哲，元祐中，同在經筵所進講議，貫穿史傳，辭旨精贍。〔註26〕

而司馬康奉對邇英殿，亦言《孟子》為書最醇正，陳王道尤明白，所宜觀覽。上尋詔講筵官編修《孟子節解》為十四卷以進。〔註27〕

記》一經，兼《論語》、《孟子》。」又于大成《孟子的注本》：「直到宋神宗時，因王安石對《孟子》特加尊揚，於是，元豐七年詔以孟子配孔子，而《孟子》一書，乃與《論語》、《孝經》合稱三小經。從此，《孟子》書的地位，遂由諸子一躍而而為經書。」

〔註25〕王應麟《玉海》，卷四十一：「馮休《刪孟》二卷、司馬光《疑孟》一卷。」朱彝尊《經義考》，卷二百三十一引楊豫孫云：「其後，王充、林慎思、馮休、李覯、司馬光、鄭叔厚之徒，與孟子異者六家。」，卷二百三十二引邵博云：「大賢若孟子，其可議乎？後漢王充乃有〈刺孟〉，近代何涉有〈刪孟〉。」，卷二百三十三：「馮休刪《孟子》，《宋志》一卷，《玉海》二卷。李氏覯《常語》一卷。司馬光《疑孟》，《通考》一卷。」，卷二百三十四：「晁說之詆孟。」

〔註26〕見《玉海》，卷四十一。

〔註27〕見朱彝尊《經義考》，卷二百三十三引。

是時，民間碩彥之講學，亦《論》《孟》並講。且以爲入經之門也。如：
伊川先生嘗云：

> 初學入德之門，無如《大學》，其他莫如《語》、《孟》。〔註28〕

又云：

> 學者先須讀《語》、《孟》，窮得《語》、《孟》，自有要約處。以此觀
> 他經，甚省力。《語》、《孟》如丈尺權衡相似，以此去量度事物，自
> 然見長短輕重。〔註29〕

甚謂：

> 學者當以《論語》、《孟子》爲本，《論語》、《孟子》既治，則六經可
> 不治而明矣。〔註30〕

伊川既謂「初學入德之門，無如《大學》，其他莫如《語》《孟》。」繼謂「《語》、
《孟》如丈尺權衡相似。」終謂「《論語》、《孟子》既治，則六經可不治而明。」
《論》《孟》之重要，超越六經而上之矣。

綜前所述，知帝王之尊《孟》既若是，而民間碩儒之表章《孟子》又如
彼。是以，高宗南渡，繩其祖武，紹興中，吳表臣於經筵講授《孟子》，而高
宗且書於座右屏，又書刊石於太學，〔註31〕《孟子》之見尊於帝王家，無出
其右者矣。《玉海》載：

> 繫年錄：十三年十一月丁卯，秦檜奏前日蒙付出御書《尚書》，來日
> 欲宣示從臣。時上寫六經、《論》、《孟》皆畢，因請刊石國學。仍盼
> 墨本賜諸路州學，詔可。〔註32〕

又載：

> 十三年二月，内出御書《左氏春秋》，及《史記》列傳，宣示館職。
> 少監秦熺以下，作詩以進。六月，内出御書《周易》，九月四日，上
> 諭輔臣曰：學寫字，不如便寫經書，不惟可以學字，又得經書不忘。
> 既而《尚書》委知臨安府張澄刊石，頒諸州學。十四年正月，出御
> 書《尚書》。十月，出御書《毛詩》。十六年五月，又出御書《春秋
> 左傳》，皆就本省宣示館職，作詩以進。上又書《論語》、《孟子》，

〔註28〕見《近思錄》，卷三。
〔註29〕同註28。
〔註30〕同註28。
〔註31〕見《玉海》，卷41。
〔註32〕見《玉海》，卷43。

皆刊石立于太學首善閣，及大成殿後三禮堂之廊廡。〔註33〕

按：高宗御書石經，世稱紹興御書石經。所書《周易》、《尚書》、《毛詩》、《春秋左傳》、《論語》等經典，雖云繩其祖武，不遺《孟子》。蓋亦時勢之所趨，不得不然也。

洎朱熹出，遂本韓文公愈及二程先生之說，既推尊《孟子》以配《論語》，爲作《論語》、《孟子》集註。〔註34〕又取《禮記》中之〈大學〉、〈中庸〉，爲作章句〔註35〕號稱四子書。〔註36〕並於光宗紹熙元年刊行於世。〔註37〕及熹歿，朝廷遂以其「《大學》、《語》、《孟》、《中庸》訓說立於學官。」〔註38〕

於是，端平間，陳振孫《直齋書錄解題》，遂以《孟子》著錄於經部。並云：

> 前志《孟子》本列於儒家，然趙歧固嘗以爲則象《論語》矣。自韓文公稱孔子傳之孟軻，軻死不得其傳，天下學者咸曰孔孟，孟子之書，固非《荀》《揚》以降，所可同日語也。今國家設科取士，《語》《孟》並列爲經，而程氏諸儒訓解二書，常相表裏，故今合爲一類。
> 〔註39〕

按：陳氏《直齋書錄解題》將《孟子》著錄於經部，是目錄學者，將《孟子》著錄於經部之始。由此觀之，《孟子》由子部，上升入錄於經部，固醞釀於李唐，而完成於趙宋也。其中，尤以朱熹之刊「四子書」，使《大學》、《論語》、

〔註33〕 同註25。

〔註34〕 王應麟《玉海》，卷四十一云：「淳熙《論語》、《孟子》集註或問，朱文公熹撰，淳熙四年六月癸巳成，初編次集義，輯二程之說，又取張、范、二呂，謝、游、楊、侯、尹氏九家。又本注疏，參釋文，會諸老先生之說，閒附所聞於師友，得於心思者，爲詳說。既而約其精粹，爲集注。又疏其所以去取之意，爲或問。」

〔註35〕 王應麟《玉海》，卷三十九云：「淳熙《大學章句》、《中庸章句》，朱文公熹撰。淳熙十六年二月甲子序《大學章句》，三月戊申序《中庸章句》。二書各有或問，又有輯略。」

〔註36〕 朱彝尊《經義考》，卷二百五十二引王禕云：「《論語》，先漢時已行，諸儒多爲之註。《大學》、《中庸》二篇，在《小戴記》中，註之者，鄭康成也。《孟子》初列於諸子，及趙歧註後遂顯矣。爰自河南程子實尊信《大學》、《中庸》而表章之，《論語》、《孟子》亦各有論說。至朱子始合四書，謂之四子。《論語》、《孟子》則爲之註，《大學》、《中庸》則爲之章句、或問。自朱子之說行而舊說盡廢矣。於是，四子者與六經並行而教學之序莫先焉。」

〔註37〕 《宋元學案》，卷四十九，〈晦翁學案下〉云：「紹熙元年，知漳州，刊四經，四子書成。」

〔註38〕 見《宋史》，卷四百二十九，〈道學三・朱熹傳〉。

〔註39〕 陳振孫《直齋書錄解題》，卷三，〈語孟類〉。

《孟子》、《中庸》，得與六經並行為關鍵也。惟考之《宋史》，終趙宋之世，孟子但以「公」稱，未聞以「亞聖」名。〔註40〕是「亞聖」之稱，不始於宋世也。

四、孟子之稱亞聖

《孟子》一書之顯發，固始於朱文公之刊四子書，既如上述。惟趙宋旋即滅亡，故孟子之見尊為「亞聖」，則有待於蒙古之續成也。考元人以異族入主中國，其武功雖盛，言學術文化則闕如也。故太宗既得天下，即用耶律楚材言，以科舉選士。及元世祖之立國子學，遂一仍趙宋之制，以四子書教授學子。《元史》載：

> 世祖至元七年，命侍臣子弟十有一人入學。……至二十四年，立國子學，而定其制。設博士，通掌學事，分教三齋生員，講授經旨，是正音訓，上嚴教導之術，下考肄習之業。復設助教，同掌學事，而專守一齋，正、錄申明規矩，督習課業。凡讀書必先讀《孝經》、《小學》、《論語》、《孟子》、《大學》、《中庸》，次及《詩》、《書》、《禮記》、《周禮》、《春秋》、《易》。〔註41〕

按：元人之讀書，既先四子書，則其考試亦如之。故仁宗皇慶二年十月，中書省臣奏「專立德行明經科」，用以取士。十一月乃下詔天下。其考試之程式為：

> 蒙古人、色目人，第一場經問五條，《大學》、《論語》、《孟子》、《中庸》內設問，用朱氏章句、集註。其義理精明，文辭典雅者為中選。第二場第一道，以時務出題，限五百字以上。漢人、南人，第一場明經、經疑二問，《大學》、《論語》、《孟子》、《中庸》內出題，並用朱氏章句、集註，復以己意結之，限三百字以上。〔註42〕

由此觀之，元人雖控有區宇，但文化教育，一仍趙宋之舊制，既推尊經術，又尤重四子書；讀書必先讀四子書，考試亦必先考四子書。於是，孟子遂得配享於文宣廟。《元史》云：

> 至大元年秋七月，詔加號先聖，曰：大成至聖文宣王。延祐三年秋

〔註40〕《宋史》，卷一百五，〈禮八·文宣王廟〉：「熙寧七年，……詔封孟軻鄒國公。晉州州學教授陸長愈請春秋釋奠，孟子宜與顏子並配。……詔如禮部議。」
〔註41〕見《元史》，卷八十一，〈選舉一·學校〉。
〔註42〕見前揭書，〈科目〉。

七月，詔春秋釋奠于先聖，以顏子、曾子、子思、孟子配享。〔註43〕
孟子既配享於文宣廟，於是，封孟子父爲邾國公，母爲邾國宣獻夫人。其後，
兩宋名儒皆得從祀。如：皇慶二年六月，以許衡從祀。又以周敦頤、程顥、
程頤、張載、邵雍、司馬光、朱熹、張栻、呂祖謙等從祀。洎文宗至順元年，
又以漢儒董仲舒從祀。諸儒既皆從祀，於是：

> 齊國公叔梁紇加封啟聖王，魯國太夫人顏氏啟聖王夫人；顏子、兗
> 國復聖公，曾子、郕國宗聖公，子思、沂國述聖公，孟子、鄒國亞
> 聖公。河南伯程顥、豫國公，伊陽伯程頤、洛國公。〔註44〕

由此觀之，孟子由元祐三年得配享文宣王廟，及至順元年，遂尊爲「亞聖」。
而孟子爲「亞聖」之地位，亦因之而定矣。於是，自李唐以來，孟子之升格
運動，亦至此而完成。

五、孟子升格之條件

前文所述，《孟子》一書，由「子部」升格至「經部」，孟子其人，由「諸
子」升格爲「亞聖」，其發展之歷程，要皆由外在人爲之因素所促成者。今就
《孟子》一書之內涵，試探孟子其人是否有可以成爲「亞聖」，其書，是否得
以升格爲「經」之條件。

（一）自任道統之重

傳統學術以儒家爲正統，而儒家者流，《漢書藝文志》「諸子略」嘗云：「祖
述堯、舜，憲章文、武，宗師仲尼。」故韓愈氏述「道統」有「堯以是傳之
舜，舜以是傳之禹，禹以是傳之湯，湯以是傳之文、武、周公，文、武、周
公傳之孔子，孔子傳之孟軻」〔註45〕之言。今考孟子之生，去孔子也百有餘
年，雖不得親受教於孔子，固得秉其流風餘韻，以承諸聖之鴻緒也。故嘗云：

> 君子之澤，五世而斬；小人之澤，五世而斬。予未得爲孔子徒也，
> 予私淑諸人也。〔註46〕

「澤」、朱熹《集註》謂「猶言流風餘韻」。「斬」即「斷絕」。本章的意思即
「君子的流風餘韻，五代以後便斷絕了，小人的流風餘韻，五代以後也斷絕

〔註43〕見前揭書，卷七十六，〈祭祀五・宣聖〉。
〔註44〕見前揭書。
〔註45〕見《韓昌黎集》，卷一，〈雜著・原道〉。
〔註46〕見〈離婁下篇〉。

了。」按：蔣伯潛云：「自孔子而曾子，而子思，而子思之門人，傳至孟子，恰好五世，謂未得爲孔子之徒，而尚得私淑於人也。」〔註47〕故「尚得私淑於人」，蓋謂尚得繼承孔子以上諸聖之流風餘韻也。故朱熹謂「此又承上三章，歷敘舜、禹至於周、孔，而以是終之。其辭雖謙，然其所以自任之重，亦有不得而辭者矣。」〔註48〕考朱氏所謂上三章者，即：

> 人之所以異於禽獸者，幾希。庶民去之，君子存之：舜明於庶物，察於人倫，由仁義行，非行仁義也。

> 禹惡旨酒，而好善言；湯執中，立賢無方；文王視民如傷，望道而未之見；武王不泄邇，不忘遠：周公思兼三王以施四事，其有不合者，仰而思之，夜以繼日，幸而得之，坐以待旦。

> 王者之迹息，而《詩》亡；《詩》亡，然後《春秋》作。晉之《乘》，楚之《檮杌》，魯之《春秋》，一也。其事則齊桓、晉文，其文則史，孔子曰：其義，則丘竊取之矣。〔註49〕

按：孟子主「性善」，故「人之所以異於禽獸」者，即此人性之善也。此一點人性之靈明，既可以成就一己，又可以成就天下萬物。故舜之「明於庶物，察於人倫，由仁義行，非行仁義也。」即把握此一靈明之德性，使一己成爲天下後世之典型。其後，禹之「惡旨酒，而好善言」。湯之「執中，立賢無方。」文王之「視民如傷，望道而未之見。」武王之「不泄邇，不忘遠。」周公之「思兼三王以施四事，其有不合者，仰而思之，夜以繼日，幸而得之，坐以待旦。」莫不皆秉持此一靈明之德性使然。故由舜創一典型，歷禹、湯、文、武、周公，遂成一光明俊偉之文化傳統也。及孔子，既生不得位，乃因齊桓、晉文之事，楚、魯之史，著之以義法；然《春秋》之義，亦在阻人欲之橫流，復人性之靈明而已。由此一義，遂使舜、禹、湯、文、武、周公、孔子之慧命，得以相續。而孔子之鴻緒，由「五世而斬」言，至子思之門人，傳之孟子，是孟子猶得繼此慧命也。故朱公遷以「予未得爲孔子徒也，予私淑諸人也」章，爲孟子以「道統自任」之文，〔註50〕非誣也。考《孟子》又云：

〔註47〕見謝冰瑩等新譯《四書讀本》引。
〔註48〕見《孟子集註》，卷八，〈離婁章句下〉。
〔註49〕以上三章同註48。
〔註50〕見《四書通旨》，卷三。又許謙《四書叢說》亦云：「〈萬章〉兩篇，皆論聖賢之行，大率皆以孔子折衷之。上篇前五章言舜，六章言大禹，固無間矣。七章則言伊尹，故八章以夫子之出處繼其後，九章論百里奚。次篇之首，又言

由堯、舜至於湯，五百有餘歲，若禹、皋陶則見而知之；若湯，則
聞而知之。由湯至於文王，五百有餘歲，若伊尹、萊朱則見而知之，
若文王，則聞而知之。由文王至於孔子，五百有餘歲，若太公望、
散宜生則見而知之，若孔子，則聞而知之。由孔子而來至於今，百
有餘歲，去聖人之世，若此其未遠也，近聖人之居，若此其甚也！
然而無有乎爾！則亦無有乎爾。〔註51〕

按：朱熹注云：「林氏曰：孟子言孔子至今時未遠，鄒、魯相去又近，然而已
無有見而知之者矣。則五百餘歲之後，又豈復有聞而知之者乎！愚按此言，
雖若不敢自謂已得其傳，而憂後世逐失其傳，然乃所以自見其有不得辭者。
而又以見夫天理民彝，不可泯滅，百世之下，必將有神會而心傳之者耳。故
於篇終，歷敘群聖之統，而終之以此。所以明其傳之有在，而又以俟後聖於
無窮也。」〔註52〕考朱文公之言甚是。孟子於此，雖有「然而無有乎爾，則
亦無有乎爾！」之歎，實者，孟子即以己爲「見而知之」者，自任以堯、舜、
禹、湯、文、武、周公、孔子相續之道統之慧命之重，以啓後世「聞而知之」
者也。故朱公遷云：「愚案無有乎爾之云，亦是類（宗按：指以道統自任），
雖爲自謙之辭，實者自任之意也。」〔註53〕是也。

又如：〈滕文公下篇〉，歷敘堯、舜、禹之治洪水，文王之丕謨，武王、
周公之繼烈，孔子之作《春秋》，要皆在一亂之後，求其一治。而自己亦「欲
正人心，息邪說，距詖行，放淫辭，以承三聖人者。」則亦欲在一亂之時，
求其一治之慧命也。是亦以道統自任者也。

考《孟子》一書，以道統自任之言甚多。故朱公遷嘗云：「案孟子每多自
任之辭，如『教亦多術』，及『引而不發』，是以教人之道自任；『我非堯、舜

三聖人，而以夫子集大斷之。三章問友，而上及堯、舜，四章言交際，又繼
以孔子，五章爲貧而仕，又言孔子。下二章論君餽與見諸侯，而又及孔子。
蓋孟子所願學者孔子，故論古聖人，則以孔子繼之，論賢者，必以孔子折衷
之。前篇言一治一亂，及舜、禹、湯、文、武、周公處，與末篇之末皆然。」
〔註51〕見〈盡心篇下〉。
〔註52〕《孟子集註》，卷十四，〈盡心章句下〉。
〔註53〕同註50。又許謙《四書叢說》云：「爾如是也，只見知、聞知者而言。此章大
意謂五百年必有聖人興，在當時必有見而知之者，在後世必有聞而知之者。
今去孔子之世，僅百年，而顏、曾輩已亡，已無有如是見而知之者，恐此後，
遂無有如是聞而知之者。蓋孟子惜前聖、憂後世之心，眞切感人，而孟子自
任道統之意，亦不容謙謙矣。」

之道，不敢陳於王前』，是以格君之道自任；『當今之世，舍我其誰』，是以平治天下之道自任；至論孔門弟子，則曰『姑舍是』，述道統則不及曾子、子思，論夷、惠、伊尹，則曰『願學孔子』，皆可見其以聖人之道自任處。」〔註54〕朱氏可謂別具隻眼，能洞見孟子之深意者也。

（二）立孔子哲學之基礎

　　《漢書‧藝文志》「諸子略」謂儒家者流，「游文於六經之中，留意於仁義之際」，又謂祖述堯、舜，憲章文、武，宗師仲尼。是儒家孔子之道，要以「仁義」爲根源。然孔子之言「仁」，但曰「志於仁」，〔註55〕曰「仁者愛人」〔註56〕，而不有其理論之基礎。洎孟子出，乃推展孔子「性相近，習相遠」〔註57〕之說，謂「人性本善」，以證「仁」之一字，乃根源於人類之本性，亙古以來，即與人類共存者也。嘗云：

　　今人乍見孺子將入於井，皆有怵惕惻隱之心，非所以內交於孺子之

　　父母也，非所以要譽於鄉黨朋友也，非惡其聲而然也。〔註58〕

按：所謂「乍見」者，謂無任何心理之準備；「將入」者，謂事態正在進行中也。吾人既無任何心理之準備，突見孺子之將入於井，必然產生不忍之心，前往救援，此一救援行動，純出於內心之不忍，無其他因素雜乎其中，由此，足見人有「怵惕惻隱之心」，此則足以證驗「人性本善」矣。〔註59〕而此一「惻隱」之美德，即所謂「仁」。而此「仁」，即爲人類一切德性之泉源也。故又曰：

　　乃若其情則可以爲善矣，乃所謂善也。若夫爲不善，非才之罪也。

　　惻隱之心，人皆有之；羞惡之心，人皆有之；恭敬之心，人皆有之；

　　是非之心，人皆有之。〔註60〕

按：所謂惻隱之心、羞惡之心、恭敬之心、是非之心，即所謂四端，此即吾人原有之良知良能，亦即是仁、義、禮、智四德。而所謂「人之異於禽獸，以其存心也。」由此觀之，「惻隱之心、羞惡之心、恭敬之心、是非之心」，正是人與禽獸之辨之所在。

〔註54〕同註50。
〔註55〕《論語‧述而》：「志於道，據於德，依於仁，游於藝。」
〔註56〕《論語‧顏淵》：「樊遲問仁。子曰：愛人。」
〔註57〕《論語‧陽貨》：「子曰：性相近也，習相遠也。」
〔註58〕見〈公孫丑章句上〉。
〔註59〕參閱張起鈞、吳怡著《中國哲學史話》，第七章，〈宏辯衛道的聖雄——孟子〉。
〔註60〕見〈告子篇上〉。

人不僅「以仁存心」，進而要「盡心」，蓋「盡心者，知其性也。知其性，則知天矣。」「盡心」當即發展良知良能之意。故能擴充此四端，於是，近足以事父母，遠足以保天下，終而能上下與天地同流，使萬物皆備於我也。〔註61〕由此觀之，孟子於孔子之思想哲學，能善加推展，並賦予哲學之基礎，此乃儒學之一大進展也。故或問於程子曰：「孟子還可謂聖人否？」程子曰：「未敢便道他是聖人，然學已到聖處。」〔註62〕又曰：「孟子有功於聖門，不可勝言。仲尼只說一箇仁字，孟子開口便說仁義，仲尼只說一箇志，孟子便說許多養氣出來。只此二字，其功甚多。」〔註63〕近人錢基博氏則以爲：

> 《論語》祇言性，而《孟子》直道性善，《論語》祇言仁，而《孟子》兼明仁義，《論語》祇言志，而《孟子》深論養氣，此樹義之不同也。
>
> 〔註64〕

按：錢氏所謂「樹義之不同」者，實乃孟子擴充孔子之道，張大儒學之門庭，並賦予哲學基礎之所在也。

（三）孟子之文化使命

戰國時期，係一任其原始之物質生命之粗狂與發揚之時代。〔註65〕其時之諸侯，若梁惠王、齊宣王、秦孝公等之整軍經武，莫不純爲盡物力以從事征戰，要在攻城略地以滿足其欲望而已。故孟子見梁惠王，惠王即問何以利吾國？商鞅見秦孝公，說以帝、王之道，孝公但惽惽欲睡，說以霸道，則不覺席之前也。至趙武靈王且變制胡服，學騎射以赴之。雖然，孟子見齊宣王，就其以羊易牛之不忍之心，謂其足以王天下；但勸其施政發仁，則曰：吾惽，不能進於是矣。足證斯時人們只有物力之精神，無文化之生命與理想也甚明。故人人流散而披靡。即所謂「士」，亦皆興立不起，因有楊朱拆散、流走之害義，墨翟平舖、膠固之賊仁。又有陳仲、許行之憤世嫉俗。斯時，能予文化生命及文化理想有肯定，進而立人道之極者，厥爲孟子而已矣。今就其書而略述之，如后：孟子云：

〔註61〕參閱胡秋原著《古代中國文化與中國知識份子》，第四章，〈戰國與諸子時代〉，第三節，〈初期諸子──孟子〉。

〔註62〕按：「聖」字，朱子〈孟子序說〉引作「至」字。但自註云：「愚案『至』字，恐當作『聖』字。」今據朱註改。

〔註63〕以上程言，皆見朱熹〈孟子序說〉引。

〔註64〕見氏著《四書解題及其讀法》。

〔註65〕參閱牟宗三著《歷史哲學》，第二部，第二章，〈戰國與諸子〉。

　　　人之所以異於禽獸者，幾希。庶民去之，君子存之。〔註66〕

按：人與禽獸，皆所謂之動物，天生有食、色之欲求，故其相去本不甚遠。
然人之存心有與禽獸異者在。即：

　　　仁、人心也，義、人路也。〔註67〕

君子之心，時存仁義，故為君子；庶民不知心存仁義，故不免為小人。小人
若徵逐食色而不已，則與禽獸無別矣。即所謂：

　　　雖存乎人者，豈無仁義之心哉！其所以放其良心者，亦猶斧斤之於
　　　木也。旦旦而伐之，可以為美乎？其日夜之所息，平旦之氣，其好
　　　惡與人相近也者幾希；則其旦晝之所為，有梏亡之矣。梏之反覆，
　　　則其夜氣不足以存；夜氣不足以存，則其違禽獸不遠矣。〔註68〕

按：存乎人心者，終有此夜氣，即終有此仁義在；故人終不與禽獸同類，亦
終不甘淪為禽獸。是以一「求其放心」，則人類向上之機遂顯。故又曰：

　　　山徑之蹊間，介然用之而成路。〔註69〕

此「山徑之蹊間」，即夜氣，即人心、人路。「介然用之」者，即把握此與「禽
獸相去幾希」之仁義之心，充之盡之。「成路」者，即擴充此心，以至于極，
則可以希賢成聖也。是以，伯夷、聖之清者，伊尹、聖之任者，柳下惠、聖
之和者，孔子、聖之時者。然：泰山之於丘垤，河海之於行潦，類也；聖人
之於民，亦類也。〔註70〕

　　此蓋謂充行潦之水之量，可以成河海；充丘垤之土之量，可以成泰山；
則充人之所以異於禽獸幾希之仁心，即可以作賢成聖。如是，雖伯夷之清，
伊尹之任，柳下惠之和，孔子之時，皆可得而學，又可學而至也。此即顏淵
所謂：「舜何人也，予何人也，有為者亦若是。」〔註71〕是也。

　　然吾人若欲為舜，則必「雞鳴而起，孳孳為善」，始能為「舜之徒」。而
此「雞鳴而起，孳孳為善」者，實為一永續無斷之自我實踐、自我提昇之工
夫。人果有此工夫者，必為豪傑之士也。故昔者：

　　　舜之居深山之中，與木石居，與鹿豕遊，其所以異於深山之野人者

〔註66〕見〈離婁下篇〉。
〔註67〕見〈告子上篇〉。
〔註68〕同註67。
〔註69〕見〈盡心下篇〉。
〔註70〕見〈公孫丑上篇〉。
〔註71〕見〈滕文公上篇〉。

幾希。及聞一善言，見一善行，若決江河，沛然莫之能禦也。〔註72〕

　　伊尹耕於有莘之野，而樂堯、舜之道焉。〔註73〕

按：舜之興起於深山之中，伊尹興起於畎畝之間，要皆在「孳孳爲善」，故終成聖人之徒，進而爲聖人之明證也。故雖曰「待文王而後興者，凡民也；若夫豪傑之士，雖無文王猶興。」〔註74〕然此凡民，雖待文王之教而後興，但既能興起，已非凡民。由此觀之，則吾人之豪傑與凡民，皆可相率興起矣。故吾人但修其天爵，則人爵至矣。反之，若不修其天爵，則雖大人亦藐之矣。至此，於從政，必能行仁，而有擔當焉。故曰：

　　王如用予，則豈徒齊民安，天下之民舉安。王庶幾改之，予日望之。

　　予豈若是小丈夫然哉。〔註75〕

按：孟子去齊，宿於晝。三宿而後去，尹士以爲濡滯。不知孟子之所以濡滯者，乃大丈夫所以心繫天下之民之安也，此豈尹士之所能知哉！故孟子又曰：

　　夫天未欲平治天下也；如欲平治天下，當今之世，舍我其誰也？

　　〔註76〕

孟子固具五百年名世之才者。然凡民與豪傑俱可相率而興起，則必同仰孟子之風，胥爲文化理想與文化生命而稱焉。於是，政治上之凡所施爲，必可爲永恆之典型矣。故曰：

　　舜生於諸馮，遷於負夏，卒於鳴條，東夷之人也；文王生於歧周，

　　卒於畢郢，西夷之人也；地之相去也，千有餘里；世之相後也，千

　　有餘歲；得志行乎中國，若合符節。〔註77〕

按：時無間於先後，地無間於遠近，而「得志行乎中國，若合符節」者，蓋能不以政權爲私產，而能均衡一己，客觀一己，以建立一永恆之政治典型，形成一大歷史文化之光明傳統也。

　　綜前所述，知孟子處於戰國之衰世，於盡物力之精神，力加否定；而於文化理想，重新加以肯定。故全書充滿德慧與雄辯，而其文化使命亦由是而透顯也。

〔註72〕見〈盡心上篇〉。
〔註73〕見〈萬章上篇〉。
〔註74〕同註72。
〔註75〕見〈公孫丑下篇〉。
〔註76〕同註75。
〔註77〕同註66。

六、結　語

　　昔孔子本諸周文〔註78〕以成其「致廣大而盡精微，極高明而道中庸」之文化生命與理想。然「孔子歿而微言絕，七十子喪而大義乖」。於是，處士橫議，異端並興，天下之言，不歸楊，則歸墨。許行雖南產，得北向稱師；陳仲憤世嫉俗，亦得以巨擘名。終使文化之生命與理想爲之死滅，而原始物力之精神乃大爲發揚。

　　當此時也，若非孟子，見著孔子之幾句話頭，便耳目清爽地闢楊、墨，賤儀、秦，斥陳仲、非許行；則邪說無由而止，異端莫得而禁，孔子之道終不得而著，文化之理想何得而顯揚。如是，則國家、民族必將爲之沉淪矣。

　　故孟子出，孔子之道著，文化理想獲得顯揚，而國家、民族知有一偉大之歷史文化之光明傳統矣。

　　由此觀之，孟子之書由「子部」上升至「經部」，其人由「諸子」上升爲「亞聖」，雖云唐、宋諸儒與有力焉。實孟子之智慧有以致之。微孟子，「亞聖」之名，何人得而稱之。

（本文原刊於：《成功大學學報》，第十五卷，《人文篇》，頁 5～28，1980年 5 月）

〔註78〕牟宗三先生云：「其所貫通之禮，即周文也。親親之殺，尊尊之等，普遍於全社會，即爲周文。」詳請參閱《歷史哲學》，第二部，第一章，〈五霸與孔子〉。

拾貳、韓愈「揚孟抑荀」說

一、前　言

　　秦、漢以來，孟、荀並稱。其後，孟書升格爲「經」，而軻爲「亞聖」，與孔子並配相侔。至於荀卿，則與董仲舒、揚雄等並置於子部而不遷。一升一降，要以中唐韓氏愈爲轉關。韓氏「揚孟抑荀」之讜論甚多，其中尤以〈原道〉與〈讀荀子〉二文爲最著。〈原道〉云：「博愛之謂仁，行而宜之之謂義，由是而之焉之謂道，足乎己無待於外之謂德。……斯道也，何道也？斯吾所謂道也。堯以是傳之舜，舜以是傳之禹，禹以是傳之湯，湯以是傳之文、武、周公，文、武、周公傳之孔子，孔子傳之孟軻，軻之死不得其傳焉。荀與揚也，擇焉而不精，語焉而不詳。」〈讀荀子〉則云：「孟氏醇乎醇者也，荀與揚也，大醇而小疵」。按：韓氏前文直指孟軻得繼先王之道統，後文則謂孟書得文、武、周、孔之精醇。於是，孟氏之歷史地位，遂爲之水漲船高。考韓氏之所以「抑荀揚孟」，其心中實別有懷抱。蓋韓氏一生之志業，要在「衛儒抗佛」。而孟氏之學說，文公以爲有可以爲「抗佛衛儒」之利器者，故特爲推崇。若乎荀學，雖「大論是弘，吐辭爲經，舉足爲法，優入聖域」，〔註 1〕於「抗佛衛儒」之志業言，則不若孟學，故貶而黜之。今不揣蔽陋，試爲分析如下，尚祈達人方家，有以教之云。

二、道統與佛統

　　自佛教於東漢傳入中國，歷魏、晉、南北朝，至隋、唐而大盛，上自天

〔註 1〕見《韓昌黎集》，卷一，〈賦、雜著・進學解〉。

子，下至公卿輔相，莫不宗而事之。〔註2〕其於政治、社會、經濟之影響甚劇。故有識之士，高舉反佛之大旗者，代有其人。如：南齊之范縝作〈神滅論〉，從形、神之關係，批判佛教之輪迴果報說之無稽。〔註3〕梁武帝時，荀濟、郭祖深等曾上書「譏佛法」，以爲佛義滅棄忠孝，傾奪權柄。〔註4〕而唐初傳奕，亦屢上書朝廷，就政治、經濟、思想、倫理、風俗諸方面，力陳佛教之蠹害。〔註5〕但言者諤諤，聽者藐藐。唐德宗既迎華嚴四祖澄觀入內廷，而憲宗更加榮寵，號曰國師。〔註6〕然猶未也，至「迎佛骨至京師，留禁中」，使「王公士民，瞻奉捨施，唯恐弗及」〔註7〕者，何也？蓋歷代反佛之士，於佛徒之爲

〔註2〕 《梁書》，卷三：「及居帝（梁武帝蕭衍）位，即於鍾山造大愛敬寺，青溪邊造智度寺，……少而篤學，洞達儒玄。……兼篤信正法，尤長釋典，制《涅盤》、《大品》、《淨名》、《三慧》，諸經義記，復數百卷。聽覽餘閑，即於重雲殿及同泰寺講說。名僧碩學，四部聽眾，常萬餘人。」《南齊書》，卷四十：「竟陵文宣王子良，……及學士抄五經、百家，依《皇覽》例爲《四部要略》千卷。招致名僧，講語佛法，造經貝新聲，道俗之盛，江左未有也。」

〔註3〕 《梁書》，卷四十八，〈范縝傳〉：縝撰〈神滅論〉，其言曰：「神即形也，形即神也。是以形存則神存，形滅則神滅也。」又曰：「形者，神之質；神者，形之用。是以形稱其職，神言其用。形之與神，不得相異也。」

〔註4〕 《南史》，卷七十，〈郭祖深傳〉：「時帝大弘釋典，將以易俗，故祖深尤言其事，條以爲：都下佛寺五百餘所，窮極宏麗，僧尼十餘萬，資產豐沃，所在郡縣，不可勝言。道人又有白徒，尼則皆蓄養女，皆不貫人籍，天下戶口幾亡其半。而僧尼多非法。養女皆服羅紈，其蠹俗傷法，亦由於此。請精加檢括，若無道行，四十以下，皆使還俗附農。……」又荀濟上書，既曰：「其釋種不行忠孝仁義，貪詐甚者，號之爲佛。佛者，戾也。或名爲勃，勃者，亂也。」又曰：「僧尼不耕不偶，俱斷生育，傲君陵親，違禮損化。」

〔註5〕 《舊唐書‧傅奕傳》載傅奕〈請除去釋教疏〉云：「佛在西域，言妖路遠，漢譯胡書，恣其假托，使其不忠不孝，削髮而揖君親，游手由食，易服以逃租稅。演其妖書，述其邪法，僞起三途，謬張六道，恐嚇愚夫，詐欺庸品。凡百黎庶，通識者稀，不查根源，信其矯詐，乃追既往之罪，虛規將來之福。不施一錢，希萬倍之報；持齋一日，冀百日之糧。遂使愚迷，妄求功德，不憚科禁，清犯憲章。其有造作盘逆，身墮刑網，方乃獄中禮佛，口誦佛經，晝夜忘疲，規免其罪。且生死壽夭，由於自然，刑得戚福，關之人主。乃謂貧富貴賤，功業所招，而愚僧矯詐，皆云由佛。竊人主之權，擅造化之功，其爲害政，良可悲也。」

〔註6〕 法界宗《五祖略記》：「貞元十五年（澄觀）受鎮國大師號，進天下大僧錄。四月，帝誕節，敕有司備儀輦迎教授和尚入內殿，闡揚大經。……仍以清涼賜爲國師之號。由是中外臺輔重臣，咸以八戒禮而師之。」（轉引自趙吉惠等著《中國儒學史》，頁475）

〔註7〕 《資治通鑑》，卷二百四十，〈憲宗紀〉，元和十三年：「功德使上言，鳳翔法門寺塔有佛指骨，相傳三十年一開，開則歲豐人安。來年應開，試迎之。十二月庚戌朔，上遣中使帥僧眾迎之。」又「十四年春，中使迎佛骨至京師，

害於政治、社會、經濟者，雖陳之甚詳，但僅及外緣之論述；若於內在理論之建構，則未有足以與佛理對抗之武器。

夫韓愈氏之辟佛，於政治、經濟、社會諸面向之論述，視諸前儒，未嘗遠過也；於佛家義學之理解，亦甚為粗淺。〔註8〕然能一擊中的，力挽狂瀾者，要在其獨特之文化體會。嘗自謂「其業則讀書、著文，歌頌堯、舜之道，雞鳴而起，孜孜焉亦不為利，其所讀皆聖人之書，揚、墨、釋、老之學，無所入於其心。」（〈上宰相書〉）由此知韓氏於堯、舜聖人之書，「好而敏求」之功。而於佛學，則斥其「口不言先王之法言，身不服先王之法服」（〈論佛骨表〉）之非。故其〈重答張籍書〉，嘗云：「自文王沒，武王、周公、成、康，相與守之，禮樂皆在；及乎夫子，未久也；自夫子而及乎孟子，未久也；自孟子而及乎揚雄，亦未久也。…天不欲使茲人有知乎，則吾之命不可期。如使茲人有知乎，非我其誰哉！」其充滿使命，深有契於孔子「文王既沒，文不在茲乎」之深意焉。〔註9〕

然佛教自入中土以來，代代相傳，各有譜系，如：華嚴宗由杜順開宗，傳智儼、法藏，至澄觀是為四祖，澄觀又傳宗蜜，法脈綿密。天臺宗由龍樹傳慧文、慧思、智顗、灌頂、智威、慧威、玄朗，至湛然是為九祖。禪宗由達摩東來，是為初祖，傳至慧可、僧璨、道信、弘忍，至慧能，是為六祖。要皆一脈相傳，綿密不絕。〔註10〕韓愈面對此一優勢文化傳統，為「辟佛衛道」之需要，乃秉上述文化傳承之體認，創為「道統說」，此乃自華夏民族之歷史文化上，尋得根源活水。謂我華族亦有一道統，自堯、舜往後傳，至孟軻而不絕。所謂「斯道也，何道也？斯吾所謂道也。堯以是傳之舜，舜以是傳之禹，禹以是傳之湯，湯以是傳之文、武、周公，文、武、周公傳之孔子，孔子傳之孟軻。軻之死不得其傳焉」是也。

上留禁中三月，乃力送諸寺，王公士民，瞻奉捨施，唯恐弗及。有竭產充施者，有然香臂頂供養者。刑部侍郎韓愈上表切諫。……。」

〔註8〕 趙吉惠等著《中國儒學史》，第三編，第四章：「儒學的統一與復興」第三節「中唐時期的儒學復興運動」：「韓愈反對佛教和道教，基本上是從國家政治、經濟兩方面來論述，主要是就佛、道二教對國家政治和社會經濟所造成的嚴重危害來進行批判，而對于佛教的精深理論缺乏研究的系統，也無法站在哲學思維的高度來進行客觀的批判。」

〔註9〕 《論語·子罕篇》：子曰：「文王既沒，文不在茲乎！天之將喪斯文也，後死者不得與於斯文也。天之未喪斯文也，匡人其如予何？」

〔註10〕 參閱黃懺華著《中國佛教史》。

唯此綿延不絕之「道統」，因前有「荀與揚也，擇焉而不精，語焉不詳」之蔽，後又有「火於秦，黃、老於漢，佛於晉、魏、梁、隋之間」之禍。此一優良道統，遂爲之中斷。及乎中唐，幸有韓愈者，刻苦學儒，「盡通六經、百家學」，此「道統」乃得以斷而復續。故曰：「釋、老之害，過於揚、墨，韓愈之賢，不及孟子。孟子不能救之於未亡之前，而韓愈乃欲全之於已壞之後。嗚呼！其亦不量其力，且見其身之危，莫之救以死也。雖然，使其道由愈而粗傳，雖滅死萬萬無恨」〔註11〕是也。而此「道統」乃「一脈相承」之「聖人之道」，且是「天下之公言也」。當然居於「正統」之位，非佛、老「一家之私言」，所可比擬也。〔註12〕

然韓子所續者，何道也？〈重答張籍書〉云，「前書謂吾與人商論，不能下氣，若好勝者然。雖誠有之，抑非好己勝也，好己之道勝也。非好己之道勝也，己之道，乃夫子、孟軻、揚雄，所傳之道也。」若其內容，則「博愛之謂仁，行而宜之之謂義；由是而之焉之謂道，足乎己無待於外之謂德。其文，《詩》《書》《易》《春秋》；其法，禮樂刑政；其民，士農工賈；其位，君臣父子師友賓主昆弟夫婦；其居宮室；其食，粟米果蔬魚肉」（〈原道〉）等是。

三、道德與仁義

韓愈爲「抗佛衛道」之需要，特作〈五原〉，即：〈原道〉、〈原性〉、〈原毀〉、〈原人〉、〈原鬼〉，以爲理論之基礎。蓋「道統」一詞，乃儒、釋、道三家共用之範疇，但釋氏有釋氏之道，老子有老子之道。而儒家之道，與釋、老二家之道，其內容殊異，有先立界說，加以區隔之必要。故〈原道〉云：「博愛之謂仁，行而宜之之謂義，由是而之焉之謂道，足乎己無待於外之謂德。仁與義爲定名，道與德爲虛位。」由是觀之，韓愈以爲儒家之「道」，其基本內容是「仁義」，而所謂「德」，乃天生自足，不假外求之德性。故儒家之所謂「道德」乃抽象之名詞，即所謂「虛位」是也；而「仁義」則爲「道德」之實質內函，即所謂「定名」是也。若釋、道二家之道，則不外「清淨寂滅」四字而已。故曰：「其所謂道，道其所道，非吾所謂道也；其所謂德，德其所

〔註11〕《韓昌黎集》，卷三，〈書・與孟尚書書〉。
〔註12〕〈原道篇〉云：「其所謂道，道其所道，非吾所謂道也。其所謂德，德其所德，非吾所謂德也。凡吾所謂道德云者，合仁與義言之也，天下之公言也。老子之所謂道德云者，去仁與義言之也，一人之私言也。」

德，非吾所謂德也。凡吾所謂道德云者，合仁與義言之也，天下之公言也；老子之所謂道德云者，去仁與義言之也，一人之私言也。」

〈原性篇〉云：「性也者，與生具生也。……性之品有三，而其所以爲性者五。」又曰：「性之品有上、中、下三，上焉者，善焉而已矣；中焉者，可導而上下也；下焉者，惡而已矣。其所以爲性者五：曰仁、曰禮、曰信、曰義、曰智。」由此觀之，性之本質，即「仁、禮、信、義、智」，而此五者，乃「與生具生也」。雖然「性之品有上、中、下三」但同具「仁、禮、信、義、智」五德，則未之異也。是以「上焉者」五德具顯，故「善焉而已矣」。「中焉者」於五德則「可導而上下」者也。若「下焉者」，亦可通過「威」與「制」，而顯此五德。故曰：「上之性，就學而欲明，下之性，畏威而寡罪。」「上者可教，而下者可制也。」

按：孔子於「性」，雖謂「性相近，習相遠」而已，然又謂「上智與下愚不移」。是孔子雖不謂「性之品有上、中、下三」，但「性之品有上、中、下三」之意已隱隱然明矣。故漢儒董仲舒、王充等頗能言之。〔註13〕

若性有「五」德者，考孟子嘗以爲凡「人」皆具「仁、義、禮、智」四善端，以證成其「人性本善」之說；而漢儒董仲舒繼之，以爲天賦予「人」以「五常之道」，曰：「夫仁、誼（義）、禮、智、信，五常之道，王者所當修飭也。五者修飭，故受天之佑，而享鬼神之靈，德施於方外，延及群生也。」〔註14〕由此觀之，韓愈氏之所謂「性」，實遠承孟子之「性善」，而近取董仲舒「五常之道」而構成之者。

綜前所述，則「文、武、周公傳之孔子，孔子傳之孟軻，軻之死不得其傳焉」之「道統」，由漢儒董仲舒等爲轉手，而由韓氏愈繼之。但荀卿、董仲舒、揚雄等大儒，並未堅守「性善說」，因此，韓氏遂以「擇焉而不精，語焉而不詳」，一語帶過。而由韓愈自己直接上承孟子之「道統」，如此，則「使其道由愈而粗傳，雖滅死萬萬無恨」之說，遂爲之有根。由此觀之，韓愈之

〔註13〕董仲舒《春秋繁露·實性》云：「聖人之性，不可以名性；斗筲之性，又不可以名性，名性者，中民之性，如繭如卵，卵待覆二十日而後能爲雛，繭待繰以涫湯而後能爲絲，性待漸於教訓而後能爲善。善，教訓之所然也，非質樸之所能至也。」王充《論衡·本性》：「實者，人性有善有惡，猶人才有高有下也。……余固以孟軻言人性善者，中人以上者也；孫卿言人性惡者，中人以下者也；揚雄言人性善惡混者，中人者也。若反經合道，則可以爲教，盡性之理，則未也。」
〔註14〕見《漢書·董仲舒傳》。

「道統」，實本孟子「性善」之傳統，是韓愈之思想，與孟子之思想存有內在之聯繫。故其視「性惡」說之荀卿，與主「善惡混」之揚雄，自不能相契合，遂以彼等「擇焉而不精，語焉而不詳」，屏之於道統之外，不亦宜乎！

四、治心與治世

　　韓愈處於佞佛之時代，而中國化佛家之教義，儘管宗派不同，內容有別。然「心性論」實爲不可忽視之共同主軸之一。韓愈之先輩梁肅，〔註15〕即嘗爲湛然門人，而湛然於「金剛碑」大倡「無情有性」之說。〔註16〕禪宗六祖慧能則謂「使君心地但無不善，西方去此不遙；若懷不善心，念佛往生難到。」〔註17〕又謂「自歸依者，除卻自性中不善心、嫉妒心、諂曲心、吾我心、誑妄心、輕人心、慢他心、邪見心、貢高心，及一切時中不善之行。常見自己過，不說他人好惡，是自歸依。常須下心，普行恭敬，即是見性通達，更無滯礙，是自歸依。」〔註18〕由此可知，禪宗之修行方法，要在「自心」。亦即吾人若要修行成佛，唯在此「心」用力即可，所謂「佛向性中作，莫向身外求」是也。此與孟子「性善論」，所謂「仁、義、禮、智」根於心，其修養方法，要在存養此「心」，擴充此「善端」之法略同。由此觀之，「人人可以成佛」，與「人人可以成堯、舜」，其義似相去不遠。

　　佛義「佛是自性，莫向外求。」「菩提只向心覓，何勞外求玄？」〔註19〕之說，與孟子「君子深造之於道，欲其自得也。」〔註20〕之理論，似相契合。然佛之爲法，「必棄而君臣，去而父子，禁而相生相養之道，以求其所謂清淨寂滅」之終極目標，則人間社會之事業，將無以有爲，而民人將「窮且盜」矣。此亦爲中唐時代嚴重之政治、經濟問題。

〔註15〕《韓昌黎集・新唐書本傳》，馬其昶注：「舊史云：大曆、貞元間，文士多尚古學，而獨孤及、梁肅最稱淵奧，愈從其徒游，銳意鑽仰，欲自振於一代。」（臺北：河洛圖書出版社），頁438。又侯外廬主編《中國思想通史》，第六章，〈韓愈李翱排斥釋、老的政治理論及唯心主義的天命論〉云：「按韓愈先輩之梁肅即爲湛然的門人。」

〔註16〕見侯外廬主編《中國思想通史》，第六章，〈韓愈李翱排斥釋老的政治理論及唯心主義的天命論〉。

〔註17〕見《壇經・疑問品第三》。

〔註18〕見《壇經・懺悔品第六》。

〔註19〕同註17。

〔註20〕〈盡心篇〉。

　　故韓愈巧妙地將同屬唯心之孟學與佛義相比擬，以證儒學傳統思想亦有唯心之一路。然儒學傳統之「誠意、正心、修身」之學，其終極關懷，要在家、國、天下。故曰：「古之欲明明德於天下者，先治其國；欲治其國者，先齊其家；欲齊其家者，先修其身；欲修其身者，先正其心；欲正其心者，先誠其意。」而佛徒之「誠意、正心、修身」，進而「外天下、國家，滅其天常，子焉而不父其父，臣焉而不君其君，民焉而不事其事。」故知佛義乃「治心」而不「治世」。是拋棄社會責任，殘賊人道之不仁且害道之學也。

　　由此觀之，吾儒之學，則既「治心」又「治世」，修己治人，內外兼備，是乃「行之百世而不悖，放諸四海而皆準」之學。

五、唯心與唯物

　　韓愈之「道統說」，雖有得於佛教「法統說」之啓發，然自有其文化根源與脈絡可尋。考《論語・堯曰篇》載「堯曰：咨爾舜，天之歷數在爾躬，允執其中，四海困窮，天祿永終。舜亦以命禹。」此段文字，爲古籍記載「堯、舜、禹」一脈相傳之始。

　　其後，《孟子》嘗謂「五百年必有王者興。」，〔註21〕又謂：「由堯、舜至於湯，五百有餘歲；若禹、皋陶，則見而知之；若湯，則聞而知之。由湯至於文王，五百有餘歲，若伊尹、萊朱，則見而知之；若文王，則聞而知之。由文王至於孔子，五百有餘歲，若太公望、散宜生，則見而知之；若孔子，則聞而知之。由孔子而來至於今，百有餘歲，去聖人之世若此其未遠也，近聖人之居若此其甚也。然而無有乎爾，則亦無有乎爾。」〔註22〕孟子此文，不僅敘堯、舜相傳，並歷敘禹、湯、文王與孔子之傳承。文末且隱隱然有自承之意在。其思維方式，不僅唯心，且充滿預言式之神秘性。

　　又孟子主性善，嘗曰：「乃若其情，則可以爲善矣。若夫爲不善，非才之罪也。惻隱之心，人皆有之；羞惡之心，人皆有之；恭敬之心，人皆有之；是非之心，人皆有之。惻隱之心，仁也；羞惡之心，義也；恭敬之心，禮也；是非之心，智也。仁、義、禮、智，非由外鑠我也，我固有之也，弗思耳矣。故曰：『求則得之，捨則失之。』」〔註23〕又曰：「君子所性，仁、義、禮、智，

〔註21〕見〈公孫丑下〉。
〔註22〕見〈盡心下篇〉。
〔註23〕〈告子上篇〉。

根于心。」〔註24〕按：惻隱之心，蓋指同情心。羞惡之心，蓋指羞恥心與憎人爲惡之心。恭敬之心，蓋即辭讓之心。是非之心，蓋指分辨善惡之心。由此觀之，孟子以爲人性中，天生就賦有「仁、義、禮、智」等善德之發端，是所謂「四端」。此「四端」乃人類心靈之所獨具，亦即道德內在於此心，故萬德萬善，悉由此心出，故曰：「我固有之」，「非由外鑠我也」。〔註25〕

考中國化佛教諸宗派，天臺宗有「實相」說。按：所謂「實相」即「實相之相，無相不相。」意謂：自身雖無形無相，卻是一切諸法之本源。華嚴宗則有「法界」說，澄觀大師嘗云：「法界者，是總相也。包理包事，及無障礙，皆可軌持，具於性分；緣起者，稱體之大用也。」按：所謂「法界」，雖無形無相，卻是一切諸法之本源、本體，世間森羅萬象，皆「法界」緣起之產物。〔註26〕

由此觀之，不管天臺之「實相」，或華嚴之「法界」，與孟子之「四端」，其爲本體之義，未嘗或異也。而韓愈於佛教學之義學，並未深究。但比附表相之思考模式，故曰：「學所以爲道，文所以爲理。」〔註27〕按：其所謂「道」與「理」，相對成文，意義等同。而其所謂「道」，其實偏向人倫制度之現實事務，所謂：「其文：《詩》、《書》、《易》、《春秋》。其法：禮、樂、刑、政。其民：士、農、工、賈。其位：君臣、父子、師友、賓主、昆弟、夫婦，其服麻絲，其居宮室，其食粟、米、果、蔬、魚、肉。」〔註28〕則韓氏之「道」，其本體與現象之關係，與孟氏之「四端」，天臺之「實相」，華嚴之「法界」，其內涵雖不盡相同，但立意與唯心之思考則相近。

至於力主「形具而神生」之荀卿，其人性論，所謂「今人之性，生而有好利焉，順是，故爭奪生而辭讓亡焉；生而有疾惡焉，順是，故殘賊生而忠信亡焉；生而有耳目之欲，有好聲色焉，順是，故淫亂生而禮義文理亡焉。」〔註29〕者，蓋指人生之本能言。此本能人類與禽獸同。荀卿雖以「心居中虛，以治五官，夫是之謂天君。」〔註30〕以補充性惡之不足。但此「心」只能觀照，卻不能內含萬理。〔註31〕由此知荀卿乃素樸唯物論者，與孟軻之唯心論，

〔註24〕〈盡心上篇〉。
〔註25〕同註23。
〔註26〕參閱賴永海著《佛學與儒學》，第二章，〈佛本與人本〉。
〔註27〕見〈送陳秀才彤書〉。
〔註28〕見〈原道〉。
〔註29〕見〈性惡篇〉。
〔註30〕見〈天論篇〉。
〔註31〕見勞思光著《中國哲學史》，第六章，〈荀子與儒學之歧途〉。

固不可同日而語也。韓氏之不取，或在此乎？

六、結　語

　　韓愈本爲文章之雄，義理非其所長。其所以「辟佛衛儒」，蓋因社會政治、經濟之需要，非於義理有所創獲也。故其敘儒學之衰，謂：「周道衰，孔子沒，火於秦，黃、老於漢，佛於晉、魏、梁、隋之間，其言道德仁義者，不入於楊，則入於墨，不入於老，則入於佛。」〔註32〕按：秦之焚書、阬儒，爲儒學之重挫，學者不異論也。若老、莊之盛，要在魏、晉；釋典之大興，則在李唐。而儒者之得定于一尊，豈非完成於漢、唐乎？而韓氏言之，其悖離既如此！

　　考韓氏既謂「荀與揚也，大醇小疵。」「擇焉而不精，語焉而不詳。」又謂「己之道，乃夫子、孟軻、揚雄，所傳之道也。」〔註33〕其矛盾又若彼。

　　若其性論，雖本孟氏「性善」之傳統，然又謂「性也者，與生俱生也。」〔註34〕則與荀卿「生之所以然者謂之性。」〔註35〕「凡性者，天之就也。」〔註36〕又若合符契。故勞思光先生云：「韓氏欲承孟子之學，而其言性，乃依荀子之意以界定『性』字之詞義，亦可謂怪事。」〔註37〕

　　綜前所述，知韓文公於孟、荀之道，實未有深入之理會。蓋「韓氏自身既不長於理論之建構，亦不精於經籍之考訓。」〔註38〕故也。徒見荀氏「性惡說」，駭世驚俗，遂排拒之。宋儒所謂「一句性惡，大本已失。」〔註39〕雖上承韓文公之餘意，其實別有懷抱，蓋理學之根源，要在「人心唯危，道心唯微；唯精唯一，允執其中」〔註40〕之唯心心法，故於素樸唯物論之荀學，避之唯恐不及也耳。

（本文原刊於：《成大中文學報》，第四期，頁 11～20，1996 年 5 月）

〔註32〕見〈原道篇〉。
〔註33〕見〈重答張籍書〉。
〔註34〕見〈原性篇〉。
〔註35〕見〈正名篇〉。
〔註36〕見〈性惡篇〉。
〔註37〕同註31。
〔註38〕同註31。
〔註39〕見《近思錄》，卷十四，〈觀聖賢〉。
〔註40〕見《尚書・大禹謨》。

拾參、四庫全書總目經部春秋類校讀記

　　《四庫全書總目提要》，於往古載籍，或顯徵正史，僻采稗官；或揚其所長，糾其不逮。頗得以簡馭繁之要。故後世學者，莫不人手一部，以爲窮經徵史，辨子品集之指南。然《總目》之成書，雖由紀昀、陸錫熊二人總其事，實彙集眾人之手而成書者，因不免有疏舛訛誤者焉。故余氏嘉錫、胡氏玉縉，或作《辨證》，或爲《補正》者以此。筆者雖學殖淺陋，然年來伏讀斯書，亦屢有不契於心者焉。今不揣簡陋，即《春秋類》，條陳數則，以就正於大方之家云。

《春秋左傳正義》六十卷

　　《總目》云：

> 宋元諸儒，相繼竝起，王安石有《春秋解》一卷，證《左氏》非丘明者十一事，陳振孫《書錄解題》，謂出依託。今未見其書，不知十一事者何據。其餘辨論，惟朱子謂「虞不臘矣」，爲秦人之語。

按：《二程全書》，卷三十八載程子之言，云：「予言《左傳》非丘明作，虞不臘矣，并庶長，皆秦官秦語。」是以「虞不臘矣」爲秦語者，固始於程子，而非朱熹也。且《總目》於《春王正月考》二卷（明張以寧撰）及《左傳附註》五卷（明陸粲撰）二條，并以「臘」爲秦禮，「庶長」爲秦官，皆爲程子之說，則此似不當引後出之朱子語爲說。《總目》又云：

> 《漢志》載《春秋》古經十二篇，經十一卷。注曰：《公羊》《穀梁》二家。則《左氏》經文不著於錄。然《杜預集解》序稱：分經之年與傳之年相附，比其義類，各隨而解之。陸德明《經典釋文》曰：舊夫子之經，與丘明之傳各異，杜氏合而解之，則《左氏》又自有經。

按：俞正燮《癸巳類稿・五・春秋左傳書式考》云：「《漢書・藝文志》云：《春

秋》古經十二篇,《左氏傳》三十卷。此官書就所得經傳各本也。其經十一卷,
則兩家立學官書,與《左氏》無涉。〈儒林傳〉云:賈誼爲《左氏傳訓故》,
又云:平帝時立《左氏春秋》,〈楚元王傳〉云:初,《左氏傳》多古字古言,
學者傳訓故而已。及劉歆治《左氏》,引傳文以解經,轉相發明,由是章句義
理備焉。是今傳附經三十卷本,非西漢官本,乃劉歆引傳解經本也。《後漢書》
云:賈逵父徽,受業於歆,逵傳父業。《南齊書·陸澄傳》云:澄謂王儉曰:
泰元取服虔而兼取賈逵經者,服傳無經,雖在注中,而傳有無經者故也。今
留服去賈,則經有闕。是賈氏得劉本,亦傳附經也。今杜本十八卷,襄公二
十有六年經前之傳,注云:當繼前年之末,而特跳此者,傳寫失之。是杜預
用舊本,傳附經。又此條傳居十八卷首,譏其失而不改也。杜言分經之年,
與傳之年相附,隨而解之,名曰《經傳集解》。《正義》云:言集經傳久之,
與他名集解者,名同實異。《正義》之說非是。杜謂集古劉、賈、許、穎之不
違者,以其解隨經年傳年,先後相附,先見傳者,則經不注;先見經者,則
傳不注。故名《經傳集解》,不名集經傳解也。以《漢志》傳及杜十八卷首注
言之,知合經傳及分卷,皆劉歆、賈逵舊式。」

由此觀之,俞氏考證詳審,足以匡正陸德明以降諸儒之謬誤矣。

特俞氏但舉杜十八卷首注,以證成其說,猶有未盡耳。考杜本卷七,僖
公三十有三年《傳》:「葬僖公,緩。」注云:「文公元年,《經》書四月葬僖
公。僖公實以今年十一月薨,并閏,七月乃葬,故《傳》云緩。自此以下,
遂因說作主祭祀之事,文相次也。皆當次在『葬僖公』下,今在此,簡編倒
錯。」又卷八,文公元年《傳》:「夏,四月,丁巳,葬僖公。」注云:「《傳》
皆不虛載《經》文,而此《經》孤見,知僖公末年《傳》,宜在此下。」杜氏
既知「傳寫失之」、「簡編倒錯」,而不加匡正者,蓋解經之法,固不可輕以臆
改故也。然則,《四庫》館臣,蓋未嘗深考,致沿陸德明等人〔註1〕之誤也。

《春秋集傳纂例》十卷

《總目》云:

助之說《春秋》,務在考三家得失,彌縫漏闕,故其論多異前人。如

〔註1〕 杜預〈春秋序〉:「分經之年與傳之年相附,比其義類,各隨而解之,名曰經
傳集解。」孔穎達疏云:「丘明作傳,不敢與聖言相亂,故與經別行。何止丘
明,《公羊》、《穀梁》及毛公、韓嬰之爲《詩》作傳,莫不皆爾。經傳異處,
於省覽爲煩,故杜分年相附,別其經傳,聚集而解之。杜言集解,謂聚集經
傳,爲之作解。」是孔疏與陸德明《經典釋文》,同未詳考。

　　論《左傳》非丘明所作，《漢書》丘明授魯曾申，申傳吳起，自起六
　　傳，至貫宜等說，亦皆附會。

按：陸淳《春秋啖趙集傳纂例》，卷一，〈三傳得失議第二〉云：「啖子曰：古
之解說，悉是口傳，自漢以來，乃爲章句。如《本草》皆後漢時郡國，而題
以神農；《山海經》廣說殷時，而云夏禹所記。自餘書籍，比比甚多。是知三
傳之義，本皆口傳，後之學者，乃著竹帛，而以祖師之目題之。予觀《左氏
傳》，自周、晉、齊、宋、楚、鄭等國之事最詳。晉則每一出師，具列將佐；
宋則每因興廢，備舉六卿。故知史策之文，每國各異。《左氏》得此數國之史，
以授門人，義則口傳，未形竹帛。後代學者，乃演而通之，總而合之，編次
年月，以爲傳記。又廣采當時文籍，故兼與子產、晏子，及諸卿佐家傳，并
卜書、夢書，及褉占書，縱橫家，小說諷諫等。故敘事雖多，釋義殊少，是
非交錯，混然難證，其大略皆是《左氏》舊意，故比餘傳，其功最高。」讀
此，知啖氏雖以《左氏傳》，爲後之學者乃著竹帛，實本丘明之舊意也。又同
卷「趙氏損益義弟五」，（趙子）云：「啖氏依舊說，以《左氏》爲丘明，受經
於仲尼。」是也。

　　洎趙匡發明助說，乃謂「今觀《左氏》解經，淺於《公》、《穀》，誣謬實
繁。若丘明才實過人，豈宜若此。推類而言，皆孔門後之門人。但《公》《穀》
守經，《左氏》通史，故其體異耳。且夫子自比，皆引往人，故曰竊比於我老
彭，又說伯夷等六人，云我則異於是，竝非同時人也。邱明者，蓋夫子以前
賢人，如史佚、遲任之流，見稱於當時耳。」又云：「邱明以授魯曾申，申傳
吳起，起傳其子期，期傳楚人鐸椒，椒傳虞卿，卿傳荀況，況傳張蒼，蒼傳
賈宜。此乃近世之儒，欲尊崇《左氏》。妄爲此說。向若傳授分明如此，《漢
書》張蒼、賈宜及儒林傳，何故不書？則其僞可知也。」讀此，知趙氏之發
明助說，多變本加厲。而《四庫》館臣，不及詳察，遂以趙匡之發明，以爲
助說，誤矣。《總目》又云：

　　　助書本名《春秋統例》，僅六卷。

按：陸淳《春秋啖趙集傳纂例》，卷一，〈啖氏集傳集註義第三〉（啖子）曰：
「予輒考覈三傳，舍短取長，又集前賢注釋，亦以愚意裨補闕漏，商榷得失，
研精宣暢，期於浹洽，尼父之志，庶幾可見。疑殆則闕，以俟君子，謂之《春
秋集傳集註》。又撮其綱目，譔爲《統例三卷》。」考《新唐書》，卷二百，〈儒
學下〉，啖氏本傳，亦云：「善爲《春秋》，考三家短長，縫綻漏闕，號《集傳》，

凡十年乃成。復撮其綱條，爲《統例》。」〔註2〕由此觀之，知啖氏以十年之力，成《春秋集傳集註》一書。而《統例》特其綱目耳。且《統例》一書，亦僅三卷，非館臣所謂六卷也。若《唐書》以《統例》爲《例統》者，蓋同實異名耳。故陸淳《啖趙集傳纂例》目錄，謂之《統例》，而朱彝尊《經義考》，則以爲《例統》是也。

《春秋皇綱論》五卷

《總目》云：

> 凡爲論二十有二。

按：《通志堂經解》刊本，該書共分五卷，爲論二十有一。卷一曰孔子修《春秋》，曰始隱，曰尊王。卷二曰公即位，曰卿書名氏，曰稱人。卷三曰朝會盟，曰會盟異例，曰侵伐取滅，曰紀師，曰戰。卷四曰歸入，曰會及，曰書遂，曰公至，曰郊禘。卷五曰災異，曰罪弒，曰殺大夫，曰日月例，曰傳釋異同。其中，尊王與戰，又各分上下。與《總目》異。

《春秋意林》二卷

《總目》云：

> 元吳萊作是書後序，曰：劉子作《春秋權衡》，自稱書成，世無有能讀者。至《意林》，猶未脫稿，多遺闕。今觀其書，或僅標經文數字，不置一辭；或草草數言，文不相屬，而下注云云二字；或一條之下，別標他目一兩字，與本文迥不相關；或詰屈聱牙，猝難句讀；或僅引其端，而詞如未畢，其爲隨筆劄記，屬稿未竟之書，顯然可證。萊所說誠不誣也。

按：《總目》據吳萊之考證，可謂詳審，其爲未竟之書，固無疑矣。唯考桓公十有八年，葬我君桓公，劉氏《春秋傳》謂：「請得彭生，除君之惡，則賊已討，故書葬。」《意林》則謂：「當是之時，魯人卻尸以讓於齊，曰請得彭生，除君之惡，亦徒知彭生之賊云爾。齊強而魯弱，故君子以謂討矣。若使魯人知彭生之賊，賊由齊侯；齊侯之賊，賊由夫人。則必不但以誅彭生，除君惡。而《春秋》亦必不以殺彭生，葬桓公矣。知之有詳略，故怨亦有深淺，文應其事，事如其理，決獄聽訟之法也。」又莊公八年，師還。《傳》以爲仁。而《意林》則以爲不遷怒之意也。由此觀之，《意林》之所發明，於《劉氏傳》，

〔註2〕 見《新唐書》，卷二百，〈儒學下·啖助〉（臺北：鼎文書局），頁 5705。

亦多得彌縫漏闕之意。然則，陳振孫《直齋書錄解題》，所謂「傳所不盡者，見之《意林》」之說，似宜竝舉，以曉示學者也。

《春秋經解》十二卷

《總目》云：

> 朱彝尊《經義考》稱其嘗知滁州，曾子開爲作〈茶仙亭記〉，經解諸書，皆罷官後所作。

按：朱氏《經義考》卷一百八十三，著錄子方《春秋經解》十二卷、《春秋本例》、《例要》二十卷。並載子方自序。陳氏《直齋書錄解題》、及《玉海》所載「建炎二年六月，江端友請下湖州取崔子方所著《春秋傳》，藏秘書。紹興六年八月，子方之孫若上之」等三條。而不及「曾子開爲作〈茶仙亭記〉」云云。

考納蘭成德〈涪陵崔氏春秋本例序〉，嘗云：「涪陵崔彥直，嘗與蘇黃諸君子遊。知滁州日，曾子開爲作記，刻石醉翁亭側。其說《春秋》有《經解》十二卷、《本例》二十卷。建炎中，江端友請下湖州取彥直所著《春秋傳》，藏秘書省。於是，其孫若上之於朝。今其《經解》不可得見，而《本例》獨存。其說以爲聖人之書，編年以爲體，舉時以爲名，著日月以爲例。《春秋》固有例也，而日月之例，蓋其本，乃列一十六門，而皆以日月時例之。其義約而該，其辭簡而要，可謂善學《春秋》者也。題曰西疇居士者，殆書成於晚年罷官之日與？」由此看來，《四庫》館臣，或以納蘭之序，誤爲朱氏之考乎？

《春秋通訓》六卷

《總目》云：

> 蘇籀《雙溪集》載，大亨以《春秋》義問軾，軾答書云：「《春秋》儒者本務，然此書有妙用，學者罕能領會，多求之繩約中，乃近法家者流，苛細繳繞，竟亦何用？惟丘明識其用，終不肯盡言，微見端兆，欲使學者自求之」云云。

按：胡玉縉《四庫全書總目提要補正》，云：「陸氏儀顧堂續跋云：答書今見欒城遺言。」然《蘇東坡全集續集》，卷六，有〈答張嘉父書〉一首，云：「示諭治《春秋》學，此學者本務，又何疑焉？此書自有妙用，學者罕能理會，若求之繩約中，乃近法家者流，苛細繳繞，竟亦何用？惟丘明識其妙用，然不肯盡談，微見端兆，欲使學者自見之」云云。則正爲東坡答大亨之書也。

《春秋傳》三十卷

《總目》云：

> 案《玉海》載：紹興五年四月，詔徽猷閣待制胡安國，經筵舊臣，
> 令以所著《春秋傳》，纂述成書進入，十年三月，書成，上之。

按：商務印書館《四部叢刊續編・經部》，景印上海涵芬樓借常熟瞿氏鐵琴銅劍樓藏宋刊本《胡氏傳》，書前載安國進書表，謂：紹興六年十二月，上之御府。故海鹽張元濟跋該書，云：「館臣未見此表，致沿《玉海》之訛疏矣。」是也。又胡寅《斐然集》，卷二十五，〈先公行狀〉云：「紹興八年四月十三日，歿於書堂正寢。享年六十有五」云云。今《總目》謂「十年三月，書成，上之。」是竝安國之卒時，亦不知矣。

《春秋左氏傳說》二十卷

《總目》云：

> 其類編，取《左氏》之文，分別爲十九目，久無傳本，惟散見《永
> 樂大典》中，頗無可采。

按：商務印書館《四部叢刊續編・經部》，景印上海涵芬樓借常熟瞿氏鐵琴銅劍樓藏舊鈔本東萊呂太史《春秋左傳類編》，猶首尾完具。內分十九目：曰綱領、曰周、曰齊、曰晉、曰楚、曰吳越、曰夷狄、曰附庸，皆列國行事。曰諸侯制度、曰風俗、曰禮、曰氏族、曰官制、曰財用、曰刑、曰兵制、曰地理、曰春秋前事，自唐虞以來，左氏所引典故也。曰論議，則《左氏傳》中，論議之文也。書後並有民國二十三年三月七日，昆山胡文楷跋。

《詳注東萊左氏博議》二十五卷

《總目》云：

> 自序稱屏處東陽之武川，居半歲，里中稍稍披蓬藋，從予遊，談餘
> 語隙，波及課試之文，乃取《左氏》書，理亂得失之跡，疏其説於
> 下。

按：錢唐瞿世瑛跋云：「其書好抉摘古人之情僞，不免苛嬈文致之失。蓋東萊著作，每傷太巧，朱子嘗病之。然以其稽古之博，畜理之多，觸機而出，持之必有故，而發之必有爲，精言奧論，往往震發於其中，足以箴切物情，而裨助益智。抑其所爲反覆抉摘於古人之情僞者，雖不皆無失，亦足以見巧詐之不足恃，可飾當時，而不可掩後世，於學者正心正行之術，非小補也。」

《春秋分紀》九十卷

《總目》云：

> 劉光祖作公說墓誌，稱其所作尚有《左氏始終》三十六卷、《通例》
> 二十卷、《比事》十卷，是殆刻意於《左氏》之學者。

按：全謝山〈程氏春秋分紀序〉云：「又纂輯諸儒說，爲《春秋精義》，未成
而卒。」

《春秋詳說》三十卷

《總目》云：

> 鉉翁《則堂集》中，有爲其弟所作志堂說，稱余自燕以來瀛，卒《春
> 秋》舊業，成《集傳》三十卷。

按：鉉翁〈讀春秋序〉，云：「書成，撮爲綱領，揭之篇端：一原《春秋》所
以託始。二推明夫子行夏時之意。三辨五始。四評三傳。五明霸。六以經正
例。凡十篇，俾觀者先有考於此，庶知區區積年用意之所在。」高郵龔璛作
跋，亦云：「書成，自瀛寄宣，託於其友肅齋潘公從大，藏之蓋久，而綱目十
篇，學士大夫已盛傳於世矣。」讀此，知家氏於《集傳詳說》三十卷外，別
有《綱領》十篇，且較《集傳詳說》先行於世。

《春秋纂言》十二卷、〈總例〉一卷

《總目》云：

> 是書采撫諸家傳注，而間以己意論斷之。首爲總例，凡分七綱，八
> 十一目。其天道、人紀二例，澄所創作，餘吉、凶、軍、賓、嘉五
> 例，則與宋張大亨《春秋五禮例宗》，互相出入，似乎蹈襲。然澄非
> 蹈襲人書者，蓋澄之學派，兼出於金谿、新安間，而大亨之學派則
> 出於蘇氏。澄殆以門戶不同，未觀其書，故與之闇合而不知也。

按：吳氏《纂言》，卷二，〈桓公元年〉：「鄭伯以璧假許田」條，引蘇氏曰：「許
田，所以易祊也，以祊爲未足，而益之以璧爾。」，卷三，〈莊公二十有八年〉：
「大無麥禾」條，又引蘇氏之說，曰：「是歲未嘗有水旱螟蟲之災，而書大無
麥禾。劉向曰：『土氣不養，稼穡不成也』。沈約《宋志》言吳孫皓時嘗有之，
苗稼豐美，而實不成，百姓以饑，闔境皆然，連歲不已，此則所謂大無麥禾
也。」考所引蘇氏曰者，即蘇軾弟、蘇轍《春秋集解》之說也。然則，蘇轍
之書，吳氏《纂言》，尚且引之；今大亨但出於蘇軾之門，吳氏即以門戶不同，
而不觀其書，此不近人情。《四庫》館臣蓋亦臆說耳。

《春秋讞義》九卷

《總目》云：

> 如桓公四年，紀侯大去條。

按：莊公四年，經書「紀侯大去其國。」三傳皆同。未有作「桓公四年」者，如非館臣偶疏，必手民鈔寫之誤也。

《春秋集傳》十五卷

《總目》云：

> 歲在戊寅，重著是傳，草創至昭公二十八年，乃疾疢難厄，閣筆未續。至洪武己酉遂卒。自昭公二十八年以下，尚誼據屬辭義例續之。

按：倪尚誼〈後序〉云：「歲在壬寅，重著《集傳》，方草創至昭公二十七年，乃疾疢難危，閣筆未續，序文亦不及改。洪武己酉仲冬，先生遽謝世矣。」又云：「尚誼愚暗，然執經有年，是以不避僭踰，始自昭公二十八年，訖於獲麟，并序中條陳義例一節，輒加校定。」納蘭成德〈趙氏春秋集傳序〉亦云：「至正壬寅，先生再著其書，至昭公二十七年，以病輟筆，門人倪尚誼援先生之義續成之，即今書也。」由此看來，趙氏重著《集傳》，應在至正「壬寅」，而非「戊寅」，草創至昭公二十七年，而非昭公二十八年甚明。館臣蓋偶疏之耳。

《春秋師說》三卷

《總目》云：

> 汸嘗師九江黃澤，其初，一再登門，得六經疑義十餘條以歸。

按：趙汸《春秋師說題辭》云：「（黃先生）所舉六經疑義，共千有餘條。」趙氏弟子金居敬總序，亦云：「趙先生始就外傳受四書，即多疑問，師答以初學毋過求，意殊不釋，夜歸別室，取《朱子大全集》、《語類》等書讀之，如是者數年，覺所疑漸解，慨然有負笈四方之意，乃往九江見黃先生，稟學焉。盡得其所舉六經疑義千餘條以歸。」其後，《明史》趙氏本傳，亦云：「得六經疑義千餘條以歸。」然則，《四庫》館臣以為「得六經疑義十餘條」者，誤矣。

《春秋胡傳附錄纂疏》三十卷

《總目》云：

> 考《元史選舉志》，延祐二年定經義經疑取士條格，《春秋》用三傳及《胡安國傳》。

按：《元史》，卷八十一，〈選舉志一〉，雖載：元初，太宗始得中原，輒用耶律

楚材言，以科舉選士。世祖既定天下，王鶚獻計，許衡立法，事未果行。至仁宗延祐間，始斟酌舊制而行之。取士以德行爲本，試藝以經術爲先。然又載：至仁宗皇慶二年十月，中書省奏：科舉事，世祖、裕宗累嘗命行，成宗、武宗尋亦有旨，今不以聞，恐或有沮其事者。夫取士之法，經學實修己治人之道，詞賦乃摛章繪句之學，自隋、唐以來，取人專尚詞賦，故意士習浮華。今臣等所擬將律賦省題詩小義皆不用，專立德行明經科，以此取士，庶可得人。帝然之。十一月，乃下詔：科場：每三歲一次開試。考試程式：蒙古、色目人，第一場經問五條，《大學》、《論語》、《孟子》、《中庸》內設問，用朱氏章句集註。第二場策一道，以時務出題，限五百字以上。漢人、南人，第一場明經經疑二問，《大學》、《論語》、《孟子》、《中庸》內出題，並用朱氏章句集註。經義一道，各治一經，《詩》以朱氏爲主，《尚書》以蔡氏爲主，《周易》以程氏、朱氏爲主。以上三經，兼用古註疏。《春秋》許用三傳及《胡氏傳》。《禮記》用古註疏。第二場：古賦詔誥章表內科一道。第三場策一道。復載：延祐二年春三月，廷試進士，賜護都答兒、張起巖等五十有六人，及第，出身有差。五年春三月，廷試進士護都答兒、霍希賢等五十人。由此觀之，定經疑經義取士條格，似在仁宗皇慶二年，非延祐二年。特皇慶二年所定程式，至延祐二年始行之耳。館臣不察，遂以定經疑經義取士條格爲延祐二年，誤矣。

《左氏釋》二卷

《總目》云：

> 此書皆發明《左傳》訓詁，中如解莊公二十五年「秋，大水，鼓用牲于社、于門。」謂王者事神治民，有祠而無祈，有省無禳，用鼓已末，何況於攻。董仲舒、杜預之說皆誤。

按：商務印書館《四庫全書珍本・五集》，有馮氏《左氏傳釋》二卷。唯詳讀全書，未有此條，不知《四庫》館臣，何以云然。

夫《四庫全書總目・春秋類》之所著錄，與存目之書，共二百餘部之多。其訛舛謬誤，有待後學董理校正者必甚多。今列區區愚見一十有六條，固無能匡正《春秋類》之謬誤於萬一，況全書哉！然所以不揣淺陋，而汲汲以曝見者，蓋本拋磚引玉之意而已。

（本文原載於：《中國國學》，第十二期，頁 67～73，1984 年 10 月）

拾肆、荀卿見斥於道統說

一、前　言

　　傳統學術，雖云百家爭鳴，各擅勝場。然舉凡能識字讀書者，莫不知眾流終必以大海為歸，而百家爭艷要皆以儒學為宗。惟探究儒學者，則又當知儒家者流，要以孔聖與孟、荀三大師為最顯。

　　蓋孔子秉其天縱之聖，贊《周易》，刪《詩》、《書》，訂《禮》、《樂》，作《春秋》，〔註1〕開山立教，以成一代之宗師也。其後，孟軻氏起於鄒，〔註2〕汲汲於拒楊朱、墨翟為教，〔註3〕闢許行、陳仲之言〔註4〕者，要在邪說不止，

〔註1〕　《史記・孔子世家》：「孔子之時，周室微而禮樂壞，《詩》、《書》缺。追迹三代之禮，序書傳，上紀唐、虞之際，下至秦繆，編次其事。曰：夏禮、吾能言之，杞不足徵也；殷禮、吾能言之，宋不足徵也，足、則吾能言之矣。觀殷、夏所損益，曰：後雖百世可知也。以一文一質，周監二代，郁郁乎文哉！吾從周。故書傳、禮記自孔子。孔子語魯太師，樂其可知也。始作翕如，縱之純如、皦如、繹如也，以成。吾自衛反魯，然後樂正，雅、頌各得其所。古詩三千餘篇，及至孔子，去其重，取可施於禮義，上采契、后稷，中述殷、周之盛，至幽、厲之缺，始於衽席，故曰：《關雎》之亂，以風為始，《鹿鳴》為小雅始，《文王》為大雅始，《清廟》為頌始。三百五篇，孔子皆弦歌之，以求合韶、武、雅、頌之音。禮樂自此可得而述，以備王道，成六藝。孔子晚而喜《易》，序〈彖〉、〈繫〉、〈說卦〉、〈文言〉。讀《易》韋編三絕。曰：假我數年，若是，我於《易》則彬彬矣。……子曰：弗乎！弗乎！君子病沒世而名不稱焉，吾道不行矣，吾何以自見於後世哉！乃因史記而作《春秋》，上自隱公，下訖哀公十四年，十二公。」

〔註2〕　《史記・孟子荀卿列傳》云：「孟軻，鄒人也。」
〔註3〕　見《孟子・滕文公下篇・夫子好辯章》。
〔註4〕　闢許行見〈滕文公上篇・有為神農之言者許行章〉。闢陳仲見〈滕文公下篇・

　　　　　　　　　　　　　　　　　　　　－183－

孔子之道不著也。〔註5〕又其後，荀卿氏起於趙，〔註6〕亦汲汲於闢它囂、魏牟，非陳仲、史鰌者，〔註7〕要亦邪說不止，孔子之道不著也。故歷戰國之擾攘泯紛，邪說暴行之頻仍，而孔學之得以不墜，斯道之得以永續者，二子與有力焉。而二子者蓋亦以羽翼孔聖，以撥亂反正爲志者也。《史記·儒林傳》所謂「孟子、荀卿，咸遵夫子之業而潤色之，以學顯於世」者是也。

惟孟、荀二子，雖同心羽翼孔聖，以顯其學。然二子於歷史流轉中，地位之升降，則頗爲不同，有待吾人釐清者。蓋自戰國末年，以迄秦、漢，二子竝配相侔者久矣。然宋、明以降，則孟氏獨傳周、孔之道統，既配享於孔聖之廟庭，又號稱爲「亞聖」。若夫荀卿，或以爲學失其本，而道禍仁義，遂成爲眾矢之的，至視爲異端焉。〔註8〕考荀卿羽翼孔聖之功，不在孟軻之下，而其所得之際遇，竟有天壤之別者，何也？命乎！學乎！作荀卿見斥於道統說云。

二、秦、漢以降右荀而左孟

史遷奮筆於炎漢，舉凡有一言一行，一技一能可述者，並爲之立傳，〔註9〕而孟、荀同篇。〔註10〕孟堅操觚於蘭臺，而孟、荀同入〈諸子略〉「儒家者流」，〔註11〕是《史》《漢》於孟、荀二子之地位，未嘗有所軒輊也。

然考孔聖六藝經傳之傳授，趙歧雖謂「孟子通五經，尤長於《詩》《書》。」〔註12〕惟吾人檢讀其書，雖於《詩》《書》有所發明，於《春秋》尤大有貢獻，

陳仲子豈不誠廉士章〉。
〔註5〕 《孟子·滕文公下·夫子好辯章》云：「楊、墨之道不息，孔子之道不著。」
〔註6〕 《史記·孟子荀卿列傳》云：「荀卿，趙人」。
〔註7〕 見《荀子·非十二子篇》。
〔註8〕 《近思錄》，卷十四：明道先生云：「只一句性惡，大本已失。」王安石《文集拾遺·荀卿論上》云：「荀卿以爲人之性惡，則豈非所謂禍仁義者哉！」蘇東坡《文集·荀卿論》云：「不知荀卿特以一時之論，而不自知其禍之至於此也，其父殺人報讎，其子必且行劫。」
〔註9〕 《史記》之特性，要以人爲中心。首以〈本紀〉，次以〈世家〉，次以〈列傳〉。凡影響及於後世者，或有一技之長者，莫不兼收並蓄。如以傲視五等諸侯之伯夷、叔齊爲〈列傳〉之首，以孔子入〈世家〉，其影響後世皆極深遠。餘如遊俠、龜策、日者、貨殖等，雖瑣屑之流，而於社會自有其貢獻者，史遷皆爲之立傳是也。
〔註10〕 見《史記》，卷七十四，〈孟子荀卿列傳〉。
〔註11〕 見《漢書》，卷三十，〈藝文志〉。
〔註12〕 見趙歧〈孟子題辭〉。

〔註13〕要於六藝之傳承則闕如也。

若夫荀卿則不然，六經之傳承莫不賴焉，茲略述於后：

《毛詩》：《釋文敘錄》：一云：「子夏傳曾申，申傳魏人李克，克傳
魯人孟仲子，孟仲子傳根牟子，根牟子傳趙人孫卿子，孫卿子傳魯
人大毛公。」由是言之，《毛詩》，荀卿子之所傳也。

《魯詩》：《漢書·楚元王交傳》：「少時嘗與魯穆生、白生、申公同受《詩》
於浮丘伯。伯者，孫卿之門人也。」《魯詩》出於申公，則《魯詩》亦荀卿之
所傳也。

若《韓詩》之存者，《外傳》而已。其引荀卿子以説《詩》者，四十有四。
由是言之，《韓詩》，荀卿子之別子也。

《春秋》：《經典敘錄》云：「左丘明作傳以授曾申，申傳衛人吳起，起傳
其子期，期傳楚人鐸椒，椒傳趙人虞卿，卿傳同郡荀卿名況，況傳武威張蒼，
蒼傳洛陽賈宜。」由是言之，《左氏春秋》，荀卿子所傳也。〈儒林傳〉云：「瑕
邱江公受《穀梁春秋》及《詩》于魯申公，傳子至孫爲博士。」申公爲荀卿
再傳弟子，則《穀梁春秋》，亦荀卿所傳。

《禮》：《大戴·曾子立事》篇載《荀子》〈修身〉、〈大略〉二篇文，《小
戴》〈樂記〉、〈三年問〉、〈鄉飲酒義〉載《荀子》〈禮論〉、〈樂論〉篇文，則
二戴之《禮》亦荀子之所傳。

劉向稱荀卿善爲《易》，其義略見於〈非相〉、〈大略〉二篇。是荀子能傳
孔子之《易》、《詩》、《禮》、《樂》、《春秋》之教者也。〔註14〕

由此觀之，荀卿之學，固出於孔氏。而於孔氏諸經之傳授，荀卿之功視
孟軻爲尤多，故兩漢傳經之儒多溯源焉。

且孟學之見稱於後世者，以性善爲最，〔註15〕而荀學最爲後儒所詬病者，

〔註13〕如：〈滕文公下篇〉：「世衰道微，邪説暴行有作，臣弑其君者有之，子弑其父
者有之。孔子懼，作《春秋》。《春秋》、天子之事也。」又〈離婁下篇〉：「王
者之迹熄而《詩》亡，《詩》亡，然後《春秋》作。晉之《乘》，楚之《檮杌》，
魯之《春秋》，一也。其事則齊桓、晉文，其文則史，孔子曰：其義則丘竊取
之矣。」

〔註14〕荀卿傳經之功，見汪中〈荀卿子通論〉。

〔註15〕明儒羅近溪《旴壇直詮》云：「其後却虧了孟子，是個豪傑，他只見著孔子幾
句話頭，便耳目爽朗，親見如聖人再前，心思豁達，就與聖人吻合。一氣呵
出，説到人性皆善。至點綴善處，惟是孩提之愛敬，達之天下。則曰道在邇，
事在易，親親長長而天下平也。憑他在門高弟如何諍論，也不改一字。憑他

厥爲性惡。〔註16〕然吾人檢讀漢儒之著述，於孟氏之學未嘗以爲長，於荀卿
之說亦未嘗以爲短。茲以西漢大儒董仲舒之論性，說明之。董子云：

> 天生民有六經，言性者不當異。然其或曰性善也，或曰性未善。則
> 所謂善者各異意也。性有善端，動之愛父母，善於禽獸，則謂之善。
> 此孟子之言。循三綱五紀，通八端之理，忠信而博愛，敦厚而好禮，
> 乃可謂善。此聖人之善也。是故，孔子曰：善人吾不得而見之，得
> 見有常者斯可矣。由是觀之，聖人之所謂善，未易當也。非善於禽
> 獸則謂之善也。……質於禽獸之性，則萬民之性善矣。質於人道之
> 善，則民性弗及也。〔註17〕

按：董子以爲所謂「性善」，有「善於禽獸」之「善」與「聖人之善」二者。
孟子所言之「善」，蓋「善於禽獸」之善。若「質於禽獸之性」，則「萬民之
性善矣」；若「質於人道之善」，則民性弗及「善」也。董子又云：

> 善如米，性如禾。禾雖出米，而禾未可謂米也。性雖出善，而性未
> 可謂善也。米與善，人之繼天而成於外者也，非在天所爲之內也。
> 天所爲有所至而止，止之內謂之天，止之外謂之王教。王教在外，
> 而性不得不遂。故曰：性有善質，而未能爲善也。……天之所爲止
> 於繭麻與禾。以麻爲布，以繭爲絲，以米爲飯，以性爲善，此皆聖
> 人所繼天而進也，非性情質樸之能至也。故不可謂性。

又云：

> 性如繭，如卵，卵待覆而爲雛，繭待繰而爲絲，性待教而後善。

〔註18〕

按：董子一則曰：「米與善，人之繼天而成於外者也。」「止於內謂之天，止於
外謂之王教」。再則曰：「以麻爲布，以繭爲絲，以米爲飯，此皆聖人所繼天而
進也。」三則曰：「性待教而後善」。是董子以爲人性之善，要皆出於「王教」，

> 列國君臣如何恣惡，也不動一毫。只是入孝出悌，守先王之道，以待後之學
> 者。看他直養無害，即浩然塞乎天地，萬物皆備，反身樂莫大焉。其氣象較
> 之顏子又不知如何？予嘗謂孔子渾然是《易》，顏子庶幾乎〈復〉，而孟子庶
> 幾乎〈乾〉。」

〔註16〕《近思錄》，卷十四，〈觀聖賢〉云：「明道曰：荀子極偏駁，只一句性惡，大
本已失。」王安石〈荀卿論〉云：「荀卿以爲人之性惡，則豈非所謂禍仁義者
哉！。」

〔註17〕見《春秋繁露·深查名號》，第三十五。

〔註18〕同註17。

即「聖人繼天而進」者也。此論與荀卿「必將有師法之化，禮義之道，然後出於辭讓，合於文理，而歸於治」者，〔註19〕若相契合。由此觀之，則孟軻氏之不得志於董子可知。雖清儒陳蘭甫嘗爲之調停，云：「董子言性有善端，性有善質，正合孟子之旨。善端即孟子所謂四端也。何疑孟子乎？何必以聖人之善，乃謂之善乎？」〔註20〕考陳氏之說雖是，然董子「以麻爲布，以繭爲絲，以米爲飯，此皆聖人所繼天而進」之說，固荀卿「善生於僞」之後天「人爲主義」之說，而非「人性本善」之孟氏宗旨。且董子類此右荀左孟之說，見諸《繁露》之〈深查名號〉及〈實性〉等篇者尙多有之，今不一一具引。由此觀之，劉向云：「至漢興，江都相董仲舒，亦大儒，作書美荀卿。」〔註21〕非虛語也。

董子之後，有蜀人揚雄者，始則作書稱美孟軻，嘗曰：「古者，楊、墨塞路，孟子辭而闢之，廓如也。」且「竊自比于孟子」，亦具「闢楊、墨」之壯懷。〔註22〕然其言「性」也，則曰：

人之性也，善惡混。修其善則爲善人，修其惡則爲惡人。〔註23〕

按：雄之所論，既不右荀左孟，亦未左荀右孟，而兩取之。蓋本孔子「性相近，習相遠」之說，〔註24〕以調停之而已矣。

洎夫王仲任充之作《論衡》，乃列舉周世子碩、宓子賤、漆雕開、公孫尼子諸先賢之「性論」，曰：

周人世碩，以爲人性有善有惡。舉人之善性養而致之則善長，性惡養而致之則惡長。如此，則性各有陰陽，善惡在所養焉。故世子作〈養書〉一篇。宓子賤、漆雕開、公孫尼子之徒，亦論性情，與世子相出入，皆言性有善有惡。〔註25〕

諸子既以爲「性有善有惡」，而王氏亦悉述之，是王氏亦主「性有善有惡」之說者也。故以爲「孟子之言性情，未爲得實」，其言曰：

孟子作性善之篇，以爲人性皆善。及其不善，物亂之也。謂人生於天地皆稟善性，長大與物交接者，放縱悖亂，不善日以生矣。若孟

〔註19〕見《荀子・性惡篇》。
〔註20〕見《東塾讀書記》，卷三，〈孟子〉。
〔註21〕見《荀子・敘錄》。
〔註22〕見《法言》，卷第三，〈吾子〉。
〔註23〕見《法言》，卷第三，〈修身〉。
〔註24〕見《論語・陽貨篇》。
〔註25〕見《論衡・本性篇》。

子之言，人幼小之時，無有不善也。微子曰：我舊云孩子，王子不
出。紂爲孩子之時，微子睹其不善之性。性惡不出眾庶，長大爲亂
不變，故云也。羊舌食我初生之時，叔姬視之。及堂，聞其啼聲而
還。曰：其聲豺狼之聲也，野心無親，非是莫滅羊舌氏。遂不肯見。
及長，祈勝爲亂，食我與焉。國人殺食我，羊舌氏由是滅矣。紂之
惡，在孩子之時；食我之亂，見始生之聲。孩子始生，未與物接，
誰令悖者。……性本自然，善惡有質，孟子之言性情，未爲實也。
〔註26〕

按：王充以爲「紂之惡，在孩子之時；食我之亂，見始生之聲。」知人天生
之性有惡者在，而孟子「人幼小之時，無有不善」之說不足取。以證孟子「性
善說」之未得其實。然王氏以「性」爲惡乎？是又不然。其言曰：

孫卿有反孟子，作性惡之篇。以爲人性惡，其善者僞也。性惡者，
以爲人生皆得惡性也。僞者，長大之後勉使爲善也。若孫卿之言，
人幼小無有善也。稷爲兒以種樹爲戲，孔子能行以俎豆爲弄。石生
而堅，蘭生而香，稟善氣長大就成。故種樹之戲爲唐司馬，俎豆之
弄爲周聖師。稟蘭石之性，故有堅香之驗，夫孫卿之言未爲得實。
〔註27〕

按：「后稷爲兒以種樹爲戲，孔子能行以俎豆爲弄。」及長，「種樹之戲爲唐
司馬，俎豆之弄爲周聖師。」足見后稷、孔子之善性，見於幼兒之時。由此
觀之，吾人天生之性有善者在，故孫卿之「性惡說」，亦未得其實也。

然則，人之性奈何？王氏曰：

人、善因善，惡亦因惡。初稟天然之姿，受純一之質。故生而兆見，
善惡可察。孔子曰：性相近也，習相遠也。夫中人之性，在所習焉。
習善而爲善，習惡而爲惡也。至於極善極惡，非復在習。故孔子曰：
惟上智與下愚不移。〔註28〕

按：王氏於此，藉孔子之言，以折衷孟、荀性善惡說之爭也。蓋極善者，如：
后稷、孔子之徒，雖有後天之習染，不至於爲惡也。極惡者，如：殷紂、羊
舌食我，雖無後天之習染，亦無能爲善也。是所謂「上智與下愚不移」是也。

〔註26〕同註25。
〔註27〕同註25。
〔註28〕同註25。

至於中人，習善則善，習惡則惡也。此即後世「性三品」說之濫觴也。

綜前所述，知王氏以孟、荀二子，並配相侔，且皆不以二子之性說為安。故以孔子之言折衷之。雖然，王氏又有〈刺孟〉之篇，讓孟子書之不通者數條。〔註29〕既〈刺孟〉，則孟抑矣。其後，魏人雖有孟、荀「並懷亞聖之才」之美稱。〔註30〕然就漢儒而言，固右荀而左孟矣。

三、昌黎韓愈之尊孟抑荀

李唐之時，雖有杜牧其人，猶昌言「荀優孟劣」。〔註31〕但自楊綰請以《論語》、《孝經》、《孟子》，並為一經，懸為功令；〔註32〕皮日休請將孟子立於學科。〔註33〕孟、荀之地位，開始移易矣。

然孟、荀地位升降之轉關，厥為昌黎韓愈。韓氏於〈進學解〉，雖云「是二儒者吐辭為經，舉足為法，絕類離倫，優入聖域。」於孟、荀二子，同致推崇之美辭。但其「抑荀揚孟」之高論，連篇累牘，其影響後學至鉅。

考韓氏生於中唐，親歷人主崇佛、佞佛諸事。而佛自入中土，代代相傳，各有譜系，綿密不絕。於是，「口不絕吟六藝之文」之韓氏，乃效孟子「拒楊、墨」之精神，起而以「抗佛衛道」自任。既創「道統」說，以與佛教之譜系相抗；又取「人人可以為堯、舜」之聖學，以對抗佛學「人人可以成佛」之殊義。而二者之理論皆有取於孟子之「性善」說。蓋「性善」與「佛性」同屬「唯心」之範疇。故韓氏於「抗佛衛儒」之際，崇唯心之孟子而抑唯物之荀學，事屬必然。今略述韓氏「揚孟抑荀」之論於后：〈與孟尚書書〉云：

> 《孟子》云：今天下不之楊則之墨，楊、墨交亂，而聖賢之道不明，
> 則三綱淪而九法斁，禮樂崩而夷狄橫，幾何其不為禽獸也。故曰：
> 能拒楊、墨者，皆聖人之徒也。揚子雲云：古者，楊、墨塞路，孟

〔註29〕按：《論衡‧刺孟篇》，讓孟書之不通者，如：責孟子答梁惠王問何以利吾國？謂「如惠王實問貨財，孟子無以驗效也。如問安吉之利，而孟子答以貨財之利，失對上之指，違道理之實也。」又如：責孟子辭萬鍾云：「夫孟子辭十萬，失謙讓之禮也。」等等，文繁，不具引。

〔註30〕見魏人作徐幹《中論》序。

〔註31〕見陳澧《東塾讀書記》，卷三引杜牧之《三子言性辨》云：「荀言人之性惡，此於二子，荀得多矣。」

〔註32〕見《新唐書》，卷四十四，〈選舉志上〉。

〔註33〕見馬端臨《文獻通考》，卷二十九，〈選舉志二〉。又見孫光憲《北夢瑣言》，卷二。

子辭而闢之廓如也。夫楊、墨行，正道廢，且將數百年，以至於秦，卒滅先王之法，燒除其經，坑殺學士，天下遂大亂。及秦滅，漢興且百年，尚未知修明先王之道，其后始除挾書之律，稍求亡書，招學士。經雖少得，尚皆殘缺，十七二三，故學士多老死，新者不見全經，不能盡知先王之事，各以所見爲守，分離乖隔，不合不公，二帝三王，群聖人之道，於是大壞。後之學者，無所尋逐，以至於今泯泯也。其禍出於楊、墨肆行而莫之禁故也。孟子雖賢聖，不得位，空言無施，雖切何補？然賴其言，而今學者尚知宗孔氏，崇仁義，貴王賤霸而已。其大經大法，皆亡滅而不救，壞爛而不收，所存十一於千百，安在其能廓如也。然向無孟氏，則皆服左衽而言侏離矣。故愈嘗推尊孟氏以爲功不在禹下者，爲此也。〔註34〕

按：昌黎此文，歷敍戰國，秦、漢以降，由於楊朱、墨翟之橫議，秦皇之焚《詩》、《書》，坑學士，及漢初之不知修明先王之道。遂使「二帝三王，群聖人之道」爲之大壞。故「後之學者，無所尋逐，以至於今泯泯也。」際此禮崩樂壞之時，幸賴孟子，「知宗孔氏，崇仁義，貴王賤霸。」使「二帝三王，群聖人」之「大經大法。」得存十一於千百。由是我族得以不「服左衽而言侏離」。極推孟氏衛道守儒之功，以爲不在禹下。而於荀卿傳經明道之功，則不肯置一辭。是昌黎於孟學，情有獨鍾，明矣。韓氏又較論孟、荀之高下，云：

始吾讀孟軻書，然後知孔子之道尊，聖人之道易行，王易王，霸易霸也。以爲孔子之徒沒，尊聖人者，孟氏而已。晚得揚雄書，益尊信孟氏，因雄書而孟氏益尊；則雄者，亦聖人之徒歟！聖人之道不傳于世，周之衰，好事者，各以其說干時君，紛紛藉藉相亂，六經與百家之說錯雜，然老師大儒猶在，火于秦，黃、老于漢，其存而醇者，孟軻氏而止耳，揚雄氏而止耳。及得荀氏書，於是，又知有荀氏者也。考其辭，時若不粹，要其歸，與孔子異者鮮矣。抑猶在軻、雄之間乎！孔子刪《詩》、《書》，筆削《春秋》，合於道者著之，離於道者黜去之，故《詩》、《書》《春秋》無疵。余欲削荀氏之不合者，附于聖人之籍，亦孔子之志矣！孟氏醇乎醇者也，荀與揚也，大醇而小疵。〔註35〕

〔註34〕見《韓昌黎文集》，第三卷。
〔註35〕前揭書第一卷，〈讀荀〉。

按：昌黎此文，以為當六經與百家錯雜之時，唯孟軻能獨尊孔聖，並得獨守
聖道之醇者也。故曰：「孟氏醇乎醇者也」若夫荀卿，雖大旨與孔聖異者鮮矣，
然時若不粹。故昌黎欲效孔子筆削《春秋》之餘意，削荀氏之「不粹」者，
使合乎孔子之籍。考所謂「不粹」者，蓋指荀卿之「性惡」與揚雄之「性善
惡混」說是也。若削去「性惡」與「性善惡混」之說，其他皆與孔氏之道合，
故曰：「大醇而小疵。」由是可知，唯孟子獨得孔子之心傳。故昌黎又云：

> 孟軻師子思，子思之學蓋出曾子。自孔子沒，群弟子莫不有書，獨
> 孟氏之傳得其宗。……道於楊、墨、老、莊、佛之學，而欲之聖人
> 之道，猶航斷港絕潢，以望至於海也。故求觀聖人之道，必自孟子
> 始。〔註36〕

按：昌黎既尊孟而抑荀矣。於是，遂推究孟氏之師承，以為孔子傳之曾子，
曾子傳之子思，子思傳之孟軻。如此，則孟子固得孔子之心傳者也。是以，
欲求孔子之道者，必自孟氏始也。韓氏於此，雖斥楊、墨、老、莊、佛之學，
實者，荀、揚亦在所斥之列也。孟氏既獨得傳孔子之心傳，故孟氏遂得繼群
聖人之統緒焉。故又云：

> 曰：斯道也，何道也？曰：斯吾所謂道也，非向所謂老與佛之道也。
> 堯以是傳之舜，舜以是傳之禹，禹以是傳之湯，湯以是傳之文、武、
> 周公，文、武、周公傳之孔子，孔子傳之孟軻，軻之死不得其傳焉。
> 荀與揚也，擇焉而不精，語焉而不詳。〔註37〕

按：「是」者，即道也。亦即儒者仁義之道也。昌黎於此，以為堯以儒者仁義
之道傳予舜，舜又將此儒者之道傳予禹，禹又將以儒者之道傳予湯，湯又以
儒者之道傳予文、武、周公，文、武、周公又將儒者之道傳予孔子，孔子又
將儒者之道傳予孟軻。此儒者之道之內容，即仁義道德，乃聖聖相傳，代代
相續，遂成為吾民族之傳統文化耳。此即後世「道統」說之由來。考昌黎之
意，似以為孔子既將此道統傳予孟軻，則孟軻必將此道統轉手傳諸於後世。
然荀卿與揚雄二子，既「擇焉而不精，語焉而不詳。」皆無力傳此道統，故
曰：「軻之死不得其傳焉」。職是之故，荀卿與揚雄遂見斥於道統之門矣。

　　韓昌黎上述尊孟抑荀之讜論，後儒皆以為卓識，而宋、明理學家，更奉
以為圭臬。如：明道先生即云：

〔註36〕前揭書第四卷，〈送王秀才序〉。
〔註37〕同註34，第一卷，〈原道〉。

> 學本是修德，有德然後有言。退之卻倒學了。因學文、日求所未至，
> 遂有德。如曰：軻之死不得其傳。似此言語，非是蹈襲前人，又非
> 鑿空撰得出來。必有所見，若無所見，不知所傳者何事。〔註38〕

又云：

> 韓愈亦近世豪傑之士，如〈原道〉中言語雖有病。然自孟子而後，
> 能將許大見識尋求者才見此人。至如斷曰：孟氏醇乎醇。又曰：荀
> 與揚、擇焉而不精，語焉而不詳。若不是他見得，豈千餘年後，便
> 能斷得如此分明。〔註39〕

由明道先生之言，知韓愈尊孟抑荀之說，對宋儒之影響既深且鉅。蓋自此始，孟子遂與孔子並稱，號曰孔孟。〔註40〕而荀、莊諸子，遂不得與孟子並配矣。然則，荀卿之不得志於道統，韓昌黎與有力焉。

四、兩宋之尊孟與貶荀

研究學術史者，或謂「宋學」即「孟學」。〔註41〕然考宋儒之反孟者，頗不乏人。如：司馬溫公嘗作《疑孟》，凡有疑於《孟子》者凡十有一事〔註42〕李旴江覯作《常語》，致疑於《孟子》者共有八條。〔註43〕而晁說之本溫公之《疑孟論》而作《詆孟》，〔註44〕力主去《孟子》於講筵，欽宗皇帝亦且信之。〔註45〕其後，葉水心適於《紹述講學大旨》及《習學記言》二書中，亦頗多反孟之說。〔註46〕陳龍川亦然。〔註47〕凡此，皆犖犖之大者。

〔註38〕見《近思錄》，卷十四，〈觀聖賢〉。
〔註39〕《河南程氏遺書》，卷第一。
〔註40〕陳振孫《直齋書錄解題》，卷三云：「自韓文公稱孔子傳之孟軻，軻死不得其傳。天下學者，咸曰孔孟。」
〔註41〕見夏君虞《宋學概要》，第四章，〈宋儒對於孟子之態度〉。
〔註42〕見《宋元學案》，卷七，〈溫公疑孟〉。
〔註43〕見《直講李先生文集》，卷三十四，〈常語下〉。又見《宋元學案》，卷三。
〔註44〕見朱彝尊《經義考》，卷二百三十四：「晁說之詆孟」。
〔註45〕同註41。
〔註46〕如《紹述講學大旨》：「孟子亟稱堯、舜、禹、湯、伊尹、文王、周公，所願則學孔子，聖賢統紀既得之矣；養氣知言，外明內實，文獻禮樂，各審所從矣。夫謂之傳者，豈必曰授之親而受一的哉？世以孟子傳孔子，殆或庶幾？然開德廣，語治驟，處己過，涉世疏，學者趨新逐奇，忽忘本統，使道不完而有迹。」又如《習學記言》云：「蓋以心為官，出孔子之後，以性為善，自孟子始。然後學者盡廢古人之條目，而專以心為宗主。致虛意多，實力少，測知廣，凝聚狹，而堯、舜、以來內外相成之道廢矣。」

若夫尊孟諸公之論述，其於孟氏之學，亦不免時有憾焉。如王荆公安石，乃尊孟之始倡者，而其〈原性〉一文云：

> 孟子言人之性善，荀子言人之性惡。夫太極生五行，然後利害生焉，而太極不可以利害言也。性生乎情，有情然後善惡生焉，而性不可以善惡言也。此吾所以異於二子。孟子以惻隱之心，人皆有之，因以謂人之性無不仁。就所謂性者，如其説，必也怨毒忿戾之心，人皆無之，然後可以言人之性無不善，而人果皆無之乎？孟子以惻隱之心爲性善者，以其在內也。夫惻隱之心與怨毒忿戾之心，其有感於外而後出乎中者，有不同乎？〔註48〕

按：《四庫全書總目提要》云：「蓋宋尊《孟子》，始王安石。」知安石於宋時，以尊《孟》稱也。然《總目》又云：「元祐諸人務與作難，故司馬光《疑孟》，晁説之《詆孟》作焉。非攻《孟子》，攻安石也。」〔註49〕。是北宋諸儒之或尊孟或非孟，其意皆在彼不在此。然安石言「孟子以惻隱之心，人皆有之，因以謂人之性無不仁。就所謂性者，如其説，必也怨毒忿戾之心，人皆無之，然後可以言人之性無不善，而人果皆無之乎？」是安石於孟學猶未能盡契於心也若是。其他，若二程、東坡、朱夫子等大儒，莫不皆然。〔註50〕

若夫荀卿，研究學術史者以爲「漢學」乃其嫡傳，〔註51〕故荀學與宋學之關係不深。是以，宋儒之稱述荀卿者，不若稱述孟軻者多。今考宋初之反對荀學者，有徐積之〈荀子辯〉〔註52〕及蘇東坡、王安石等之〈荀卿論〉〔註53〕爲

〔註47〕如《龍川學案》載：復朱元晦書云：「孔子之稱管仲曰：桓公九合諸侯，不以兵車，管仲之力也，如其仁，如其仁。及曰：一匡天下，民到於今受其賜，微管仲，吾其被髮左衽矣。説者以爲孔氏之門，五尺童子皆羞稱五霸。孟子歷論霸者以力假仁。而夫子稱之如此，所謂如其仁者，蓋曰似之而非也。觀其語脈決不如説者所云。」

〔註48〕見《王安石文集》，卷四十三。

〔註49〕見卷三十五，「《孟子音義》二卷」下。

〔註50〕二程於孟學，不能盡契於心者，如：明道先生嘗云：「善固性也，然惡亦不可不謂之性也。」（見《近思錄》，卷一）又蘇軾《易解》云：「昔於孟子以爲性善，以爲至矣。讀《易》而後知其未至也。孟子之於性，蓋見其繼者而已矣。夫善，性之效也。孟子未及見性，而見其性之效，因以所見者爲性；猶火之能熟物也，吾未見火，而指天下之熟物以爲火。夫熟物則火之效也。」朱夫子熹則曰：「孟子説求放心，已是兩截。如常知得心存這裏，則心自不放。」（見《滄洲諸儒學案》）

〔註51〕同註41。

〔註52〕見《宋元學案》，卷一，〈安定學案〉。

最著。

　　然宋儒之學，雖未有明言上承荀卿之學者。惟考宋學或受荀學之影響，或與荀學相發明者，爲數甚多。如：邵康節〈觀物外篇〉云：

　　　　任我則情，情則蔽，蔽則昏矣。因物則性，性則神，神則明矣。
　　　〔註54〕

楊筠如先生謂：此「全是荀子大清明的心理學」。〔註55〕是康節之學，雖不出於荀卿，但頗有取於荀學可知也。至於非難荀卿，以爲「才高過多」，〔註56〕謂「一句性惡，大本已失」〔註57〕之明道先生，亦嘗謂：

　　　　善固性也，然惡亦不可不謂之性也。〔註58〕

由斯言觀之，明道先生之於荀學，豈非明非而暗取也。而其弟伊川先生，亦然，嘗云：

　　　　敬則自虛靜，不可把虛靜叫著敬。〔註59〕

又云：

　　　　所謂敬者，主一之謂敬；所謂一者，無適之謂一。〔註60〕

按：楊筠如先生謂此「都是從荀子『虛一而靜』的心理學領悟過來」。〔註61〕是伊川先生之學，與明道先生同，頗有取於荀學也明矣。由此觀之，北宋理學之主流，雖謂得孟氏之心傳，〔註62〕然亦未嘗不祈靈於荀卿也。

　　若夫南宋之朱夫子及陸九淵，要亦與北宋諸儒同。如：朱子〈觀心說〉云：

〔註53〕見《蘇東坡全集》（臺北：新興書局），卷三十七，〈荀卿論〉。及《王安石全集》（臺北：河洛圖書出版社），卷四十三，〈論說・荀卿論〉。又見同書〈附錄・拾遺・荀卿論上〉。

〔註54〕見《宋元學案》，卷九，〈百源學案上〉。

〔註55〕見《荀子研究》，第三章，〈後論〉，第一節，〈荀子與後儒心性的研究〉。

〔註56〕見《近思錄》，卷十四，〈觀聖賢〉。原文是：「荀卿才高其過多，揚雄才短，其過少。」

〔註57〕同註56。原文是：「荀子極偏駁，只一句性惡，大本已失。」

〔註58〕見《近思錄》，卷一，〈道體〉。

〔註59〕見《宋元學案》，卷十五，〈伊川學案〉。

〔註60〕同註59。

〔註61〕同註55。

〔註62〕黃幹《聖賢道統傳授總敘說》云：「及至周子，則以誠爲本，以欲爲戒。此又周子繼孔、孟不傳之緒者也。至二程子，則曰：涵養須用敬，進學則在致知。又曰：非明則動無所之，非動則明無所用，而爲四箴，以著克己之義焉。此又二程得統于周子者也。」（見《宋元學案》，卷六十三，〈勉齋學案〉）。

夫心者，人主所以主乎身者也，一而不二者也，爲主而不爲客者也。命物而不命於物者也。……夫諸人心之危者，人心之萌也；道心之微者，天理之奧也。心則一也，以正不正而異其名耳。〔註63〕

按：楊筠如先生謂：此「命物而不命於物」，就是荀子的「出令而無所受令」。「以正不正而異其名」，就是荀子的「中理不中理」。〔註64〕是朱子之學，亦有暗取於荀卿者也。至於陸象山，其論「人心」，嘗曰：

心不可泊一事，只自立心。人心本來無事，胡亂被事物牽將去。若是有精神，即時便出便好；若一向去，便壞了。〔註65〕

按：楊筠如先生謂，此「就是荀子『不以夫一害此一』的道理」。〔註66〕如是，則象山雖謂得自孟子，〔註67〕亦有暗取於荀卿者也。

由此觀之，自唐朝中葉，韓文公以「文、武、周公傳之孔子，孔子傳之孟軻。軻之死不得其傳焉。」之「道統說」出，宋儒繼之，遂不能蹈其藩籬。故述「道統傳受」，但曰：「至于孟子，則先之以求放心，而次之以集義，終之以擴充，此又孟子得統于子思者然也。」〔註68〕而不及荀卿。

然宋儒之論學也，明知孟學有其不足者，有待荀學以補強之，然皆不肯明言荀學之貢獻，但暗襲之耳。即理學諸大師，亦不能免於此。故程、朱之言性，雖主孟氏，又必分義理與氣質而二之，已兼取孟、荀二義邪？至於其教人也，以「變化氣質」爲先，非暗用荀子「化性起僞」之說邪？〔註69〕悲乎！宋儒學術之偏也如此，荀卿之見斥於道統也，不亦宜乎！然者荀卿之不得入繼「道統」，學乎！命乎！

五、荀卿見斥於道統之省思

（一）荀卿見斥於道統之原因

荀卿不得志於「道統」，考其原因，約有三端：一曰：性惡說。二曰：非

〔註63〕見《宋元學案》，卷四十八，〈晦翁學案〉。
〔註64〕同註59。
〔註65〕見《宋元學案》，卷五十八，〈象山學案〉。
〔註66〕同註55。
〔註67〕見《陸九淵集》，卷三十五，〈語錄下〉。原文爲：某嘗問：「先生之學亦有所受乎？」曰：「因讀《孟子》而自得之。」
〔註68〕同註62。
〔註69〕見錢大昕〈荀子跋〉。

子思、孟軻。三曰：王霸竝衡。茲據荀書略述於后：

1. 性惡說：

　　韓愈爲「抗佛衛儒」，嘗作五「原」，即〈原道〉、〈原性〉、〈原毀〉、〈原人〉、〈原鬼〉是也。〈原道〉云：「博愛之謂仁，行而宜之之謂義，由是而之焉之謂道，足乎己無待於外之謂德。仁與義爲定名，道與德爲虛位。」由此觀之，韓愈以爲儒家之所謂「道」，其內容是「仁義」，而儒家所謂「德」，乃天生自足，不假外求之德性。故儒家之所謂「道德」，乃抽象之名辭，即所謂「虛位」，而「仁義」則爲「道德」之實質內容，即所謂「定名」。是「仁義」即是「道德」，亦即天生自足之公言也。其〈原性〉云：「性也者，與生具生也。……性之品有三，而其所以爲性者五。」又云：「性之品有上、中、下三，上焉者、善焉而已矣；中焉者、可導而上下也；下焉者，惡而已矣。其所以爲性者五：曰仁、曰禮、曰信、曰義、曰智。」由此觀之，性之本質，即「仁、禮、信、義、智」。而此五者，乃「與生具生也」。雖然「性之品有上、中、下三」。但同具「仁、禮、信、義、智」五德，則未之異也。是以「上焉者」，五德具顯，所謂「善焉而已矣」。「中焉者」於五德則「可導而上下也」；若「下焉者」，亦可通過「威」與「制」，而顯此五德。故曰「上之性，就學而欲明，下之性，畏威而寡罪。」是「上者可教，而下者可制也。」人既同具「仁、禮、信、義、智」五德，而「五德」又爲「生之所具」。則韓愈所謂「性」乃繼承孟子之「性善說」也明矣。如韓氏所說「性善」蓋「天下之公言也」。

　　韓氏「道統說」，所謂「堯以是傳之舜，舜以是傳之禹，禹以是傳之湯，湯以是傳之文、武、周公，文、武、周公傳之孔子，孔子傳之孟軻，軻之死不得其傳焉。」按：「是」即「道」。即「博愛之謂仁，行而宜之之謂義，由是而之焉之謂道，足乎己無待於外之謂德。仁與義爲定名，道與德爲虛位」之「道德仁義」，亦即「生之所具」之「仁、禮、信、義、智」五德也。由此觀之，韓氏所謂「荀與揚擇焉而不精，語焉而不詳」者。蓋指荀、揚二子於吾人「生之所具」之德，未有所肯定。故云「不精、不詳」。此「不精、不詳」，即指荀子之「性惡說」與揚雄之「性善惡混」是也。由此觀之，韓愈雖許荀卿「吐辭爲經，優入聖域」，卻以「道性惡」之「大醇小疵」，而不許荀卿傳「道統」也。宋儒繼之，遂以「只一句性惡，大本已失」，而交口相攻。於是，荀卿不得「道統」之傳，遂定讞焉。

2. 非子思孟軻

荀卿於〈非十二子〉篇，斥「假今之世，飾邪說，文姦言，以梟亂天下，譎宇嵬瑣，使天下混然不知是非治亂」之處士，有「縱情性，安恣睢，禽獸行」之它囂、魏牟。有「忍情性，綦谿利跂，苟以分異人爲高」之陳仲、史鰌。有「不知壹天下，建國家之權稱，上功用，大儉約，而僈差等」之墨翟、宋鉼。有「尚法而無法，……終日言成文典，反紃察之，則偶然無所歸宿」之慎到、田駢。有「好治怪說，玩琦辭」之惠施、鄧析等十子。進而直攻儒家之子思、孟軻。曰：

> 略法先王而不知其統，猶然而材劇志大，聞見雜博，案往舊造說，謂之五行，甚僻違而無類，幽隱而無說，閉約而無解，案飾其辭，而祗敬之曰：此眞先君子之言也。子思唱之，孟軻和之，世俗之溝猶瞀儒，嚾嚾然不知其所非也，遂受而傳之，以爲仲尼、子游爲茲厚於後世，是則子思、孟軻之罪也。

按：「略法先王而不知其統」，蓋指子思、孟軻之學術，大略雖法堯、舜、禹、湯、文、武、周公之道，而不知治國統類。「猶然材劇志大」，蓋指孟子好爲大言，若「如欲平治天下，當今之世，舍我其誰」是也。「聞見雜博，案往舊造說，謂之五行，甚僻違而無類，幽隱而無說，閉約而無解。」章太炎先生云：「尋子思作《中庸》，其發端曰：天命之謂性。注曰：木神則仁，金神則義，火神則禮，水神則智，土神則信。《孝經》說略同此。是子思之遺說也。沈約曰：〈表記〉取子思子。今尋〈表記〉云：『今父之親子也，親賢而下無能；母之親子也，賢則親之，無能則憐之。母親而不尊，父尊而不親；水之於民也，親而不尊，火尊而不親；土之於民也，親而不尊，天尊而不親；命之於民也，親而不尊，鬼尊而不親。』此以水、火、土地、父母於子，猶董子以五行比臣子事君父。古者洪範九疇舉五行傳人事，義未彰著，子思始善傅會，旁有燕、齊怪迂之士，侈搪其說，以爲神奇，燿世誣人，自子思始，宜哉！荀卿以爲譏也。」〔註70〕而此五行之說，甚邪僻而無統貫，幽隱而無理據，閉約而無解說，自己也說不出一番道理來。「此眞先君子之言也」，蓋指子思、孟軻時時以孔子作爲己說之盾牌，並明自己爲孔子學說之正統傳人也。「以爲仲尼、子游爲茲厚於後世」，蓋指仲尼、子游之道不待子思、孟軻，而已爲世所重；然世俗不知，以爲仲尼、子游之道，得子思、孟軻之發揚，

〔註70〕見《太炎文錄》，卷一，〈子思孟軻五行說〉（《章氏叢書》）。

始爲世人所重。此種欺世誣民之作爲，是子思、孟軻之罪也。由此觀之，荀卿批判諸子之言，要以責斥子思、孟軻最爲苛刻。

然子思爲孔子之孫，孟、荀皆私淑於孔子，同爲羽翼孔聖之大師，何以同根相煎如是。《韓詩外傳》雖謂荀卿所非止十子，而無子思、孟子，〔註71〕以爲荀卿辯護，揚雄也以「同門異戶」視之。〔註72〕然非子思、孟軻與性惡，文雖兩篇，其內在思想則一。宋儒唐仲友云：「子思作《中庸》，孟子述之，道性善。至卿以爲人性惡，故非子思、孟軻。」〔註73〕晁公武亦云：「其書以性爲惡，以禮爲僞。……論學述，則以子思、孟軻爲飾邪說，文姦言，與墨翟、惠施同詆焉。」〔註74〕然則韓愈排荀卿於道統之外，而宋儒繼之，又交口相攻者，要在「心術」二字。清儒洪亮吉所謂：「荀卿雖彼善于此，然言性惡，而以堯、舜爲僞，且又訾毀及子思、孟子，其心術已概可見。夫心術者，學術之源也，心術不正，而欲其學術之正，不可得也。」〔註75〕是由此知韓愈與宋儒之排斥荀卿，要在「心術」二字是也。

3. 王霸並衡

孟子尊王賤霸，既曰：「仲尼之徒，無道桓、文之事者。」〔註76〕又曰：「以力假仁者霸」，「以德行仁者王」。〔註77〕復曰：「五霸者，三王之罪人也。」〔註78〕若夫荀卿則不然，王、霸並稱，既曰「仲尼之門人，五尺之豎子，言羞稱乎五伯。」〔註79〕又盛稱五霸之事業。曰：

> 德雖未至也，義雖未濟也，然而天下之理略奏矣；刑賞已諾，信乎天下矣；臣下曉然，皆知其可要也；政令已陳，雖覩利敗，不欺其民；約結已定，雖覩利敗，不欺其與；如是，則兵勁城固，敵國畏之，國一綦明，與國信之，雖在僻陋之國，威動天下，五伯是也。

〔註71〕 王應麟《困學紀聞》，卷十云：「荀卿非十二子，《韓詩外傳四》引之，無子思孟軻。愚謂荀卿非子思、孟子，蓋其門人如韓非、李斯之流，託其師說，以毀聖賢，當以《韓詩》爲正。」

〔註72〕 見《荀子集解》唐仲友序。

〔註73〕 同註72。

〔註74〕 見《郡齋讀書志‧子類儒家類》。

〔註75〕 《左傳會箋》，卷三十引。

〔註76〕 見〈梁惠王上篇〉。

〔註77〕 見〈公孫丑上篇〉。

〔註78〕 見〈告子下篇〉。

〔註79〕 見〈仲尼篇〉，第七。

〔註80〕

按：就道德純美言，霸者或不如王者，故曰：「德雖未至也，義雖未濟也。」
然就天下秩序之建立，民人百姓，生命財產之安頓言，則「刑賞已諾，信乎
天下矣；臣下曉然，皆知其可要也；政令已陳，雖覩利敗，不欺其民；約結
已定，雖覩利敗，不欺其與。」如是，則國政必清明，民人百姓知所措手足，
豈非天下蒼生延頸企盼者。何況「兵勁城固，敵國畏之，國一綦明，與國信
之。」則國家有尊嚴，人民有希望。則霸又何負於王？故荀卿又特許齊桓之
有大節，曰：

> 倓然見管仲之能足以託國也，是天下之大智也；安忘其怒，出忘其
> 讎，遂立以為仲父，是天下之大決也；立以為仲父，而貴戚莫之敢
> 妒也；與之高國之位，而本朝之臣莫之敢惡也；與之書社三百，而
> 富人莫之敢距也；貴賤長少秩秩焉，莫不從桓公而貴敬之，是天下
> 之大節也。諸侯有一節如是，則莫之能亡也。桓公兼此數節者而盡
> 有之，夫又何可亡也。其霸也宜哉。非幸也，數也。〔註81〕

按：齊桓公具託國於管仲之大智，有「安忘其怒，出忘其讎」之大決，立管
仲為仲父，而貴戚、朝臣、富人皆從桓公而貴敬之之大節。桓公一身而兼此
數節，故曰「其霸也宜哉」。由此觀之，知荀卿雖貴王，但不賤霸；不僅不賤
霸，且王霸並稱。昔孔子有言：「民無信不立」，而荀卿曰：「信立而霸」。然
則荀卿固孔子之徒矣。

　　宋儒晁公武嘗曰：「其（荀子）書以性為惡，以禮為偽，非諫爭，傲災詳，
尚強伯之道。論學術：則以子思、孟軻為飾邪說，文姦言，與墨翟、惠施同
詆焉。論人物：則以平原、信陵為輔拂，與伊尹、比干同稱焉。其指往往不
能醇粹，故後儒多疵之云。」〔註82〕清儒郝懿行亦云：「推尋韓意，豈以孟道
性善，荀道性惡，孟子尊王賤霸，荀每王霸竝衡，以是為疵。」〔註83〕由此
觀之，荀卿不得志於「道統」，要在「以性為惡，以禮為偽。」「以子思、孟
軻為飾邪說，文姦言。」與「以平原、信陵為輔拂，與伊尹、比干同稱」之
「王霸竝衡」是也。

〔註80〕見〈王霸篇〉，第十一。
〔註81〕同註80。
〔註82〕《郡齋讀書志‧子類‧儒家》。
〔註83〕見〈荀子補注與王引之伯申侍郎論孫卿書〉。

−199−

（二）荀卿見斥於道統之商榷

1. 內聖學之發揚

儒者之業，要在修己治人。故孔子有教無類，自行束脩以上，無不教誨。而弟子深造，於德行、言語、政事，文學四科，各有所長。是孔子之學術，內聖外王，兼蓄並顯。

及乎孟子，則以「性善」為宗，以為「仁、義、禮、智，根於心。」，雖堯、舜亦存此「善性」而已。故曰：「堯、舜，性之也。」惟堯、舜秉此善性，故當其「與木石居，與鹿豕游」，雖與「深山野人無異」，及其「聞一善言，見一善行，若決江河，沛然莫之能禦也」。若夫匹夫匹婦，雖日放其心，然亦有平旦之氣，苟得其養，無物不長。以直養而無害，亦可以塞於天地之間。是匹夫匹婦，與堯、舜一也。故曰：「人皆可以為堯、舜」。由此觀之，孟氏性善之說，誠為一活活潑潑之生命大源。蓋人性既善，則上自堯、舜，下至匹夫匹婦，但得其養，莫不可以希賢成聖。

唐韓愈著〈原道〉篇，云：「博愛之謂仁，行而宜之之謂義，由是而之焉之為謂道，足乎己無待於外之謂德。」謂唯由「博愛」、「行宜」之「仁義」，而「之」者，是為「道」。此「道」非他，即「先王之道」。「堯以是傳之舜，舜以是傳之禹，禹以是傳之湯，湯以是傳之文、武、周公，文、武、周公傳之孔子，孔子傳之孟軻，軻之死不得其傳焉。」則韓愈有志於此「道」，且以上承孟子不傳之「道」自任。韓愈此一識見，宋儒盛推之。〔註84〕

於是，此內聖學統，由韓愈為轉關，下啟宋儒之學脈。所謂「韓退之言：『軻死不得其傳。』固不敢誣後世無賢者，然直是至伊洛諸公，得千載不傳之學。」〔註85〕是也。故宋儒之敘「道統傳受」，遂曰：「至于孟子，則先之以求放心，而次之以集義，終之以擴充，此又孟子得統于子思者然也。」又曰：「及至周子，則以誠為本，以欲為戒。此又周子繼孔、孟不傳之緒者也。

〔註84〕 如：程明道曰：「韓愈亦近世豪傑之士。如〈原道〉中言語雖有病，然自孟子而後，能將許大見識尋求者，未見此人。至如斷曰『孟子醇乎醇。』又曰：『荀與揚擇焉而不精，語焉而不詳。』若不是佗見得，豈千餘年後便能斷得如此分明也。」（《河南程氏遺書》，卷第一。）又曰：「學本是修德，有德然後有言，退之卻倒學了。因學文日求所未至，遂有所得。如曰：軻之死不得其傳，似此言語，非是蹈襲前人，又非鑿空撰得出，必有所見，若無所見，不知言所傳者何事。」（《近思錄·觀聖賢》）。
〔註85〕 見《陸九淵集·語錄下》。

至二程子，則曰：涵養須用敬，進學則在致知。又曰：非明則動無所之，非動則明無所用，而爲四箴，以著克己之義焉。此又二程得統于周子者也。……故嘗撮其要旨而明之，居敬以立其本，窮理以致其知，克己以滅其私，存誠以致其實，是四者而存諸心，則千聖萬聖，所以傳道而教人者，不越乎此矣。」〔註86〕自孟子「求放心」，周子「以欲爲戒」，至二程「著克己之義」，而「千聖萬聖，所以傳道教人者，不越乎此」觀之，則所謂「道統」者，蓋特顯「內聖」之學而已。

2. 外王學之重挫

荀卿以周公爲大儒，當武王崩，成王幼，周公「惡天下之倍周也」，於是「屏成王而及武王以屬天下，履天子之籍，聽天下之斷。」又「教誨開導成王，使諭於道」。及成王「能揜迹於文、武。」周公乃「歸周，反籍於成王」。周公此種不拘泥於君臣名分之主觀意識，而能明時勢，知權變以主持大局之作法，乃大儒之典型。故曰：「儒者，法先王，隆禮義，謹乎臣子而致貴其上者也。」又曰：「埶在人上，則王公之材也；在人下，則社稷之臣，國君之寶也。」〔註87〕由此觀之，儒者當以兼善天下（治人）爲本懷，而不以獨善（修己）爲滿足者，乃荀卿學術之所重也。

由「修己治人」之學，檢視〈非十二子〉篇，則荀學之精義出焉。批它囂、魏牟之術，曰：「不足以合文通治」者，蓋不合乎社會之條理，與治國之道是也。於陳仲、史鰌，曰：「不足以合大眾，明大分」者，蓋不能使大眾合群，也不能闡明社會之分際是也。於墨翟、宋鈃，曰：「不足以容辨異，懸君臣」者，蓋「大儉約，僈差等」之結果，將無法分辨人倫之貴賤親疏，與君臣地位之高低尊卑也。於愼到、田駢，曰：「不可以經國定分」者，蓋指法家「上則取聽於上，下則取從於俗」，不足以經世治國，別異定分也。於惠施、鄧析，曰：「不可以爲治綱紀」者，蓋指名家之辨，不足以爲社會之準則或綱領。於子思、孟軻，曰「案往舊造說，謂之五行，甚僻違而無類，幽隱而無說，閉約而無解。」章太炎以爲子思、孟子確有五行之說，〔註88〕並謂「漢儒孟、荀並尊。余謂如但尊荀子，則五行傳、緯書一流，不致囂張。」〔註89〕

〔註86〕見黃榦〈聖賢道統傳授總敘說〉（《宋元學案》，卷六十三，〈勉齋學案〉）。
〔註87〕見《荀子・儒效篇》。
〔註88〕見氏著《文錄》，卷一，〈子思孟子五行說〉（《章氏叢書》）。
〔註89〕見氏著《國學略說・諸子略說》。

然荀子所在意者，或在「類」字，即子思、孟軻之學，不知「治國之統類」是也。綜前所述，知荀卿之非十二子，其所重者在「治人」，亦即經營管理國家社會，所謂「兼善」之學，而非「修己」、「獨善」之術也。

就「治人」、「兼善」言，荀學之精神則粲然大備，故論「性惡」，則強調「師法之化，禮義之道」。論「禮」之緣起，則曰「以養人之欲」。論「天」，則曰「天行有常，不爲堯存，不爲桀亡，應之以治則吉，應之以亂則凶。」論「治」，則曰「道欲」「節欲」而非「去欲」「寡欲」。由此知荀卿之治術，非「十二子」者所可比擬也。故章太炎先生云：

> 若以政治規模立論，荀子較孟子爲高。荀子明施政之術，孟子僅言五畝之宅樹之以桑，使民養生送死無憾而已。由孟子此說乃與龔遂之法相似。爲郡太守固有餘，治國家則不足。……荀子則不然，謂義立而王，信立而霸，權謀立而亡。於五霸能知其長處。又〈議兵篇〉云：「齊之技擊，不可以遇魏氏之武卒；魏氏之武卒，不可以遇秦之銳士；秦之銳士，不可以當桓文之節制；桓文之節制，不可以敵湯武之仁義。」看來層次分明，不如孟子之一筆抹殺。余謂〈議兵〉一篇，非孟子所能及。〔註90〕

太炎先生不愧爲革命思想家，於施政領軍之道，確有獨到之見解。蓋孟學重內聖，故善《詩》、《書》，多主觀、唯心之說；荀學重外王，故於《禮》、《樂》別有會心，明時勢，知權變。故語語平實，不求高遠。惜哉！自孟子獨傳道統，宋儒遂虛言多於實學，趙氏一朝，國勢之不振，不亦宜乎！

六、結　語

荀卿見斥於道統，究其原因有三：一曰：言性惡，二曰：非子思、孟軻，三：曰王霸竝稱。已如上述。然學術史之研究者，每以漢、唐學者爲荀學外王之後裔，而宋、明儒者則爲孟子內聖之嫡傳。譜系不同，學風自異，而與時勢政教之隆污，亦有別焉。

《淮南鴻烈》嘗云：「周公繼文王之業，持天子之政，以股肱周室，輔翼成王。」而「孔子修成、康之道，述周公之訓，以教七十子。」〔註91〕然周公若不得執必爲孔子，孔子若得執必爲周公，所謂易地而皆然是也，故天下

〔註90〕同註90。
〔註91〕見《淮南子・要略篇》。

咸曰：周、孔。是以，凡修周、孔之教者，必任天下之重，而為股肱之臣。此漢、唐學者之氣象也。

及韓文公稱：孔子傳之孟軻，軻之死不得其傳焉。天下學者，咸曰：孔、孟。於是，凡學孔、孟之教者，不再以股肱之臣自任，而以「傳道、授業、解惑」之師為使命。所謂「治道亦有從本而言。……從本而言，惟是格君心之非。正心以正朝廷，正朝廷以正百官。」〔註92〕蓋「君心為萬化之原」是也

由此觀之，荀學尊，則儒者皆以股肱之臣自任。於是，賢者在朝，材人任職，故國強而民富。孟學尊，則儒者皆以王者之師自任，期「格君心之非」以正萬化之原。賢者既不任股肱，則庸、愚得逞其能矣。

然則，孟子獨傳道統之尊，而荀學不振於宋、明，不僅為傳統學術之一大升降，亦國勢之一大升降也。由此觀之，學者於內聖外王之學，固當兼容並蓄，而不可偏廢也明矣。

（本文原刊於：《成功大學學報》，第十六卷，《人文篇》，頁31～53，1981年6月）

〔註92〕見《近思錄·治體》，明道先生之言。

拾伍、張純甫「非墨崇儒」說

摘　要

　　本文以「北臺大儒」張純甫所作《非墨十說》爲主軸，介紹西元 1930 年在臺灣興起的「儒墨論戰」之盛況。

　　在異族殖民主義統治下，本土學人爲研究傳統學術，捍衛臺灣文化，不得不藉「燈謎」、「聯語」之包裝，以研讀四書、五經，雖備極艱辛，但成果斐然。

　　足見傳統學術之薪火相傳，非外力所能息滅，而臺灣文化之發揚，尤爲臺灣有志之士所堅持。若純甫之捍衛儒學，其苦心孤詣，雖研幾有成，卓然成編，但不免流於「唯儒主義」耳。

　　【關鍵詞】：張純甫、墨子、臺灣儒學

一、前　言

　　臺灣在被日本殖民統治的五十年（1895～1945）間，日本人透過統治機器，強力推展日本的語言文化，積極的改造臺灣人，欲使成爲萬世一系的天皇子民。臺灣的文化人在面對此一空前劇變，雖曾藉著民間書房的教學，或傳統詩社的酬唱，奮力掙扎，努力不懈，期延續臺灣文化的慧命於一線，但臺灣文化的不絕如縷，卻是不爭的事實。

　　在那個臺灣文化蒼白貧乏的時空裡，首先有實業家李春生（1838～1924）於西元 1907（光緒 33；明治 40）年起，先後出版《天演論書後》、《東西哲衡》

與《哲衡續編》等論著，〔註1〕期對臺灣人民進行啓蒙教育的工作；可惜，李氏的論著，是立基於西方之基督宗教哲學，無法與臺灣的傳統文化接軌。

泊西元 1920（大正9；民國9）年，臺灣留日學生爲「作島民言論之先聲」的《臺灣青年》，在日本東京誕生，〔註2〕並以「開啓民智，呼籲臺民奮起」與「介紹新知，傳播東西文化」作爲兩大宗旨，爲喚醒臺灣民眾的民族意識，以建立新思想、新文化的臺灣社會，迎頭趕上歐美社會，或介紹中國傳統的儒家思想，或引進西方的進步新知。臺灣的學術界，一時之間，呈現多音交響的黃金盛況。但隨著殖民統治者的查禁，很快的，又成了時代的絕響。〔註3〕

至於堅守傳統文化而卓然特出者，則前有彰化吳立軒（1859～1924）、鹿港洪棄生（1866～1928），稍後有臺南連雅堂（1874～1936）、新竹張純甫（1888～1941）。他們在傳統詩學、文學或史學，都各自有所樹立，且各擅勝場，足以垂範後學。但於傳統經學、諸子學，能研幾有得，形成專著，且成冊成編，以傳後世者，厥唯新竹張純甫之《是左十說》與《非墨十說》。《是左十說》，摯友林慶彰教授嘗爲文以發其旨趣；〔註4〕至於《非墨十說》，似尚無論述加以介紹者。今筆者不揣簡陋，擬以「張純甫非墨崇儒說」爲題，試發張氏「墨學」的底蘊，以就教於大方之家云。

二、張純甫的生平與著述

張純甫，名津梁，官章陳熙。字濤邨，又字純甫，號興漢，〔註5〕又號筑客、寄民、老鈍、耕香散人、竹林樵客等等。新竹人。生於西元 1888（清光緒14）年。

〔註1〕 李氏於 1907 年出版《天演論書後》，1908 年出版《東西哲衡》，1911 年出版《哲衡續論》。

〔註2〕 1920 年 1 月 11 日，臺灣留學生在東京成立「新民會」，同年 7 月 16 日在東京正式發行《臺灣青年》創刊號。

〔註3〕 該刊第一卷第四號內容被日本政府認爲不妥當，初次遭到「禁止發售」，第二卷第三號、第三卷第六號、第四卷第二號也相繼被「禁止發售」。1921 年「臺灣文化協會」成立，該刊改組爲《臺灣》，在島內普遍發行，繼續爲「謀臺灣文化之向上」而奮鬥。

〔註4〕 氏著〈張純甫的《左傳》研究〉見《第三屆臺灣儒學研究國際學術研討會論文集》，頁 355～376

〔註5〕 先生號「興漢」，或單書「漢」。〈守墨樓記〉：「先君子痛漢民族之不作，而精神之外騖也，因名予曰『漢』，蓋所以詔之勖之者，詎無深意乎？」

　　張氏祖籍福建省泉州府同安縣，太高祖時移居漳州府海澄縣。曾祖父諱瑞山，字首芳，於清道光九（1829）年，自廈門渡臺，初居艋舺，繼移居新竹之舊港，以商起家。〔註6〕

　　祖父定國，官章輝耀，前清例貢生。經營白粉商工業，店號「金德美」。雖商賈起家，卻勗禮儒生。〔註7〕

　　嗣父錦城，字迪吉，官章陳庚，號大德，初名金聲，排行第二。咸豐三（1853）年生，喜讀書，勤學無間。手鈔經史子集等數百十冊。其學：於經遵朱子，史嗜馬遷。而尤邃於《易》理，能融會百家，著有《易經解》，惜未刊行。旁通天文、星數、醫卜諸術，尤精於星卜，屢能見微知著。光緒十一（1885）年，補博士弟子員。光緒十八（1892）年應新竹縣令葉意琛之聘，主講明志書院。〔註8〕

　　大伯父錦章（英聲），例貢生，生父錦坤（昇泰），排行第三，例五品銜，嘗董保良局；四叔父錦聰（仁聲），習儒。〔註9〕由是觀之，張氏一門皆儒也。

　　1889（光緒15）年，巡撫劉銘傳應錦城之請，旌表首芳、輝耀為「孝友」，首芳嫡配陳孺人順為「孝婦」，故有「三孝人家」之美稱。而輝耀元配曾氏亦獲贈「宜人」。〔註10〕首芳、輝耀並於1891（光緒十七）年入祀忠義孝悌祠。〔註11〕

　　純甫先人乃竹塹巨賈，經營食品行「金德美」、藥材行「金德隆」於城內北門，為新竹有名之商郊，資產頗豐。〔註12〕1901（明治34）年家遭回祿，商行付之一炬，自此家道中落。1907（明治40）年，純甫赴臺北，初職北臺灣最大中藥商行「乾元藥行」之記帳，因識全臺藥業界牛耳陳茂通。〔註13〕

〔註6〕　見〈清旌表孝友曾祖考首芳家傳〉。
〔註7〕　見〈旌表孝友先王父輝耀公家傳〉。
〔註8〕　見〈先考清處士迪吉府君行狀〉。
〔註9〕　同註7。
〔註10〕〈清旌表孝友曾祖考首芳家傳〉：「光緒十五年某月日，爵帥劉公銘傳採訪題奏，蒙朝廷旌表孝友，海內榮之。」〈旌表孝婦曾祖妣陳孺人家傳〉：「撫軍兼學政劉爵帥為之題奏，受天朝旌表為孝婦。」〈旌表孝友先王父輝耀公家傳〉：「曾祖考諱首芳，旌表孝友；曾祖妣陳氏，旌表孝婦；王考諱定國，官章輝耀，亦旌表孝友，王妣曾氏贈宜人。」
〔註11〕見詹雅能撰〈張純甫先生年表〉。
〔註12〕〈伯兄星邨先生誄詞〉：「憶兄壯年當吾家全盛時，商號『金德美』三字誰人不知，兄則與伯父另司『金德隆』藥材行事。」
〔註13〕〈陳茂通君誄詞〉：「稻市巨賈乾元號藥材行總經理人陳君茂通以疾卒於

1919（大正 8）年受聘於基隆顏雲年「義和商行」。開啓了行商與教學的一生。

純甫幼承家學，喜詩文。嘗謂：「余自五歲讀書，二十始學詩」。〔註 14〕由是型塑成一位既是詩人又是儒者的傳統文化人。1909（明治 42）年 2 月，初試啼聲，與「奇峰吟社」李逸樵唱和，有〈福泉試茗〉、〈竹屋聽琴〉之作。1915（大正 4）年，與林湘沅、黃春潮、李鷺村、吳夢周等人，創立「研社」，倡導詩學運動。1919（大正 8）年，「臺灣文社」成立於臺中，純甫獲聘爲評議員。

1924（大正 13）年，與「星社」同人共同發行《臺灣詩報》，並參與編輯工作，較連雅堂之《臺灣詩薈》出刊更早。〔註 15〕1929（昭和 4）年，中秋前，赴大陸收羅古書畫，經閩至南京、徐州、曲阜、泰山、黃河、天津、大連、北京等地，一路題詠無間，又於閩中以詩謁陳石遺，博得「海外詩人」之譽。1930（昭和 5）年秋，「松社」成立「漢詩研究會」，聘純甫爲指導。1935（昭和 10）年，七月，應學生之請，成立「柏社」，並作〈組織學詩會序〉一文述其因緣，同時編選《唐人白描絕句選》作爲教材。

純甫既是詩人又是儒者，故在異族統治之下，終其一生，先後於稻江、基隆、松山、新竹等地教授生徒，以發揚臺灣文化爲職志。卒於 1941（昭和 16；民國 30）年，享年五十有四歲。

純甫著作甚豐，根據今人黃美娥教授所編輯《張純甫全集》共六冊，其中：《數年詩簿》，爲十二歲至二十二歲期間之時作；《守墨樓吟稿》，計有詩題千餘，作品一千八百餘首；《詠史雜詩》二十首及其他詩作若干；《守墨樓課題詩稿》、《堅白屋課題詩稿》則爲純甫課題之作；《七星吟稿》爲純甫與「星社」諸友之課題詩；《守墨樓聯稿》爲各類聯文之作；《陶村燈謎》、《春燈謎》、《堅白屋乙亥秋燈庾詞》皆爲純甫有關燈謎之作品；《古陶漁邨四時閒話》係有關燈謎、史事、書畫、詩鐘等之評述；《陶邨詩話》、《詩話小史》，二者皆純甫有關詩評之作；《陶邨隨筆》是有關詩、書、聯文、史事與軼聞等雜記之作。《臺海擊缽吟詩鈔》抄錄自《臺海擊缽吟集》中之佳作，以爲同好取法乎上之意。《臺灣俗語漫錄》，乃一隨得隨記之臺灣俗語。《唐人白描絕句選》爲

家。……君生前執全臺藥界牛耳。……憶余初客北臺，爲該行記室。」
〔註14〕見《守墨樓文稿・筑客四十五前詩自序》。
〔註15〕按純甫之《臺灣詩報》於 1924（大正 13）年 2 月 6 日正式出版，而連雅堂之《臺灣詩薈》則於同年同月 15 日出刊。

「柏社」生徒所編之教材。

至於《守墨樓文稿》，則為論辨、史論、序跋、哀弔及書信等古文。《守墨樓書畫錄》、《守墨樓藏書目錄》、《守墨樓書目——叢書部》、《守墨樓書目——卷密書室之部》等則為純甫之藏書目錄。

由前文純甫之遺作觀之，要以擊缽詩、聯語、燈謎為最多。其詩作，黃春潮〈哭詩人張君純甫文〉謂：「君詩由清而進於宋，由浮響而變為寫實；為閩派；為鄉土文學；而終為守墨詩。」顯能自成一家，值得後死者為之研究欣賞。

然純甫的父親為他取名曰「漢」，實寓有深意，〔註16〕就是要純甫研究《詩》、《書》、《禮》、《樂》等「永存之典籍」，發揚「中夏舊有之倫常」，以振興漢家之學術。純甫亦不負父命，根據今人黃美娥教授所編輯《張純甫全集》，於詩作、聯語外，又有《是左十說》、《庚午文存非墨十說》、《古今人物彙考》、《漢族姓氏考》。及《守墨樓文稿》中之〈孔子之說孝·附釋〉等有關經學、子學之學術論著，允為日據時期臺灣傳統學術研究之重要文獻。

由此觀之，純甫固無愧於父志，而顏寓樓面目曰「守墨樓」，以志「墨守舊章，薪傳漢學」之深意，其父地下有知，亦當莞爾。〔註17〕

三、墨守漢學之志業

張氏一門，世代業儒，浸染既深，期許也遠。故其父為純甫取名曰：「漢」，實寓有振興漢文化之深意在。《守墨樓記》曰：

> 先君子痛漢民族之不作，而精神之外騖也，因名予曰「漢」，蓋所以詔之勖之者，詎無深意乎？胡以為子者，曾不計及禮樂詩書之式微，思有以振之，而日惟玩物喪志，空自標榜。冒漢學之名，拾糟粕，襲皮毛，以竊聲華。（《文集》，頁92）

純甫一生游心於擊缽詩、聯語與燈謎，雖是興趣之所在，但他並不因「拾糟粕，襲皮毛，以竊聲華」而「玩物喪志」，更重要的是藉擊缽詩、聯語與燈謎等遊戲之作，「計及禮、樂、詩、書，思有以振之」的重責大任。在異族殖民

〔註16〕《守墨樓文稿·守墨樓記》：先君子痛民族之不作，而精神之外騖也，因名予曰「漢」，蓋所以詔之勖之者，詎無深意乎？胡以為子者，曾不計及禮樂詩書之式微，思有以振之。

〔註17〕《是左十說·附記》：「先考苦學五十年，一生尊崇孔子，遭曲學毀聖，憤懣著述，未就而老，竟齎志以沒，不及見小子此冊之成，悲夫！」

統治之淫威下，這種爲保存傳統漢文化於不墜之用心良苦，可謂無負乃父之志矣。《春燈話·自敘》也說：

> 況學說日新，思想日變，廉恥日亡，中夏舊有之倫常，永存之典籍，將蕩然焉爲歐美文化所淹沒。而吾土人士，尚得於一燈之下，揣摩習誦眾所糟粕棄置之六經四子，又寧非厚幸耶！

《春燈話·小引》又說：

> 況晚近歐風驟長，漢學浸衰，士趨功利，俗尚浮華，藉是以溫習舊文，稍迴故步，殊非泛設。且又屬良辰韻事，賢於選色徵歌萬萬，亦士林一佳話也。不然，六經高閣矣。〔註18〕

一者說「吾土士人」，藉著燈謎，「尚得於一燈之下，揣摩習誦眾所糟粕棄置之六經四子」，由此「中夏舊有之倫常，永存之典籍」，得以保存。一者說藉燈謎「以溫習舊文，稍迴故步。」由此知燈謎，雖游戲文字，塗竄經典，但「無害本義」，「不然，六經高閣矣」。何況「又屬良辰韻事，賢於選色徵歌萬萬，亦士林一佳話也。」

正因爲以身獨任漢學傳承之偉識，故能在異族高壓統治之艱困環境中，篤志堅守漢學，且著述不輟。其《漢族姓氏考·自敘》云：

> 漢族以無形之精神，融化五族，混一九州久矣。夫豈無故哉？家族立，婚姻正，而種族之精神乃固耳。

又云：

> 近今學子，喜崇新而黜舊，以漢族無形之精神謂迂闊，以歐美有形之物質謂適宜，將並采同姓結婚與夫自由平等之說仿效之。揣其意，非盡破滅家族制度不止。夫使人而無家族，而果可以救目前之急，絕背後之患，則尚非所恐，惟恐目前之急弗能救，而背後之患且無窮。何則？固家族，即所以固種族也；種族固則民不生外心。一齊家而治國平天下，莫不由茲而起，而修身正心誠意，莫不由斯而從。不然，家不必齊，且不必有國與天下，乃國天下則何治平望，而身心亦何足修正耶？蓋無家則無顧忌，無顧忌則無所不至，無所不至則亂。曾聞不齊其家而能治其國乎？而能修其身，正其心乎？（《文

〔註18〕據黃美娥教授主編之《張純甫全集》，於《古陶漁邨人四時閒話》收有〈春燈話·自敘〉及〈小引〉二文。於《守墨樓文稿》收有〈春燈話小引〉。二篇〈春燈話小引〉，內容大同小異。

集》，頁 264）

按：所謂漢學即儒學也。所以《漢族姓氏考》，要在發揚儒家，也就是《禮記‧大學》篇的誠意、正心、修身、齊家、治國、平天下的哲理。而純甫特別強調「家」的重要。

漢學（即儒學）最重視聖賢典型，所以，純甫又取材於陶淵明《聖賢群輔錄》，而作《古今人物彙考》，其〈小引〉曰：

> 昔陶靖節之作《聖賢群輔錄》也，深慨夫操行之難，而姓名翳然，如漢稱田叔、孟舒等十人，田橫二客，魯二儒史之類。凡書史所載，故老所傳，善惡聞於世者，皆著於篇以備遺忘。嗚呼！古之人之不沒人善也如此，然所錄僅爵里姓字，而言行闕焉。余用是不揣固陋，竊爲此考，晉以前，取材於陶《錄》，間有增補；以後，則博稽載籍，物以類聚，人以群分。雖其間不無始以膠漆，繼以參商；前則流芳，後則遺臭者，亦略採其行事，參酌以定評，庶幾可副尚友古人之實云。

純甫的服膺儒術，由《古今人物彙考》觀之，可謂深切著明矣。但雖極考究之能事，卻未克盡全編，不免可惜。

至於見時人將《論語》、《孟子》置諸腦後，妄以利害之心論「孝」，遂不顧「大病初癒」，「爲正義人道爭」，「當仁不讓」的臚列《論語》、《孝經》中說「孝」之言，並鈔舊註，附上己見，以供時人采擇，而作《孔子之說孝‧附釋》，其捍衛漢學之精神，可謂劍及履及，令人敬佩。

然而純甫最得意的「經學」論著，應屬《是左十說》，他的詩作有「墨守四十載，磨拭每晨朝」，[註19] 這是說他對漢學的堅持。又說「昌黎浮夸譏盲左，我卻因之專一經」，[註20] 這是說明他對《左氏傳》的造詣之深。

又當「孔教會」成立，遂積極參與，或發爲講演，於新舊文化遞嬗之際，堅守儒學，戮力宣揚孔教，故有「北臺大儒」之譽。

四、臺灣的墨學研究

在殖民統治下的臺灣，傳統學術的研究，是如此蒼白貧乏，有志之士，還得藉燈謎、聯語之包裝，才能在一燈之下，誦讀六經、四子等傳統經典，其艱辛情狀，已如上述。

〔註19〕見《詩集》，下，〈暮春聞某游記有感〉，九之八，頁 110。
〔註20〕同前，〈不寐吟次老秋靈夢韻卻寄並示春潮〉，頁 202。

　　但時至 1930（昭和 5：民國 19）年之夏天，臺灣的學術天空，卻突然非常的墨子。這場有關墨子的論戰，首先由樹林庄的黃純青氏引發，氏於該年 4 月 14 日及 20 日，在《臺灣日日新報》發表〈兼愛非無父〉。又於 5 月 2 日及 3 日，在《臺南新報》發表〈兼愛非無父辨〉，前後二文，內容相去不遠。其論旨大致謂：

> 墨子生在孔子晚年，見孔子有心救世，周游列國，其道不行，作《春秋》，亂臣賊子不懼。天下愈亂，攻伐愈烈。墨子憂之，思欲繼孔子之志，行聖人之道，平天下之亂。以爲孔子說仁無補，正名無效。不如別創說利，此墨子之苦心也。……然墨子所說之利，是天下之公利，不是一身一家一國之私利。

在此論述中，有兩項重點，其一是：「墨子思繼孔子之志，行聖人之道」，將墨子與孔子並列，同爲不可多得之聖人；其次：墨子別創說利，係爲濟孔子仁學及正名學說之窮。且其所謂「利」，乃「天下之公利，非一人一家一國之私利」。論文最後，則指責孟子之「距揚、墨」，「言簡而泛，根據何在」。黃氏說：

> 孟子長於譬喻而雄辯，今距揚墨，僅曰：「墨氏兼愛，是無父也」。言簡而泛，根據何在。非起孟子而問之，末由而知。

進而糾正朱熹《孟子集註》，說：

> 今讀朱註，所謂愛無差等，而視其至親無異眾人。想是以「視人之身若視其身」爲根據，而斷定之。設以此爲據，謂之愛無差等，未嘗不是；謂之視其至親無異眾人，則非也。

　　文末〈附言〉則進一步懷疑「距揚墨」一節，係後人稱頌孟子之僞作。說：

> 鄙意距揚墨無父無君一章，疑非孟子自著。讀外人皆稱夫子好辯一章句，可以知之。孟子長於譬喻而雄辯。今讀其距揚墨，曰揚氏爲我，是無君也；墨氏兼愛，是無父也。無父無君，是禽獸也。言簡而泛，根據不明，疑是後人爲稱頌孟子距墨之功而作。

最後特加介紹，說：「先秦諸子中，最有力之學說者，孔、墨也。所願文學界諸公，兼讀墨子書，於學術研究，不無裨益，鄙人所信也。」

　　黃氏斯論一出，沉寂已久之臺灣學界，忽而譟動活潑起來。一時之間，參與辯論儒墨是非之學者蜂出並作。

《臺南新報》於 5 月 8 日，刊出臺北顏笏山撰稿、吳金土參訂之〈兼愛非特無父並無倫常〉。大旨謂：「孔道易爲也，無弊也；墨道難爲也，有弊也。……若孔子之說仁，仁即愛也，惟愛而有差等。故對於君父兄弟之愛，則曰有曰恭；對於妻子之愛，則曰和曰慈；對於朋友之愛，則曰信。如此有條不紊，不言所利，而自能以美利天下。大矣哉！較之墨子，口雖說利，而其害乃甚於洪水猛獸。」

5 月 15 日，《臺南新報》之《談叢》，刊出杏壇小使著〈孔教與墨教大相懸殊論〉，旨謂：「無差等之愛，斷乎不可也。審是，孔教與墨教之大相懸殊，思過半矣。」孔家店守衛著〈駁墨子兼愛論〉，謂「墨氏之言愛，非不可也；愛而兼則不可。亦非兼之不可，兼而無差等，則大不可。」吳金土著〈墨子兼愛言過其實──弊害甚多論〉，謂：「墨子曰：視人之國，如視其國；視人之家，如視其家；視人之身，如視其身。淺視之，似有利無害，若究其眞，有害無利。」

5 月 30 日、31 日兩天，《臺南新報》之來稿，刊出失名著〈兼愛論〉，謂「是孔、墨之道，世雖相去，而運變於世教，自盡人、盡物、盡天，以至於鳥獸昆蟲草木之微，而未嘗不兼所愛兼所教以立言也。余謂孔子、孟子、墨子之作述於世教，在以相扶持，而不在於求補也。」

黃純青氏於 6 月 11 日，又發表〈兼愛論──答昭和新報〉，加以回應，略謂：「吾人讀書，在讀活書，求新發現。孟子性善之說，荀子翻之；墨子兼愛之說，孟子非之，韓子是之。韓子曰：孔子泛愛而親仁，以博施濟眾爲聖，不兼愛哉？」且以「《昭和新報》謂墨子愛無差等，故孟子闢之，是拾朱註之說，別無有力之論據也」作結。並強調自己是「爲學術研究」，「在求知新，在研究先哲之學術，在研究儒教之思想。」黃氏此文，對上述的紛擾爭論，本有總結收束之意。

但臺北顏笏山又於 6 月 16、17 兩天，又假《臺南新報》，發表「是眞墨者乃非儒　是眞儒者必非墨」之宏論。開宗明義即針對黃氏之「學術研究」說，給予無情之批判，謂「夫學說爲改革社會之指南，欲爲其介紹者，必須揣時度勢，審愼推詳，果爾適宜無弊，然後可表而出之，蓋學說僅屬於理想，欲使之推行於社會，安必其絕無窒礙牴觸，或致陷溺夫人心者乎？」

而黃純青氏也不甘示弱，於 6 月 21、22 兩天，於《臺南新報》發表〈讀顏先生兼愛論〉，駁斥顏笏山〈兼愛非特無父並無倫常〉之說，謂顏氏之論，

正符韓愈「辨生於末學之言」。又於 6 月 26 日發表〈讀儒墨論質顏先生〉，批評顏氏〈是眞墨者乃非儒〉一文，爲「是感情，非學術之論」。

黃純青更於 7 月 23 日假《臺南日日新報》，發表〈揚墨論〉，認爲墨氏兼愛，是濟眾主義，恐是以孔子所謂博施濟眾之意。墨氏兼愛，以平等周遍爲鵠。是「最大多數的最大幸福」，爲人類的最高理想。

綜觀此期間之論戰，黃純青氏持主動地位，提倡研讀墨學，以爲「墨子繼孔子之志，行聖人之道」，孔、墨同爲「先秦最有力之學說者」，墨道是「最大多數的最大幸福」。而顏笏山等人則堅守儒學，批判墨家兼愛之說，不僅窒礙難行，且將陷溺人心。這一派人數雖多，並無多大波瀾，終不能令黃氏屈服。

五、《非墨十說》的提出

1930 年 6 月下旬，臺南的連雅堂氏加入了這場儒墨論戰，連氏於 6 月 24、25 兩天，假《臺南新報》發表〈墨爲學派說〉，全文雖重考據，但其結論則謂：

> 然則墨子之棄姓，爲實行兼愛故。實行兼愛，則以捐天下之私利，
>
> 求人類之幸福，宜其爲一世之宗，歷二千二百餘年，而道將顯也。

連氏此文稱揚墨子爲「一世之宗」，並預言墨道歷二千二百年，「而道將顯」，與黃純青氏互相唱和，共張墨學之大纛，意圖甚明。

連氏的加入論戰，〔註 21〕並聲援黃純青的論述，遂引發「北臺大儒」張純甫的參戰，並直接促成張氏《非墨十說》的完成。

純甫於 6 月 24 日，假《臺灣日日新報》發表〈墨子非墨家之祖說〉暨〈墨子害死親兄說〉二文，其前文略謂：《漢書・藝文志》「墨六家」首《尹佚》二篇，注曰：「周臣，在成康時。」則墨家出於「尹佚」明矣。據《呂氏春秋・當染篇》，墨子傳史角之學，疑史角即尹佚之後，進而疑「尹佚」即成王時之「史佚」。〔註22〕「然《墨子》全書，曾無一語及史角、尹佚者，蓋已攘其師

〔註21〕據《連雅堂先生年譜》，1930 年 6 月 11 日連先生復黃純青書，云：「弟亦研究墨子者也，即草三篇，一曰墨子棄姓說、二曰墨爲學派說、三曰孔墨異同說，則欲就教左右，又不欲登之報上，以至久藏篋底。今先檢兩篇呈政，尚有一篇多至一萬餘字，續後再寄。」宗按：〈墨子棄姓說〉、〈墨爲學派說〉二文，今並收於《雅堂文集・論說》。又《雅堂先生餘集》載有《讀墨十說》，其目爲：墨子棄姓說、墨爲學派說、墨道救世說、墨學復興說、孔墨異同說、孟荀距墨說、墨子生世說、墨子法夏說、諸家論墨說。然除〈墨道救世說〉內容具在外，其餘均爲存目。

〔註22〕《呂氏春秋・當染篇》：「魯惠公使宰讓請郊廟之禮於天子，桓王使史角往，惠

之學爲己有矣。」後文則引《莊子・列禦寇篇》所載「鄭人緩」事，〔註23〕
而論之曰「儒、墨之相攻相辯，蓋自墨子父子兄弟始，且墨子竟以此殺其兄
矣。」前後二文，不齒墨子其人、其學，溢於言表。但黃、連二氏却大張墨
學旗幟，譽爲「一世之宗」。故純甫云：

> 連日各報載黃（純青）、顏（笏山）、連（雅堂）諸氏，以儒墨相攻
> 不止，與墨兄弟相攻何異？故余艸此二說以解之，非好爲考據，或
> 拾人牙慧而出風頭也。〔註24〕

7月21日，又於同報發表〈儒墨相非果始於墨翟父子兄弟說──復連雅堂氏
書〉，說：

> 黃純青氏之辯儒墨，本不足輕重，而足下乃吾臺文學界巨擘，亦從
> 而附和之。有說盛稱墨學之美，則其影響於人心，誠非淺鮮，故僕
> 不能自已耳！去日於《臺日報》發表二說，其意謂儒墨之相辯，始
> 於墨翟父子兄弟。翟且因此死其兄矣，豈容再步其後塵耶！既必欲

公止之，其後在於魯，墨子學焉。」《註》：「《藝文志》：墨家有尹佚二篇，佚即
史佚，角蓋佚之後。奇猷案：尹佚即史佚。王國維云：『史字从又持中，義爲持
書之人，與尹之从持丨（象筆形）者同意』（見《觀堂集林》），故史、尹本同字，
而『史佚』即『尹佚』也。《淮南・道應訓》『成王問於尹佚』，注：『尹佚、史
佚也。』《藝文志》班固自注云：『尹佚、周臣，在成康時也』，《左傳・僖十五年》
杜注：『史佚，周武王時大史』，所言時代亦相同，則史佚與尹佚之爲一人無疑。
而《藝文志》列尹佚二篇在墨家之首，故以史佚爲墨家之祖也。」（頁108）

〔註23〕《莊子・列禦寇》：「鄭人緩也，呻吟裘氏之地，祇三年而緩爲儒，河潤九里，
澤及三族。使其弟墨，儒墨相與辯，其父助翟。」《註》：「成云：儒憲章文武，
祖述堯舜，甚固吝，好多言。墨遵禹道，勤儉好施。儒墨途別，各執是非，父
黨小兒，遂助翟也。」「十年而緩自殺。其父夢之曰：使而子爲墨者，予也。闔
胡嘗視其良，既爲秋柏之實矣。」《註》：「王先謙案：緩見夢其父，言弟之爲墨，
是我之力。何不試視我家上所種秋柏已結實矣。冤魂告語，深致其怨。」「夫造
物者之報人也，不報其人而報其人之天。」《註》：「成云：造物者，無物也，能
造化萬物，故謂之造物。物之智能，稟乎造化，非由從師而學也。故假於學習，
輔道自然，報其天性，不報人功也。翟有墨性，不從緩得；緩言我教，不亦繆
乎！」純甫據此而得〈墨子殺其兄說〉。但錢穆《先秦諸子繫年・附莊子儒緩墨
翟釋義》則云：「《莊子・列禦寇篇》：『鄭人緩，呻吟裘氏之地，三年而爲儒，
使其弟墨。儒墨相與爭，其父助翟，十年而緩自殺。』此寓言也。墨子初亦治
儒術，繼而背棄，則墨固從儒中來，而儒反受其抵排。故孔子既悟而告老子曰：
『丘得之矣，鳥鵲孺，魚傅沫，細要者化，有弟而兄啼。』則儒墨之謂也。緩
猶不悟，不能與化爲人，宜其爲秋柏之實矣。緩者、指凡儒言，翟者指凡墨言。
孫氏爲《墨子弟子考》，乃謂鄭人有某翟，是不識莊生寓言之趣也。」（頁98）

〔註24〕見〈墨子殺其兄說〉。

　　僕盡言，近已草成《非墨十說》，行將質諸知我愛我諸君子焉。

由於連雅堂在臺灣學界之聲望甚隆，今連氏既聲援黃純青，盛稱墨學之美。
對畢生執著儒學，堅信「墨家用夏許神農，已與吾儒作敵攻」〔註25〕的純甫
而言，爲了降低因連雅堂盛稱墨學，引發對世道人心的影響，不得不投身於
儒墨的相辯。由此見張氏對儒學之自信與自任之重。

　　於是，自 7 月 31 日起，在《臺灣日日新報》陸續發表《非墨十說》，以
總結其對墨子學說之看法。據黃美娥教授所編《張純甫全集》，在「十說」之
前，有〈自敍〉一篇，略敍其「非墨」之動機。按：所謂「非」，即《荀子·
非十二子篇》之「非」，即今人所謂「議論」、「批評」或「批准」之意。今考
純甫《非墨十說》，其要目與主旨如下：

　　（一）非利說：純甫認爲「墨子之書，言利之書也。墨子之爲人，善計
較利害之人也。」這是首應大加批判的。因爲「夫以利誘人，墨子之苦心也。
然而天下之人，下焉者，皆不能從墨子之誘，而行其所謂利人之大利實利，
而適以啓其貪自利現利之心。上焉者，皆不能諒墨子之苦心，而行其所謂交
相利、兼相愛，而適以藉口遂其兼利暴利之術也。」結果，「彼所謂大利利人，
皆歸自利者也。」

　　（二）非非命說：《墨子·非命》有上中下三篇，今並存。純甫以爲「墨
子之言命，不爲分類，於〈天志篇〉，則極力是之；於〈非命篇〉，則極力非
之。其所以自相矛盾者，蓋以命與力對峙。墨子不辨仁義禮智，富貴利達之
在內、在外者，統謂力之能致。故舉孟子二類，而並非之者也。其背道莫大
乎是！」所以說：「墨子之非命，獎亂之道，即背道之大者也。」

　　（三）非非樂說：《墨子》有〈非樂〉上中下三篇，今存上篇，純甫以墨
子「孳孳致力於衣食生計之事，是以不爲費財曠職無利之樂，然樂何嘗費財
廢職無利也。」何況，「墨子云：今王公大人，惟毋爲樂虧奪民衣食之時，以
拊樂如此其多也。今大鐘、琴瑟、鳴鼓、笙竽之聲，既已具矣，大人鏽然奏
而聽之，將何樂得焉哉？」這與孟子〈獨樂樂章〉所云有何不同？故曰：「墨
子若以〈節樂〉名篇，而不以〈非樂〉名，則庶幾矣。」

　　（四）非非禮說：《墨子》一書，並無「非禮篇」，但「《漢書·藝文志》
「墨家題後」云：『及蔽者爲之，見儉之利，因以非禮。』可見墨子之說有流
弊也。其故何在？在言利耳。言利則無往而不弊。」故非之。

〔註25〕見〈古史詠〉二十首之七（《詩集下》，頁32）。

（五）非非儒說：《墨子》有〈非儒〉上下二篇，今存下篇。純甫以為「儒者傳孔子之道，其說大行，已成為社會尋常日用之事矣。」〈非儒〉所舉之事，「今或出《禮記》。夫《禮記》，乃漢儒拾七十子後門人之說，蓋傳聞之言，非孔子之言也。」或「為齊東野人之言」。

（六）非非說：《墨子》書有〈非攻〉、〈非樂〉、〈非命〉、〈非儒〉等篇，足見墨翟之為人，好批判是非。問題在其所謂「是」者未必「是」，所謂「非」者未必「非」。故純甫說：「墨子之非攻，善矣！蓋以攻者，即非之極則也。墨子之非之者，非其非者也，故謂之善也。若彼無非，而此非之者，則非也，不善也。然則墨子之非命、非樂、非儒，善乎？不善乎？命未可非也，樂未可非也，儒未可非也，而墨子皆非之，此大異乎非攻之旨者也。」純甫甚至認為墨子之好相非（互相批判），是源自於「墨翟父子兄弟」之相辯，有以致之。〔註26〕

（七）墨子非兼愛說：《墨子》有〈兼愛〉上中下三篇。純甫以為墨子雖著〈兼愛篇〉，其實非真主兼愛者。蓋「墨子所謂兼愛，純以利言也」。一旦「計較利害」，就「一以利為歸」，如此，「事雖或是而言則非，何也？蓋計較利害之人，事事必利是取而害是去棄，則天下尚復有君臣、父子、兄弟、夫婦、朋友人群之足愛哉？直愛利耳！名為教人兼愛，實教人自利也。」

（八）墨子非非攻說：《墨子》著〈非攻〉上中下三篇。但純甫以為「墨子之書，言利之書也。墨子之為人，善計較利害之人也。」「善計較利害者，從非攻之利耶？抑從攻之不利耶？」「蓋以利害言，則雖毫厘之差，人必取長而捨短。況墨子任力非命之說，又足以長其欲燄，而啓其鬥爭者乎！故墨子極力非攻，而攻且加烈。」又云：「以尚利任力之說誘其不攻，攻又何時能止哉？」甚至以為後人之「爭」者，皆「明背墨子之非攻，而暗師墨子之尚利者也」。

（九）墨子非務本說：「墨子謂國家昏亂，則語之尚賢、尚同；國家貧，則語之節用、節葬；國家憙音沉湎，則語之非樂、非命；國家淫辟無禮，則

〔註26〕〈墨子殺其兄說〉：「《莊子‧列禦寇篇》：『鄭人緩也，呻吟裘氏之地。祇三年，而緩為儒，河潤九里，澤及三族，使其弟墨。儒墨相與辯，其父助翟，十年而緩自殺。其父夢之曰：使而子為墨者予也，闔胡嘗視其良，既為秋柏之實矣。』……案以上所云，則儒墨之相攻相辯，蓋自墨子父子兄弟始，且墨子竟以此殺其兄矣。」又參閱氏著〈儒墨相非果始於墨翟父子兄弟說——復連雅堂氏書〉。

與之尊天、事鬼；國家務奪侵凌，則語之兼愛、非攻。世之善讀墨者皆稱之，即欲持儒墨之平者，亦莫不稱之矣。」但「治臟腑之病者，非清源之藥不見效；救國家內亂之疾者，非務本之學不爲功。務本之學者何？孔子是也。」

（十）非墨所以愛墨說：純甫以爲「墨子之書，若去其計較利害之言，及棄其〈非命〉、〈非樂〉、〈非儒〉諸篇，未始不可輔孔子之道，而爲治平之助也。」

綜前所述，純甫之《非墨十說》，係對墨學思想之全盤檢驗，較諸黃純青、顏笏山等針對「兼愛」作枝節之辯論者，其深度與廣度皆不可同日而語也。且純甫係以釜底抽薪之法，將墨學作一總結。說：

> 古今人著書立說者，其始莫不因社會之缺憾，咸擬補救於蔽偏。然矯枉太過，其說一出，而偏蔽愈甚，遂至流於曲學異端而不可收拾。悲夫！墨子起周末文勝之後，哀世變而恤民殷，思有以矯之，而歸其罪於儒。於是始而辯，繼而非，終以抨擊。其書有〈非儒〉、〈非命〉、〈非樂〉、〈節葬〉等篇，皆攻孔子者。（〈自敘〉）

這是說墨子因「哀世變而恤民殷，思有以矯之」，故從事著書立說。可惜，本擬補救蔽偏，卻因矯之太過而流於異端。尤其歸罪於孔子，是大錯特錯，因爲孔子之學乃「務本之學」，且欲「救國家內亂之疾者，非務本之學不爲功」。

六、舊學商量辨儒墨

純甫說「大凡讀一書，研一學說，必原其立意，察其出言，探其內容，尋其歸結，然後可以窺底蘊、識究竟、辨利害、明是非，而定其棄取也。」（〈自敘〉）。今就《非墨十說》，原其立意，察其出言，試窺其底蘊、識其究竟，得其大要約有五端，茲略述如下：

（一）尚利說：純甫以爲「墨子之書，言利之書也。墨子之爲人，善計較利害之人也。彼所謂大利利人，皆歸自利者也。」（〈非利說〉）所以，「墨子所謂兼愛，純以利言也。」（〈墨子非兼愛說〉）是以墨子之〈非樂〉、〈非禮〉，純甫以爲：「彼蓋孳孳致力於衣食生計之事，是以不爲費財曠職無利之樂。」（〈非非樂說〉）又謂：「墨子本無非禮之說，但有〈節用〉、〈節葬〉之篇。」「《漢書・藝文志》「墨家題後」云：「及蔽者爲之，見儉之利，因以非禮。」「可見墨子之說有流弊也。其故何在？在言利耳。言利則無往而不弊。」（〈非非禮說〉）即使〈非攻〉，純甫雖知墨子「欲以攻之不利止其攻，以非攻之利

誘其不攻」。但又說「善計較利害者，從非攻之利耶？抑從攻之不利耶？蓋以利言，則雖毫厘之差，人必取長而捨短。況墨子任力非命之說，又足以長其慾歘，而啓其鬥爭者乎！故墨子極力非攻，而攻且加烈。」(〈墨子非非攻說〉)。

（二）任力說：《墨子》之〈非命篇〉，破除了儒家之「有命論」。雖然儒家本不主無限制之有命觀，認為一切皆有命在天，然而其主盡人事聽天命，仍是有限制之有命觀。主有命則必弛於力，而不知彼所謂之命，一由於社會全體之力未盡其用，而偏枯遂及於個人，一由於不正之力濫用，而社會失其常度。故凡世俗所謂命，多非命之所制，而為力之所制。而力也者，實物競界中所最必要者，而在矯揉造作之社會，物競每不能循常軌而行，而競之道或緣而中絕。墨子有見於此，故舉有命之說而破去之，故梁啓超氏在《子墨子學說》一書，特加表出。而近人徐文珊氏亦以為「墨子非命雖基於功利主義，然其效果則足重視。蓋如認有命，足以阻人力行進取，人類文化之進展將受其影響。」〔註27〕然純甫堅守儒學陣地，說：「儒家之言命，大體有知命、安命、立命三類。……此說命之最完全而無罅漏者也。」進而責墨家之「力行」為「任力」，曰：「且亂世之人，恒多任力尚利，故曰：墨子之非命，獎亂之道，即背道之大者也。」（〈非非命說〉）。如此一來，「力行哲學」將無由建立。

（三）墨子立說，祇自道其道，則善矣：純甫於〈非非儒說〉云「儒者傳孔子之道，其說大行，已成社會尋常日用之事矣。人有智愚賢不肖之不齊，寧能保其千萬世全不背其道者乎？」是後儒之背離孔子之道，而墨氏之非為不誣，純甫亦知之。特純甫對這些「背離孔子之道」者，以為「只須仍取孔子之言正之足矣。而何墨子矗矗千萬言不休，作〈非儒〉而後快哉？」按：墨子之非儒，有謂「妻後子三年喪」及「親死，列屍、登屋，求人」等事，純甫以為「或出《禮記》。夫《禮記》乃漢儒拾七十子後門人之說，蓋傳聞之言，非孔子之言也。」至於晏子對齊景公之言，則謂「其為齊東野人之言無疑」凡所議論，應屬公允。

但〈非儒〉所謂「且夫繁飾禮樂以淫人，久喪偽哀以謾親，立命緩貧而高浩居，倍本棄事而安怠傲，貪於飲食，惰於作務，陷於饑寒，危於凍餒，無以違之。……夫夏乞麥禾，五穀既收，大喪是隨，子姓皆從，得厭飲食，畢治數喪，足以至矣。因人之家以為翠，〔註28〕恃人之野以為尊。富人有喪，

〔註27〕見徐文珊著《先秦諸子導讀》（臺北：幼獅書店），頁139。
〔註28〕按：各本作「翠以為」，今據吳毓江《墨子校注》（西南師範大學出版社，頁

乃大說喜，曰，此衣食之端也。」論者以爲「繁禮、久喪、怠惰、士大夫作風，皆儒家特色」。〔註29〕純甫蓋亦知之，故謂「儒者傳孔子之道，其說大行，已成社會尋常日用之事矣。人有智愚賢不肖之不齊，寧能保其千萬世全不背其道者乎？」是後儒之背離孔子之道，而墨氏之非爲不誣。特純甫以爲「只須仍取孔子之言正之足矣。而何墨子譻譻千萬言不休，作〈非儒〉而後快哉？」似以儒家之至尊，有不可批評者，則護衛儒家未免太過。

純甫又謂「墨子之非攻，善矣！蓋以攻者，即非之極則也。」又謂「故欲非攻，則不可非命、非樂、非儒矣。今中國人動輒以『打倒』二字爲口號，豈師墨子者乎？」因中國人動不動就以「打倒」爲口號，不足以訓於後世。故謂「墨子立說，祇自道其道，則善矣。」按：學者著書立說，若但「自道其道」，又如何能「因社會之缺憾，咸擬補救於蔽偏。」而孟子之拒揚、墨，荀卿之〈非十二子〉，又如何能作？「批判傳統」將無以建立。

（四）非墨所以愛墨：純甫以爲「救國家內亂之疾者，非務本之學不爲功。務本之學者何？孔子是也。自漢以來，至今垂二千年矣。其間家國如稍行孔子之道者必興盛，不行者必衰亡；而天下之治亂亦隨之。故治常多而亂常少，且國中一經外族之侵陵，其後必有一番版圖之展拓，歷史俱在，非可誣也。」然「墨子之說雖有弊，而比之楊朱，則其心尚足以對天下後世而不媿。」何況，墨子所謂「今王公大人，惟毋爲樂虧奪民衣食之時，以拊樂如此其多也。」及「今大鐘、琴瑟、鳴鼓、笙竽之聲，既已具矣，大人鏽然奏而獨聽之，將何樂得焉哉？」此與孟子〈獨樂樂章〉所云何異？故曰：「墨子若以〈節樂〉名篇，而不以〈非樂〉名，則庶幾矣！」（〈非非樂〉）。又「〈節葬〉亦與孔子責門人厚葬顏淵，責子路使門人爲臣，及『喪，與其易，寧戚』微同。爲墨書之略合於道者也。」（〈非非禮説〉）。

由是觀之，「墨子之書，若去其計較利害之言，及棄其〈非命〉、〈非樂〉、〈非儒〉諸篇，未始不可輔孔子之道，而爲治平之助者也。」所以，「非墨所以愛墨」也。

（五）墨學與西學同惡：自德清俞樾序孫詒讓《墨子閒詁》，云：「墨子惟兼愛，是以尚同。惟尚同，是以非攻。惟非攻，是以講求備禦之法。近世西學中，光學重學，或言皆出於墨子。然則其備梯、備突、備穴諸法，或即

373）改。

〔註29〕見徐文珊著《先秦諸子導讀》（臺北：幼獅書店）。

泰西機器之權輿乎！」之後，論者遂以爲墨學與西學同旨歸。如：胡適《中國哲學史大綱》謂：「就哲學史言，名學雖是各家同有，唯墨家之名學最爲完密，亦最近於所謂科學之精神與科學之方法，應在世界名學史上佔一重要之地位。」梁啓超在《墨經校釋》也說：「在吾國古籍中，欲求與今世所謂科學精神相懸契者，墨經而已矣！墨經而已矣！」於是後人有謂黃帝創指南車，爲中國科學之祖。繼黃帝而起之科學家，當首推墨子。是以光學、力學、熱學皆可求之墨經矣。〔註30〕

　　純甫亦知西方之科學有與墨學相通者，嘗謂：「有清中葉以來，海禁大開，耶穌教言與泰西幾何光重論理諸學說，洋溢中夏，多與墨氏暗合。世徒震其利民用，致富強，遂欲借助於墨子，謂中國二千餘年前，亦有此絕學。」（〈自敍〉）然西學之「利民用、致富強」與墨學之「尚利任力」之說「同旨歸，人皆惡用」。故當此「世風日薄，西洋晚近新學乘之。行見削足適履，而亂世相續也。蓋以出言一差，流弊自大，本意亦隨之而渙。則反響所屆，貽誤無窮，吾人奮而牴排，自不能因其爲前賢而遂斂手也。」〈自敍〉又謂「蓋墨子實尚利任力之說也，與西學同旨歸。倡之者，謂欲救中夏末俗之弊，而不知適足以生弊。」〔註31〕

七、結　語

　　《韓非子・顯學篇》云：「自孔子之死也」，「儒分爲八」。〔註32〕《荀子》則認爲「儒者」有：賤儒、小儒、俗儒、雅儒、大儒等之殊異。知孔子死後，儒者幾經分化，其品級高低亦各有不同。〔註33〕

　　繼孔子之後，主盟學界之墨子，其先亦學儒家、孔子之術、業者，〔註34〕

〔註30〕見徐文珊著《先秦諸子導讀》（臺北：幼獅書店），頁136。

〔註31〕見〈儒墨相非果始於墨翟父子兄弟說——復連雅堂書〉。

〔註32〕《韓非子・顯學篇》：「自孔子之死也，有子張氏之儒，有子思氏之儒，有顏氏之儒，有孟氏之儒，有漆雕氏之儒，有仲良氏之儒，有孫氏之儒，有樂正氏之儒。」

〔註33〕《荀子・儒效篇》：「有俗儒者，有雅儒者，有大儒者。」「大儒者、天子三公也，小儒者，諸侯大夫士也。」〈非十二子篇〉：「是子張氏之賤儒也。……是子夏氏之賤儒也。……是子游氏之賤儒也。」

〔註34〕《呂氏春秋・當染篇》：「魯惠公使宰讓請郊廟之禮於天子，桓王使史角往，惠公止之，其後在於魯，墨子學焉。」又《淮南・要略篇》：「墨子學儒者之業，受孔子之術，以爲其禮煩擾而不說，厚葬靡財而貧民，（久）服傷生而

既見儒者品級高低之不一，且「其禮煩擾而不說，厚葬靡財而貧民，（久）服傷生而害事。」因此，「背周道而用夏政。」由此觀之，墨子本爲儒家之改革派。純甫所謂「古今人著書立說者，其始莫不因社會之缺憾，咸擬補救於蔽偏」者是也。

只是一心效法夏禹，「執藥垂以爲民先」之墨子，既以「民先」，則其去「郁郁乎文哉」之周（貴族）文化，本有一段距離；況祖述周文之儒家，又多賤儒、小儒、俗儒之流品。純甫所謂「墨子起周末文勝之後，哀世變而恤民殷，思有以矯之，而歸其罪於儒。於是始而辯，繼而非，終以抨擊。」旨哉斯言！墨子或將曰：「予豈好非哉？予不得已也。」〔註35〕

墨子之道，莊周以爲「其生也勤，其死也薄，其道大觳，使人憂，使人悲，其行難爲也。」又說：「墨子，眞天下之好」。但當今之世，「將求之不可得也」。〔註36〕而「繼志崇孔」的純甫，却以「墨子之書，言利之書也。墨子之爲人，善計較利害之人也。」加以全盤否定。其實，純甫云云，蓋本史遷所謂「利、誠亂之始也，夫子罕言利，常防其原也」〔註37〕之「防其原」意，其用心雖是肯定的，但却是保守有餘而進取不足。然純甫以「任力非命」爲藉口，遂將墨子與泰西「利民用，致富強」之新學相合者並棄之，則不僅進取不足，甚至近乎迂腐，大有商榷之必要。

其實，純甫不僅「非墨」，其視宇內之哲思，唯「儒」而已，其他皆不足觀焉。茲錄〈汗漫吟〉十首之四，以明其「唯儒主義」，並爲本文收束云。詩曰：

智者懷千慮，得失常不絕。老莊任自然，楊墨人我別。

法治啓申韓，於今號爲烈。春秋戰國際，思想盛口訣。

氣機播天風，萬里猶門闥。同時印與希，學說各論列。

紛紛孰折衷，魯聖吾所悅。〔註38〕

害事，故背周道而用夏政。」

〔註35〕 按：〈魯問篇〉：子墨子曰：「凡入國，必擇務而從事焉。」程發軔《國學概論》（上）：「是擇務從事之說，乃對症下藥之意。是社會病理學家，非社會生理學家。」（臺北：正中書局），頁 204。

〔註36〕 見《莊子・天下篇》。

〔註37〕 《史記・孟子荀卿列傳》：「太史公曰：余讀孟子書，至梁惠王問何以利吾國，未嘗不廢書而歎也。曰：嗟乎！利、誠亂之始也。夫子罕言利者，常防其原也。」

〔註38〕 見《張純甫全集・詩集下・守墨樓吟稿》（新竹市立文化中心），頁 19。

1930 年代，臺灣在皇民化、現代化之壓力下，知識份子在多方尋求因應之道時，儒墨兼容，東西並蓄，如「臺灣青年」者，〔註39〕或可別開新局面；而純甫於狂飆奔流之際，卻說「同時印與希，魯聖吾所悅」，這種獨抱「唯儒主義」的思想，想要面對當時之困局，力挽狂瀾，吾恐其「戞戞乎其難哉」！

（本文原刊於：高苑科技大學通識教育中心《通識教育理念與課程相關研究—2007 高苑通識教育學術研討會論文集》，頁 131～144，2007 年 8 月）

〔註39〕 林獻堂〈利己與愛人〉云：「夫社會有益，而我與焉；社會有害，而我亦與焉。豈可漫然置之哉？譬如鄰人有火警，我盡吾力，以共撲滅之，雖曰救人，則所以自救也。能明此理，始可與言利己主義矣，始可與言兼愛主義矣。吾故曰：愛人則所以利己也。」（《臺灣青年》，2 卷 1 號，1921 年 1 月出版）